国家出版基金项目
NATIONAL PUBLICATION FOUNDATION

馆窥
我的图书馆之旅

· · · · · · · ·

学校编

韦力 ◎ 著

国家图书馆出版社

自序

按照业界看法,中国图书馆的发展可以分为三个阶段:第一代图书馆指的是古代藏书楼,其特点是重藏轻用;第二代图书馆指的是受西方观念影响而形成的近代图书馆,其特点是藏以致用;第三代图书馆被称为现代图书馆,其特点是资源共享。

文字的出现是人类进入文明时代的重要标志,而文字需要载体,广义的载体就是各种材质的书,随着图书数量的增多,就需要有专门储藏书的房屋或殿堂,这些建筑物就是广义的图书馆。1900年,美国考古学家约翰·彼得斯等人在伊拉克尼普尔的一个寺庙废墟中发现了一批泥版文书,其年代距今大约4000多年,这些泥版文书被视为流传至今最早的书之一。但寺庙藏书不能等同于后世所说的图书馆,如今考证出最早的图书馆是公元前7世纪亚述帝国在尼尼微开办的亚述巴尼拔图书馆,这座皇宫图书馆大致收藏了25000块泥版文书,包括宗教铭文、文学作品、天文记录以及数学、化学等科学方面的著作。

古埃及用莎草纸书写的《死者书》大约在3000年前,古印度的《贝叶经》流传至今者,有的也超过了2500年,古希腊、古罗马也都建有一定规模的图书馆,但这些主要都是服务于皇室。古罗马的恺撒想要建造一座规模宏大的图书馆,这个愿望在他去世后由其部下波利奥实现了,公元前30年代,罗马城内有了第一个公共图书馆。

中国最古老的文献被称为"三坟五典"。殷墟出土的商周甲骨文已然是成熟文字,故殷墟也被视为留存至今中国最古老的图书馆。秦始皇在都城咸阳的阿房宫设有专门的藏书机构,还专门安排"柱下史"负责管理藏书。汉高祖刘邦命萧何接管秦朝遗留的图书，为此专门修建了宫廷藏书楼，《汉宫殿疏》中称："天禄、麒麟阁，萧何造，以藏秘书，处贤才也。"自此之后，中国历代几乎都有官、私所办的藏书楼，同时还出现了一些具有集体性质的藏书机构，比如书院藏书，其介于公藏与私藏之间。

很多人认为现代图书馆是西方舶来品，无论办馆理念还是管理方法，均与中国古代藏书楼有着本质区别。这种说法有其道理在，但若仔细予以鉴别，也有不符事实之处。

中国很早就有与人分享的理念。春秋末年，孔子的弟子子路明确地说"愿车马，衣轻裘，与朋友共"，惜其所分享之物中，没有提及藏书。魏晋时期，将私家藏书与人分享的观念已然产生，《晋书·儒林传》载："（范平）家世好学，有书七千余卷，远近来读者恒有百余人。"《南齐书·文学传》称："（崔慰祖）聚书至万卷，邻里年少好事者来从假借，日数十帙。慰祖亲自取与，未尝为辞。"北宋时期，苏轼的朋友李公择曾在庐山五老峰下建藏书室，藏书量近万卷，离开时把这些藏书留在了原处，与人分享，为此苏轼在《李氏山房藏书记》中夸赞这种行为："而书固自如也，未尝少损。将以遗来者，供其无穷之求，而各足其才分之所当得。是以不藏于家，而藏于其故所居之僧舍。此仁者之心也！"

到了明末，多位藏书家都谈到愿意将自己的藏书与天下人分享。钱谦益在《跋〈草莽私乘〉》中谈到李如一的藏书观："天下好书，当与天下读书人共之！古人以匹夫怀璧为有罪，况书之为宝，尤重于尺璧，敢怀之以贾罪乎？"明末清初的曹溶更是反对把藏书封闭起来，为此特意撰写《流通古书约》，提出了一整套互通有无、流通古书、为古书续命的具体方法。

清代中期，山东藏书家周永年提出了"儒藏说"。虽然这种说法早在明末时藏书家曹学佺就已经提出，但曹学佺当时的观念是指整理历代儒家经典及相应解说并汇为一处，与佛藏、道藏相媲美，曹学佺的"儒藏说"中并没有提到书籍的流通问题。周永年的观念则是倡导藏书公开，他认为只有公开才能更好地保存和流传书籍，同时提出"惟藏之有法，故历久不替"，他所说的保存之法，则是"天下万世共读之"。周永年还建起了藉书园，以实现他的共读理念，而"藉"者，借也。

虽然藉书园的藏书最终也失散了，但是周永年的"儒藏说"理念却通过《四库全书》得以实施。周永年不仅参加过《四库全书》的纂修和《四库全书总目》的编写,还从《永乐大典》中辑出不少失传的文献。当年的四库七阁,其中有三阁处在南方,乾隆皇帝规定南三阁可以对学人开放,免费入内读书和抄录,等等,已然具备了公共图书馆的功能,因此司马朝军先生主编的《〈四库全书〉与中国文化》中称:"一部《四库全书》实即一部《儒藏》。"

晚清民国时期的不少藏书家都有将藏书公开的意识,比如玉海楼主人孙衣言称:"乡里后生,有读书之才、读书之志,而能无谬我约,皆可以就我庐,读我书。天下之宝,我固不欲为一家之储也。"清光绪二年(1876),国英所建共读楼被称为北京最早的私人图书馆,当时他特意在宗祠旁边建楼五楹,认为自己的藏书"子孙未必能读,即便能读,亦何妨与人共读",故而把自己的藏书楼命名为"共读楼"。

尽管有些传统藏书家不吝于将所藏与人分享,但多数藏书还是秘不示人,这既与藏书家本人的性格相关,同时也是因为缺乏完善的社会制度,借出之书往往难以索回,所以他们宁愿深锁琅嬛饱蠹鱼。在封建社会,个人藏书属于私有财产,而儒家文化使得许多藏书家都希望子孙能世代守护自己辛苦积攒的文化成果,以便培养出更多的读书人。比如明代范钦所创的天一阁,严格规定不能将书携带出阁,违者不许参加祭祖大典。明代藏书家叶盛在《书橱铭》中写道:"读必谨,锁必牢,收必审,阁必高。子孙子,惟学斅,借非其人亦不孝。"清代藏书家万言的一方藏书章印文为:"吾存宁可食吾肉,吾亡宁可发吾椁,子子孙孙永勿鬻,熟此直可供饘粥。"清代藏书家王昶在藏书印中告诫子孙:"如不材,敢卖弃。是非人,犬豕类。屏出族,加鞭棰。"这类藏书印还有许多,他们通过藏书印发出如此严厉的警示,一是说明古代藏书搜集十分艰难,能够收集到这么多的善本确非易事,二是侧面说明了在那样的时代积难散易。

图书的失散不仅仅是因为子孙不能守祖业,还有很多外在原因,尤其是社会动荡,对公私藏书都会构成巨大威胁。比如近代的太平天国运动,他们用拜上帝教来否定封建传统、儒家思想,在《诏书盖玺颁行论》中称:"凡一切孔孟诸子百家妖书邪说者尽行焚除,皆不准买卖藏读也,否则问罪也。"太平天国运动使得南三阁《四库全书》仅余半套,晚清四大藏书楼之一的海源阁损失过半。而那时的战争中心与藏书中心都在江南,致使很多藏书楼被毁。

战争结束后，一些有识之士看到了私家藏书的力量薄弱，再加上那段时间西方公共图书馆的理念渐渐为更多人所接受，有些人意识到，藏之于私不如藏之于公，密藏于家不如与人分享。随着社会的开放和观念的改变，越来越多的藏书家愿意与人分享自己的所藏，仅从藏书分享角度来说，这已经与现代图书馆的理念基本相同，只是在藏书楼的管理方式及分享方式上，尚未形成完善而持久的制度体系，致使很多与人分享的藏书楼一世而斩。然而，正是因为这些带有分享性质的藏书楼存在过，就不能说公共图书馆观念全部来自西方。

私人开放的藏书楼因为各种原因难以长久，于是有些人开始思考外国的一些图书馆为什么能够长久保存，并且有着更高的开放度。

就物权而言，中国古代藏书楼大部分属于私人所有，并没有在国家政府层面对外开放的藏书楼。有些学者把传统藏书之处称为藏书楼，把新式观念的开放式书楼称为图书馆。对于中国近代图书馆的起源，吴晞在《从藏书楼到图书馆》一书中认为："第一批超越了旧式藏书楼窠臼的新型图书馆，却是西方传教士们所创办的基督教图书馆。"该书中提到明代中晚期耶稣会传教士利玛窦以及后来的继承者汤若望、南怀仁等，他们带来了西方的书籍，同时也带来了公共图书馆理念，比如 1623 年艾儒略在《职方外纪》中介绍了欧洲的图书馆状况。西方人在中国建的最早的西式图书馆应该是 17 世纪金尼阁所建的教廷图书馆，他在《利玛窦中国札记》中写道"在中国成立了名副其实的教廷图书馆"。此后北京又陆续建成了南堂、东堂、北堂、西堂"四堂"图书馆。

之后又有了徐家汇藏书楼、文华公书林等，这些教会藏书楼的所藏，后来大多汇入了当今的公共图书馆，如果溯源各地公共图书馆的藏书，有不少都能找到教会藏书的身影。因此可以说，西方人在中国所建的教会图书馆，可以视为中国公共图书馆的前身之一。

总体来说，那时创建的一些西式图书馆在中国并没有产生重大影响，此后因为禁教之故，这些图书馆处于封闭状态。直到 1840 年后外国侵略者用坚船利炮打破了中国与世隔绝的状态，西方传教士再次来到中国，又建起了一些图书馆，比如 1847 年耶稣会传教士在上海创办的徐家汇天主堂藏书楼，以及 1871 年伟烈亚力创办的亚洲文会北中国支会图书馆。胡道静在 1935 年出版的《上海图书馆史》中转引了他人对亚洲文会北中国支会图书馆的评价之语:"在中国境内最好的东方学图书馆。"

这个时期,中国早期维新派开始痛定思痛地思索为什么貌似强大的帝国却败给了西方,想要了解西方强势的原因。林则徐主持翻译了英国慕瑞在 1836 年出版的《世界地理大全》,其中文译名为《四洲志》,书中谈到了西方近代图书馆状况。魏源在《海国图志》的序言中谈到了编纂此书的动机和目的:"是书何以作? 曰:为以夷攻夷而作,……为师夷长技以制夷而作。"洋人除了枪炮还有哪些长技呢? 魏源在书中谈到了西方的学校、报馆以及图书馆等,后者与前者有着必然的关联。此后徐继畬在《瀛环志略》中也谈到了西方图书馆。

1867 年,王韬在朋友资助下前往欧洲游历,他参观了英法图书馆,在《漫游随录》中写道:"法国最重读书,收藏之富殆所未有。计凡藏书大库三十五所,名帙奇编不可胜数,皆泰西文字也。"谈到大英博物馆时,王韬说:"其地袤广数百亩。构屋千楹,高敞巩固,铁作间架,铅代陶瓦,砖石为壁,皆以防火患也。院中藏书最富,所有五大洲舆图、古今历代书籍,不下五十二万部。"

王韬注意到,这些图书馆除了藏书数量巨大,还可以任人翻阅:"其前为广堂,排列几椅,可坐数百人。几上笔墨俱备,四面环以铁阑。男女观书者,日有百数十人,晨入暮归,书任检读,惟不令携去。"因此,王韬可谓是近代人物中第一次系统考察西方图书馆并撰写介绍文章的人。

接受一种新事物,首先要接受其观念,图书馆也是如此。以开放观念论,如前所说,中国古已有之,比如阮元所建的书藏,这种开放观念在社会上造成广泛影响,后来多地都出现了仿阮元而建的各种书藏。但是能读到藏书的人毕竟是少数,因此一些有识之士在接受了西方理念后,呼吁创建开放式图书馆。比如郑观应在《盛世危言》中,先介绍了清代官私藏书之盛:"我朝稽古右文,尊贤礼士,车书一统,文轨大同,海内藏书之家,指不胜屈。"接着谈到了私藏的弊端:"然子孙未必能读,戚友无由借观,或鼠啮蠹蚀,厄于水火,则私而不公也。"即使官藏也非一般人能任意翻阅:"乾隆时特开四库,建文宗、文汇、文澜三阁,准海内稽古之士就近观览,淹通博洽,蔚为有用之才,作人养士之心,至为优厚。而所在官吏奉行不善,宫墙美富,深秘藏庋,寒士末由窥见。"最终这些费了很大气力抄写而成之书,被战火所毁,"及寇乱浩劫,付之一炬"。

对于西方图书馆的优点及状况，郑观应写道："泰西各国均有藏书院、博物院，而英国之书籍尤多，自汉、唐以来，无书不备，凡本国有新刊之书，例以二分送院收贮。如有益于国计民生者，必膺朝廷重赏，并给予独刊之权若干年。咸丰四年间，于院中筑一大厦，名曰读书堂，可容三百人，中设几案笔墨。有志读书者，先向本地绅士领有凭单，开列姓名住址，持送院中，董事换给执照，准其入院观书，限六阅月更换一次。如欲看某书、某册，则以片纸注明书目，交值堂者检出付阅。阅毕缴还，不许携带出门，及损坏涂抹，倘有损失，责令赔偿。"

在郑观应看来，如果中国也建这样的图书馆，就能使国家迅速强盛起来："若合天下之才智聪明，以穷中外古今之变故，标新领异，日就月将，我中国四万万之华民，必有复出于九州万国之上者。"可见那时的有识之士介绍西方图书馆，目的仍然是"师夷长技以制夷"，但客观上，他们让更多世人了解到西方强盛与图书馆之间的必然联系，这为中国建造近代新式图书馆起到了理论铺垫作用。

1894 年爆发了中日甲午战争，转年清政府签订了丧权辱国的《马关条约》，更加激起了一些有识之士救亡图存的斗志。1895 年康有为等人在北京、上海等地创办了强学会，章程中写明强学会要做四件事：翻译西方典籍、发行报纸、开大书藏、建博物馆，其中"大书藏"指的就是图书馆。1898 年"戊戌政变"使得一些开办的图书馆被查封。1901 年清政府决定实行新政，新政之一就是要开办近代新式图书馆。1903 年，清政府颁布的《奏定大学堂章程》中提到"大学堂当附属图书馆一所，广罗中外古今各种图书，以资考证"，于是各地新建起的大学堂纷纷开设了图书馆。

1904 年 3 月，梁焕奎、龙绂瑞等在《湖南官报》上发表募捐启，倡议创设湖南图书馆兼教育博物馆，后经湖南巡抚批准将长沙定王台改作图书馆。有些学者认为，湖南图书馆是中国第一所省立公共图书馆。此后，全国各省纷纷成立省立图书馆，一些市县也成立了公共图书馆，与此同时，还有一些私人及团体也开办了开放式的图书馆，由此使得公共图书馆在中国得以迅速普及，同时呈现出属性的多样化。

然而那时中国还没有与西式图书馆恰当对译的名词，例如 1807 年英国传教士马礼逊父子合著的《外国史略》中介绍到荷兰图书馆时，将其翻译为"书院"，王韬则称之为"藏书大库"，郑观应称之为"藏书院"，等等。对于这个新生事物，那时还没有统一的定名，一些呼吁者把图书馆也称为藏书楼，例如刘师培写过《论中国宜建藏书楼》一文，文中感慨封建社会不以学术为公器："嗟乎！三代以降，苛政日增，不知以学术导其民，并不以学术公之于世。"为此他提出："今宜参用其法，于名都大邑设藏书楼一区，以藏古今之异籍。"刘师培所说的"藏书楼"其实就是现代公共图书馆。清光绪二十二年（1896）孙家鼐谈到西方教育时称"泰西教育人材之道，计有三事：曰学校，曰新闻馆，曰书籍馆"，其所说的新闻馆乃是指报社，书籍馆实指公共图书馆。

对于"图书馆"一词的使用，吴晞在其专著《从藏书楼到图书馆》中说："中国'图书馆'一词的直接来源出自日文'図书馆'，最初是由梁启超引进到中国来的。1896年9月在梁启超主编的《时务报》上，首次出现了图书馆一词。"可见"图书馆"一词确实是舶来品。中国早期人文启蒙者大多是从日本间接地接受西方观念。程焕文在其专著《晚清图书馆学术思想史》中提及，日本古代和中世纪所建的藏书处称为文库，明治五年（1872），在维新派的推动下，日本政府创办了东京书籍馆，明治十三年（1880），该馆改名为"东京图书馆"，程焕文说："是为日本使用'図书馆'一词的开始。"

可见，日本的公共图书馆概念来源于西方，他们最初使用的是"书籍馆"，后来有了"图书馆"一词。中国借鉴此词，在初期乃是将藏书楼与书籍馆、图书馆等词并行，后来才定于一尊，公共藏书处一律称为"图书馆"，这种用法沿用至今。只是有一度将"图书馆"三个字合为一个字——圕，这是一个新造的象形字：将书放在一个大房子内。"圕"字是民国十五年（1926）由著名图书馆学家杜定友发明的，因为他在撰写图书馆学著述时，感觉文中不断地重复出现"图书馆"三个字太过麻烦，所以他发明了"圕"字来代替。1929年后，杜定友在中华图书馆协会第一次年会上提出《采用"圕"新字案》，获得通过，于是有些书上就出现了这个新字。

总体来说，现代图书馆概念来自西方和日本，因此吴晞认为："中国的图书馆是西方思想文化传入中国的产物，中国图书馆的历史是从接受西方的图书馆思想及管理方法之后才开始的。"

随着图书馆的增多，相关的协会也随之诞生，中国最早的地方性图书馆协会是1918年成立的北京图书馆协会，自此之后，各地图书馆协会纷纷成立，1925 年又成立了全国性的图书馆团体——中华图书馆协会。该会的成立促进了中国图书馆事业的发展，他们制定章程，培养人员，联络国际图书馆，等等，在许多方面都有开创性的贡献。1920 年，经韦棣华女士的努力，她与沈祖荣等人在武昌文华大学开设了文华图书科，后独立为文华图书馆学专科学校，这是我国第一所独立的图书馆学校，该校培养出来的图书馆学人才在日后成为中国第一代图书馆学专家，他们为此的付出必将为历史所铭记。

但是，天下大多事物都具有萌芽期、成长期和衰败期，如果说公共图书馆的核心观念乃是"共享"二字，那么传统的藏书家早已具有这种观念，只是其管理制度与开放理念不如西式图书馆健全。故而我认为，西方图书馆的传入，丰富和完善了图书分享理念，出于这种认识，我认为讲述中国图书馆的故事，就要从中国古代藏书楼中找出具有开放理念者，予以论述。

如果以具体藏书论，现代中国的公共图书馆均很重视古籍善本的收藏，很多馆都将收藏善本量的多少，作为该馆收藏水准的衡量标准之一，而这些善本原本大多来自古代的私家藏书楼。这也侧面说明了传统藏书楼与现代图书馆的递承关系。

因为我喜欢藏书之故，这些年来为了核对善本去过一些国内公共图书馆的善本书库，为此陆续写了一些图书馆参观记。在新冠疫情期间，出门受到限制，故而坐在书桌边将这些走访图书馆之文分类梳理。在梳理书稿之时，我还是觉得讲述中国公共图书馆要从传统的、具有开放意识的藏书楼说起，比如阮元的灵隐书藏等，于是我将这部分内容补入文稿中，视之为中国公共图书馆的肇始，或者称之为萌芽期。走访各家省、市、县级图书馆及学校图书馆是本书的正章，我将相关之文分类汇为公共编与学校编。也有一些其他性质的图书馆，比如家族性质的关族图书馆和司徒氏通俗图书馆，这些馆不能称之为公共图书馆的前身，但它们的开放理念也属本书收录的范围，故而我将其放在辅翼编，我觉得它们恰好能够表现中国开放式图书馆的多样性。这种分法虽然不能涵盖中国图书馆类型的全部，但大致可以看出开放式图书馆的延续和脉络。

按照原计划，还有一些历史悠久的公共图书馆应该前去探访，但因疫情之故，这个想法难以实施。疫情的间隙我在北京市内寻访一些老图书馆，然外地的一些老馆却没有办法前往补充。事实上，藏有古籍的中国公共图书馆数量远比我想象的要多，这本小书不可能有这么大的涵盖面，因此未访到的图书馆只能期待将来出续集，以便更完整、更全面地展示中国公共图书馆的方方面面。

需要说明的是，由于我的视角主要在古籍方面，因此没有全面地讲述各家图书馆的丰富馆藏，比如平装书、洋装书、外文书及报纸杂志等，文中记述的主要是参观善本库和观赏善本时的感受，但是我的狭隘和偏见并不能掩盖各家图书馆馆藏的丰富，读者可以走访各家图书馆，亲自去领略一番。

于我而言，参观现代化的图书馆，却专门去看其中的古籍，这有如流行歌曲中的"洋装虽然穿在身，我心依然是中国心"，似乎用这句歌词来形容中国公共图书馆也很贴切。虽然我所谈的仅是一私之偏，却也是爱书人大多感兴趣的角落，对于公共图书馆的全面论述，则只能留待方家了。

这些年来的图书馆寻访，我得到了很多师友的帮助，得以进入一些重要图书馆的书库，目睹那些如雷贯耳般名典的真容，在此我向那些为我提供过帮助的师友表示郑重谢意。在图书馆之旅中，我既看到了老的馆舍，也看到了新的设施，惊叹于图书馆的壮美。天堂是不是图书馆的模样，我没去过天堂，不敢下断语，但我可以确定地说，图书馆一定是知识的天堂，也是爱书人心中的天堂。

时至今日，社会在巨变中，网络数字化越发普及，数字图书馆也不断涌现，今后纸本书是否真会成为陈列用的古董，我于此不敢断言，但我觉得书籍是人类社会共同的文化遗产，无论图书变成什么形式，曾经的历史都不能忘却，我以自己的眼界所及，记录下所看所想，这就是我写本书的初衷。

韦力

2022 年 5 月 28 日

目录

北京大学图书馆

源溯京师大学堂

北京大学（以下简称"北大"）的前身是京师大学堂,故其藏书的源头可追溯到国子监官学藏书。吴晞编著的《北京大学图书馆九十年记略》一书中主张这种说法,他把官学藏书追溯到西汉武帝时期正式建立的太学,按照《汉书·艺文志》所载,西汉时期的官藏盛况是:"外则有太常、太史、博士之藏,内则有延阁、广内、秘室之府。"

东汉延续了这种盛况,隋文帝时设立国子寺统辖太学、国子学等重要中央大学,隋炀帝时改国子寺为国子监,自此之后,国子监成为我国最高学府和全国教育管理机关。此后历代延续:"从隋唐到清末,国子监官学藏书经历了一千三百余年的发展历史,其地位仅次于皇室藏书和中央官府藏书,是我国古代图书事业的重要组成部分。"（吴晞《北京大学图书馆九十年记略》）

对于此后的变化,吴晞在该专著中指出:"到了清末,废科举,办学堂,旧时代官学藏书的历史使命就宣告结束了。这时,作为旧式官学藏书的延续和新式大学图书馆的开端,京师大学堂藏书楼便产生了。因此,京师大学堂藏书楼是封建王朝所兴办的最后一处官学藏书,也是近代教育兴起后的第一所大学图书馆；它是古代官学藏书几千年历史的最后一幕,也是我国新兴大学图书馆起步的第一篇。"

如果以主体论,京师大学堂的藏书有三个来源,一是同文馆,二是强学会,三是官书局。同文馆又称京师同文馆,创建于清同治元年（1862）,该馆在建馆之初就注重搜集图书,同文馆的创建人是恭亲王奕䜣,他在同治元年（1862）七月二十五日所上《奏请设立同文馆折》中称:

> 窃查咸丰十年冬间,臣等于通筹善后章程内,以外国交涉事件,必先识其性情,请饬广东、上海各督抚等分派通解外国语言文字之人,携带各国书籍来京,选八旗中资质聪慧年在十三四以下者,俾资学习。嗣遵筹未尽事宜,复经声明铁钱局除改作衙署外,尚有炉房修葺堪作馆舍等因,均经先后奉旨允准在案。（《筹办夷务始末》同治朝卷）

由此可知,当年同文馆书籍的来源之一,是从国外直接带原本回来,而后进行翻译。可见那时的藏书主要是西文书。然清光绪二十二年（1896）所刊《同文馆题名录》中有如下记载:

存储汉洋书籍，用资查考。并有学生应用各种功课之书，以备随
时分给各馆。

汉文经籍等书八百本，内新增五百本。

洋文一千九百本，内新增二百本。

汉文算学等书一千本。

除课读之书随时分给各馆外，其余任听教习、学生等借阅，注册存
记，以免遗失。

此《同文馆题名录》转引于《北京高等教育文献资料选编》一书，其题目是
《同文馆题名录》记书阁藏书"。由此说明了在1896年时，同文馆已经建
起书阁，书阁中所藏之书既有汉文典籍，也有西洋书。吴晞认为："同文馆
书阁可以说是我国最早的大学图书馆的雏形。"又称："同文馆1902年合
并到京师大学堂。同文馆书阁的藏书也于同年归并于京师大学堂藏书楼，
成为京师大学堂藏书楼最早的一部分藏书。"

强学会由康有为发起，由文廷式出面组织，创建于北京，梁启超在强学
会任书记员，此会的会员有徐世昌、袁世凯、张之洞、孙家鼐等重要人物。
该会在创建之初就开始搜集书籍，梁启超在《鄙人对于言论界之过去及
将来》一文中写道：

乙未（1895）夏秋间，诸先辈乃发起一政社，名强学会者，今大总
统袁公，即当时发起之一人也。彼时同人固不知各国有所谓政党，但
知欲改良国政，不可无此种团体耳。而最初着手之事业，则欲办图书
馆与报馆，袁公首捐金五百，加以各处募集，得千余金。遂在后孙公园
设立会所，向上海购得译书数十种，而以办报事委诸鄙人。

梁启超说袁世凯也是强学会的发起人之一，他们创建此会时，对国外政党
及政体并没有深刻的了解，他们只是想变革，而想出的变革方式乃是从办
图书馆和办报馆下手，估计是想通过这些途径来启迪民智。当时买书办
报的费用，首先是袁世凯捐献了五百元，又到各地募集了五百多元，而后在
北京琉璃厂后孙公园一带设立会所，并用这笔钱从上海买来了几十种翻译
成汉语的西学著作。

此后康有为等人到处募捐，陆续募捐了一万多两白银，康有为把这笔钱一部分用来建屋，一部分用来买器具。关于书籍的来源，他在《康南海自编年谱》中称："翰文斋愿送群书，议开'书藏'于琉璃厂，乃择地购书，先属孺博出上海办焉。是时遍寻琉璃厂书店，无一地球图，京师锢塞，风气如此，安得不败？时英人李提摩太亦来会，中国士夫与西人通，自此会始也。"同时他还写道："英、美公使愿大助西书及图器，规模日广。"

当时强学会的藏书处名为"书藏"，这里除了有藏书，还有地图。那时在北京找一幅地图很不容易，地图更能让人们直观地了解到全世界的概念，这是他们一定要找到地图的原因所在。强学会搜集到书与地图之后，遂请市民来参观，但人们那时还没有公共图书馆的概念，故少有人来，于是强学会的人就想办法拉民众来看书观图。梁启超在《莅北京大学校欢迎会演说辞》（以下简称《演说辞》）中讲到了此事："（强学会）备置图书仪器，邀人来观，冀输入世界之智识于我国民，且于讲学之外，谋政治之改革。盖强学会之性质，实兼学校与政党而一之焉。"

对于强学会内的那张世界地图，梁启超特意讲道："盖当购此图时，曾在京师费一二月之久，遍求而不得。后辗转托人，始从上海购来。图至之后，会中人视同拱璧，日出求人来观。偶得一人来观，即欣喜无量。"（梁启超《演说辞》）

强学会的人对那张地图十分珍视，每日出外邀请人来观图，偶尔能拉一个人来看地图，强学会的人就欣喜若狂，可见启迪民智是何等之不易。可惜强学会仅办了四个月就被查封，那张地图也不知流落到了哪里。但是吴晞认为，强学会所办的书藏有着开创性意义："强学会书藏可以说是我国最早的公共图书馆的雏形。"

后来被查封的强学会改成了官书局，原藏书也归并到了官书局内。对于官书局的来由，陈元晖主编的《中国近代教育史资料汇编·戊戌时期教育》中有《都城官书局开设缘由》一文，此文引用了官书局督办孙家鼐的奏折，对于建立官书局的作用，奏折称："泰西教育人才之道，计有三事：曰学校，曰新闻报馆，曰书籍馆。英、法、德、俄各国学校之盛，或二三万所，或六七万所，生徒率皆二三十万人。美国学校多至十七万余所，生徒几及千万人。学校费用自三四千万至八千余万不等，率由国家及生徒各出其半，各国富强之基，实本于是。是庶政由人才而理，人才由学术而成，固有明效大验。该御史请将强学书局改归官办，自系为讲求实学、培养人才起见。臣等公同商酌，拟援照八旗官学之例，建立官书局，钦派大臣一二员管理，聘订通晓中西学问之洋人为教习，常川住局，专司选译书籍、各国新报，及指授各种西学，并酌派司事译官收掌书籍，印售各国新报，统由管理大臣总其成。"

孙家鼐注意到西方培养人才的方式有三个要点，一是开办学校，二是广泛发行报纸刊物，三是办图书馆。所以他建议创建官书局，以便出版相应的书籍，同时官书局也翻译西书。为此，孙家鼐在官书局内创建了藏书院，总理衙门每月拨一千两白银作为藏书院的购书经费。1898年，京师大学堂成立时，官书局的藏书成为大学堂最早的一批馆藏。

对于强学会、官书局与大学堂之间的关系，梁启超在《演说辞》中简述道："及至戊戌之岁，朝政大有革新之望。孙寿州先生本强学会会员，与同人谋，请之枢府，将所查抄强学会之书籍仪器发出，改为官书局。嗣后此官书局，即改为大学校。故言及鄙人与大学校之关系，即以大学校之前身为官书局，官书局之前身为强学会，则鄙人固可为有关系之人。然大学校之有今日，实诸先辈及历任校长与教师之力。谓鄙人为创设大学校之发动人，则不敢当。"

关于京师大学堂的开办，应当肇始于光绪二十一年（1895）四月初八日康有为《上清帝第二书》中的谏言："尝考泰西之所以富强，不在炮械军兵，而在穷理劝学。彼自七八岁人皆入学，有不学者责其父母，故乡塾甚多。其各国读书识字者，百人中率有七十人。其学塾经费，美国乃至八千万，其大学生徒，英国乃至一万余。其每岁著书，美国乃至万余种。其属郡县，各有书藏，英国乃至百余万册。所以开民之智者亦广矣。而我中国文物之邦，读书识字仅百之二十，学塾经费少于兵饷数十倍，士人能通古今达中外者，郡县乃或无人焉。"

康有为提到西方的富强乃是缘于教育，除了学校外，英美各国都有大量的书藏，康有为所说的书藏其实就是公共图书馆。光绪二十一年（1895）闰五月，顺天府尹胡燏棻在《条陈变法自强疏》中给皇帝提出十条建议，最后一条就是设立学堂以储人才。

光绪二十二年（1896）五月初二日，刑部左侍郎李端棻在《奏请推广学校折》中提出了要建藏书楼，他讲到好学之士大多家中贫寒无力购书，致使见闻不广，为此乾隆皇帝特设《四库全书》南三阁，允许士子前往借观，此种做法已经有了公共图书馆意识，故李端棻借此说："今请依乾隆故事，更加增广。自京师及十八行省省会，咸设大书楼，调殿板及各官书局所刻书籍，暨同文馆、制造局所译西书，按部分送各省以实之。其或有切用之书，为民间刻本官局所无者，开列清单，访明价值，徐行购补。其西学书陆续译出者，译局随时咨送，妥定章程，许人入楼看读，由地方公择好学解事之人经理其事。如此，则向之无书可读者，皆得以自勉于学，无为弃才矣。"

对于藏书的重要性，想来还是藏书家最为了解，北大图书馆所藏善本中，以李盛铎旧藏质量最高，他在光绪二十四年（1898）五月十二日任江南道监察御史时就给皇帝上了《奏京师大学堂办法折》，他所提出的办法，其中之一就是要择地创建藏书楼："他如藏书楼、博物院，皆为考订之资，自当陆续设立。大约非城外旷地，断不能容；非新建房屋，断难合式。即使各种学堂，不能同时并举，其暂从缓办者，亦宜预留基址，以待异日扩充也。"

正因众多开明之士的建议，使得光绪二十四年（1898）五月十四日颁发的《大学堂章程》中，在开办费用上单独列出了建藏书楼之费及购书经费："建筑学堂费约十万两，建筑藏书楼费约二万两，建筑仪器院费约二万两，购中国书费约五万两，购西文书费约四万两，购东文书费约一万两，购仪器费约十万两，洋教习川资约一万两。"

然京师大学堂藏书楼创建于何时，未见具体史料。《北京大学综合档案》中有"光绪二十九年四月三十日大学堂为藏书楼提调给咨回省事咨吴吏部"，其中写道："照本大学堂于光绪二十八年八月十九日片奏请，以分发湖北试用道梅光羲暂留学堂差委，即以到差之日，作为到省日期，本日奉旨依议，钦此。当派充藏书楼提调，于八月二十一日到差。旋据该道呈称，于本年六月初三日引见。奉旨着照例发往，钦此。是月十六日领照。"

可见公元1903年大学堂藏书楼已经建成。此后藏书楼改名为图书馆。光绪三十三年（1907）制定的《京师大学堂续订图书馆章程》中在第一章第一节明确地写道："本堂藏庋书籍之所，旧名藏书楼，现照奏定章程，应称图书馆，故于楼额仍沿藏书楼之名，而于章程则标为图书馆，并设经理官以掌其事。"

至少在1907年时，京师大学堂藏书楼和图书馆名称并用。1912年5月，京师大学堂改名为北京大学校，之后又称为国立北京大学。1917年1

月9日,北大开学,新任北大校长蔡元培在开学典礼上发表演说,他说到校视事仅数日,学校很多事情还未了解清楚,但他已想到了两个计划,一是改良讲义,二是添购书籍。对于后者,蔡元培解释说:"本校图书馆书籍虽多,新出者甚少,苟不广为购办,必不足供学生之参考,刻拟筹集款项,多购新书,将来典籍满架,自可旁稽博采,无虞缺乏矣。"

自此之后,北大图书馆的藏书得到大量补充。1920年12月17日,《北京大学日刊》登载的《北京大学图书馆沿革》一文中写道:

> 前清光绪二十四年大学初立,校内附设译书局。始行购置中外书籍,但此不过供编译之用而已。光绪二十八年正月续兴大学,乃设藏书楼,调取江浙鄂粤赣湘等省官书局各种书籍,并购入中西新旧书籍藏之。是为本校图书馆之始基。二十九年先后派人赴南方采办书籍,所以汉籍甚多。三十年四月,由外务部领得《图书集成》一部。七月,巴陵方大登氏捐赠所藏书籍,计值银一万二千一百九十余两,其中多有由日本佐伯文库等收还之珍本。本校图书馆中之汉文书籍。方氏所捐实占一大部分。周慕西博士捐西文书一千二百二十七本;阪谷男爵捐东西文书共四百零七本;亚当士教授捐西文书一千零四十五本。周博士所捐之书,以宗教、哲学为主;亚当士教授所捐之书,以地质学类为主,均为特别藏置,以作纪念。后复历年递增,截至民国十二年九月三十日,合本校自置者与捐赠者,汉文书共有十四万二千一百一十五本,西文书共有一万七千四百八十五本,日文书共有二千四百三十一本,总计有十六万二千零三十一本。

此后的北大图书馆藏书量快速增加,到如今,馆藏线装古籍已经超过了15万种150万册,成为当今大学图书馆中的翘楚。这些年来,该馆还在陆续购进一些难得的善本。我有印象的一次,是某个拍卖会上拍卖了邓之诚的日记,当时就被北大图书馆买了去。近几年更为轰动的事,就是北大图书馆买下了日本大仓文库的那一大批书,这个故事很值得大书特书一番。我曾听说大仓文库的书想出售,国内几家大馆以及几位私人买家都希望能得到这批难得的善本,我也参与其中,希望能得到这个"大奖",斯事经过几年的周折,最后唯一的胜出者就是北大图书馆。

关于大仓文库的这批书，一直都有这样的传说，说大仓文库所藏的善本全部都是藏书家董康的旧藏，我也坚定地这么认为。2015 年 2 月，北京大学新闻与传播学院的肖东发教授组织了一场古籍保护收藏讲座，那场讲座请了五位主讲人，我也忝列其中。这五位主讲人之一，就是北大图书馆善本部的刘大军老师，他讲的主题就是大仓文库，经过他的整理研究，刘老师给出的结论跟大家预估的有些不同，他说这批书并非全是董康旧藏。他的讲授使我对大仓文库这批书的历史有了更为清晰的认识，可以说，大仓文库的这批旧藏是北大图书馆自民国年间购买李盛铎旧藏之后的又一大重要举措。

无论怎样说，现在已经到了古书书源枯竭的时代，当然新书会源源不断地印刷出来，在这样的时代，能得到大批古书的机会越来越少了。如此想来，北大图书馆把大仓文库的这批书全部买下，确实是个英明决策。后来北大图书馆专门为大仓文库这批书办了一个展览，可惜因为场地太小，只展出来了很少的一部分，即使这样，也引起了很多观者的赞叹。这个展览只举办了两三天，我没能把大仓文库的这批书细细地翻看一过，我觉得如果能细看一遍，也可以解嘲："曾经我眼即我有。"

这么多年来，我跟北大图书馆断断续续地有不少的交往，比如我时常看到该馆的目录版本专家姚伯岳先生在那里整理未编目书，他向我展示一些版本比勘后的结果，由此让我认识到人们所普遍认定的版本结论，其实也是有其他可能的。从某个角度来说，目录版本学是眼学，更偏重实证，经眼的多少决定了判断的准确性。

我与北大图书馆最近的一次交往是陪同李致忠先生来北大图书馆善本部复核珍贵古籍名录的入选品。在评选时，各位专家看到的是各馆报来的资料和少量的照片，有些版本和文字描述有出入时，就需要分组前去核查。北大图书馆的这次核查我们已经提前告知对方书名和索书号，所以我们只是在善本阅览室内看书。这些年来，北大图书馆的善本库房我从未进去参观过，于是斗胆向时任馆长朱强提出了这个有些过分的要求，朱馆长果真宽厚，竟然同意了我的这个不情之请，但他告诉我，此时学校已经放寒假，让我开学后再来。

2015 年 3 月 11 日，与朱强馆长约好后，我再次来到北大图书馆，此次更有耐心地细细观摩图书馆的一些细节。比如我注意到该馆正门一字排开挂着九个金属匾额,放在正中位置的那一个,是我所熟悉的"全国古籍重点保护单位"铭牌,这样的铭牌也让我感到最亲切。从这个铭牌底下走过,会有着一种铭牌与己贴近的感觉。然而进门处的安检系统不这么认为,只有刷卡才能进入。我向旁边的工作人员说明了来意,她告诉我,必须由里面的工作人员带入。在此之前,我跟善本部主任李云老师联系过,李主任告诉我,他因事不在馆内,但已经帮我安排好了,请何燕华老师接待我,想到这里,我马上给何老师打电话,她接到电话后,就来到大门口,把我带了进去。

北大图书馆善本库在古籍阅览室的地下一层,去书库首先要进入阅览室。此次前来,发现阅览室的左边一块地方用隔板围了起来,我向里面望了一眼,一位先生正在裱碑帖。何老师解释说,这是专门请来的整修碑帖者。门口的右方则是阅览室服务台,前往善本部要再从这个工作台后面的一个小门穿过,这种格局设计得有些奇特,因为每次去善本部都要请工作人员站起来,以便从其身后穿过。看似不合理,但后来细想一下,这种安排把藏品的安全系数提高了很多,等于是工作人员坐在了善本部的门口。从此穿过后,乘电梯下到地下一层,就是善本部的办公区域。在这个区域内看到有几位工作人员正在修古书,从这个区域穿入,进入一个长长的走廊,这里就是北大图书馆的善本书库所在地。

何老师打开善本书库大门,让我进内参观。眼前所见的是一排排木书架,这种书架双面使用,制作得颇为精良,书架的高度恰好伸手就可以够到上层,这是很实用的一种设计。我想到自己的书架,为了节约空间,要比北大图书馆的书架高出一截,在上方取书时,确实有很多的不方便。这里书架上的书一律是图书馆式的竖插放,每部书的书脊上都写着书名、册数,蓝布套上写着白字,看上去颇为醒目。

虽然我已经去过不少的公共图书馆善本书库,但不知什么原因,我对书库的阵势一直没有免疫力,只要步入其中,瞬间就会有一种莫名的兴奋感,同时还有一种不明缘由的不知所措,今天的状况并没有比平时好到哪里去,于此看到这么多的好书,一时竟不知拿哪部翻看才好,于是又想到了大仓文库的那批书。何老师告诉我大仓文库的书在另外一个专库里,在这里看不到。我当然不能再提其他过分的要求,只是提出希望能在这个善本库内拍到几部有意思的书。

北大图书馆外观 ■ 一字排开的匾额，我最看重正中的那一块

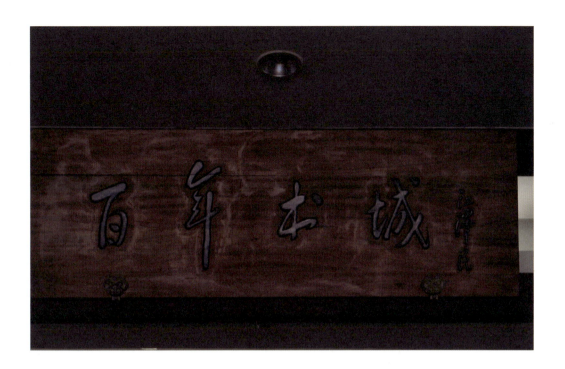

我注意到第一排书架竟然大部分都是书目类的古籍，这是我很感兴趣的一个门类，于是从上面拿下几部翻看。北大图书馆藏书确实是质量很高，我在这里翻看了三十多部跟版刻有关之书，所看之书几乎本本都有说法，其中还有一些有意思的东西，比如李盛铎的购书单。李盛铎是民国年间著名的大藏书家，他的买书方式也是整份收购著名藏书家的收藏，其藏书质量极高，绝对是一流大藏书家的水准，他的书后来全部归了北大图书馆。以我的私见，北大图书馆的古籍质量就是以李盛铎木犀轩的善本作为中坚。

我所看到的这一函，里面有一些购书单是以日元标价的，上面还贴着日本的印花税票，我在第一页就看到了李盛铎从日本买到的大部头书，比如《武英殿聚珍版丛书》，价格 60 日元；《太平御览》，一百五十三册，也是60 日元。这张书单后面的落款时间是 12 月 15 日，没有标年份，我不知道什么时候日本书的价格竟然如此便宜，日本的通货膨胀我也不太了解，但是，如果这样一部书出现在今日的日本旧书店，这个"60"后头加个"万"字也是绝不可能的，因为 60 万日元还是太便宜了。遗憾的是，这个书单上只标明书名、册数和售价，没有列明版本，难以知道李盛铎买的这部《太平御览》是什么版本。

《武英殿聚珍版丛书》也是如此，现在市面上一册原装的零本，如果是连史纸，价格应该在万元人民币以上。这页书单上还有一部《赤水玄珠》，此书五十册，价格是 6 日元。这 6 日元我不知道在当时还能买到什么东西。十几年前，某次在日本的街头，因为一时口渴，我从自动售卖机上买了听可口可乐，我记得价格是 500 日元，张爱玲说"出名要趁早"，看来买书也是这个道理。

《不登大雅文库书目》是马廉先生的藏书目录。马先生还有一个堂号，叫"平妖堂"。他起的堂号都很怪异，他的藏书特点也是别人无法比拟的，很多名不见经传的小说，都是经过他的发掘才被后人注意到。我觉得马廉是一位有独特眼光的藏书家，那时他去琉璃厂选书，专门选别人不注意的小说、戏曲，后来买到了明万历年间王慎修刻的《三遂平妖传》，于是起了个堂号叫"平妖堂"。马廉当年跟鲁迅交往较多，据说鲁迅常到其家看书，后来鲁迅写《中国小说史略》，不知道用没用到马廉所藏的这些小说、戏曲。

还有一部书跟马廉有很大关系，那就是《录鬼簿》。1932年，他跟郑振铎、赵万里一起访得了天一阁的明抄本，三个人觉得这部书对研究戏曲史极其重要，于是就连夜抄了一部，后来将这部书影印出版，才使得世人知道有这样一部重要的史料存世。他去世之后，不登大雅文库所有的藏书全部卖给了北大图书馆，当时该馆花了一万多元，于那时而言，这是一笔巨资。北大图书馆买到的马廉藏书共919种5334册，这些书是北大图书馆的特色藏书之一部分。

我在这里还看到两部《碧琳琅馆书目》，其中一部还是李盛铎的旧藏。"碧琳琅馆"是方功惠的堂号，他是清代湖南著名的藏书家之一。方功惠曾在广州为官，当时藏书量极大，曾经号称"粤城之冠"。方功惠很早就从日本购书，如此想来，很多藏书家为了增加自己的善本，早早地就把目光都放到了域外，由此而成就了自己的藏书伟业。

方功惠去世之后碧琳琅馆的藏书就散了出来，他的孙子方湘宾把这些书都运到了北京，其中一部分卖给了琉璃厂的旧书店，还有一部分捐给了北大图书馆。据说，北大图书馆能够得到这些捐赠，也有一个故事。这个故事说方湘宾想得到一官半职，以这些藏书作为交换条件，后来不知怎么运作的，给这位方湘宾弄了个副县长的官职。这个故事是否属实，我不了解，但是北大图书馆藏有碧琳琅馆的一批书，这是业界都知道的事情，我今天能够看到这本书目，也就算我目睹了这批旧藏吧。

吴晞说方功惠之子方大芝"是一位很具开明思想的士绅"，故其决定将剩余家藏悉数捐给京师大学堂藏书楼，他在捐赠藏书的奏折中写道："大学堂首创京师。卑职适赴引米京，躬逢其盛，观感之深，匪言可喻。每欲自效，苦于无由。继见学堂内有藏书楼一所，新出书籍收采颇富，而旧本秘册尚未完备。卑职不敏，敢引为己任，愿将家藏旧籍全数报效，借此以开风气，而资鼓舞。"

方大芝捐赠之书总计1886种22170册，按照当时的市值，约值银一万两千两。就近几十年的情况看，方功惠旧藏时不时地在琉璃厂旧书店得见，说明当年方湘宾卖出不少。我也有幸得到了碧琳琅馆旧藏的一鳞半爪。

看完了这些书目，我也发完了一通感慨，于是从库房内依依不舍地退了出来，再一次回到了善本部的办公区域。我在这里观看了一会儿修书的过程，看着那些工作人员细心地操作，感觉到修书真不是件容易的事情，

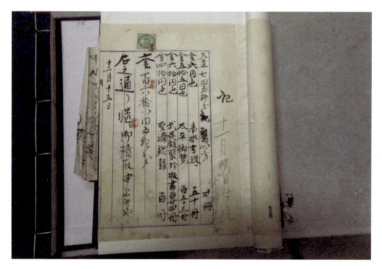

抄本《读书敏求记》　　　李盛铎从日本买书清单　　　《不登大雅文库书目》封面

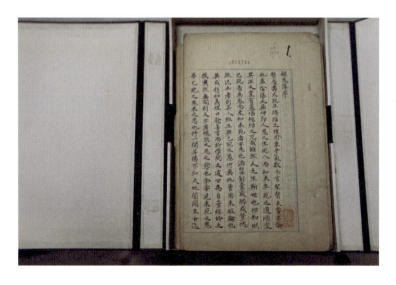

每补一个书页都需要经过很多的步骤，我想到自己在整理书的过程中，经常因为来回搬，一不小心就会把没有函套的线装书底页撕坏，毁书很容易，就是那一瞬间的不经意，而补这样一页书，却要费比撕书超越百倍的工夫。天下之事都是如此，想把一件事往好了做是如此之难，而要把一件事情弄砸或弄坏，却是如此容易，真不理解老天爷为什么设置这样的因果关系。

谢过何老师的热情接待，我从善本部原路退出，走到大厅的时候，又看到了那个写着象形字的屏风，屏风前面树立着严复的半身胸像，因为他是 1912 年 5 月京师大学堂改称北京大学校后的首任校长。我觉得北大图书馆内也应当树一尊李大钊的像，毕竟他是北大图书馆历任馆长中很有影响力的一位。

1918 年 1 月，经北大图书馆主任章士钊推荐，校长蔡元培聘李大钊为图书馆主任。当时有些人不认可李大钊能够担任此职，认为他没有到欧美的大学镀过金，但蔡元培独具慧眼，坚持聘用他。对于这件事，章士钊在《〈李大钊先生传〉序》中写道："翌年即一九一八年，吾入北京大学讲逻辑，以教授兼图书馆主任。其所以兼图书馆主任者，无非为著述参考之便，而以吾萦心于政治之故，虽拥有此好环境，实未能充分利用；以谓约守常来，当远较吾为优，于是有请守常代替吾职之动议。时校长蔡孑民，学长陈独秀，两君皆推重守常，当然一说即行。又守常先充图书馆主任，而后为教授，还有一段可笑之回忆。盖守常虽学问优长，其时实至而声不至，北大同僚，皆擅有欧美大学之镀金品质，独守常无有，浅薄者流，致不免以樊哙视守常。时北京民主运动正在萌芽，守常志在得北大一席，以便发踪指示，初于位分之高低，同事不合理之情绪，了不厝意。"

1917 年 9 月，章士钊来北大任国际学教授兼图书馆主任，他在 10 月发出通告，说图书馆的章程准备要修订，希望学生们提出修改意见。当时有位叫顾颉刚的学生，用了一个多月的时间起草了一篇长文，从整体框架上，例如编目、取书、借书、阅书、抄书、购书等多个方面提出修改意见。比如他在抄书一节写道："孤本书籍难买到者，及近人善著校未刊刻者，并应设法借钞。雇用书记若干人，专司其事。有不能借出者，如京师图书馆之类，可令书记往就写录；其有道远不便就钞者，商由藏书人雇工代钞，缴还工费。所有国内藏书家及图书馆藏弄目录，并应广为征集，以备择取。"（顾颉刚《西斋读书记》）

严 复像

　　顾颉刚的提议很切合实际，而章士钊能够让学生们畅所欲言地提出意见，正说明了他的胸怀，所以他才能不拘一格地推举李大钊来继任。

　　李大钊在此任上做了五年之久，他的到来给图书馆带来了新风，1920年8月15日的《申报》中称："北京大学，自蔡孑民任校长以来，特任李大钊氏为图书馆长。李氏本为社会学专家，对于增进文化事业，昕夕筹思，不遗余力，接办之后，第一步即从整理着手，凡编制目录、改良收藏及陈列诸事，无不积极进行。……前途发展，定可预期也。"

　　李大钊任主任期间，积极推动开架借书，他于1919年12月23日在《在北京高等师范学校图书馆二周年纪念会上的演说辞》中称："旧图书馆采文库式，取书的手续非常麻烦。阅书的人不能亲自拿书，只能在目录里查出书名填在单子上叫管理员拿来；若是拿来的不合用，又要按从前手续去换。现在欧美各国为节省无谓的手续和虚费的时间，并且给阅览的人一种选择的便利，所以多主张开架式。但是开架式有一层弊处，就是损失较多。不过这是少数金钱的损失，算不得什么。据美国的统计，开架式所得的利益比损失大得多。"

　　可见李大钊虽然没有留洋经历，却对西方图书馆的管理办法颇为了解，竟然提出这样先进的借阅方式。可惜因为当时受馆舍条件限制，他的设想未能完全实施。

　　毛泽东就是在此馆认识了他的领导李大钊，由此而走上了革命之路。斯诺在《西行漫记》中大量记录了毛泽东的口述，其中一段称："北京对我来说开销太大。我是向朋友们借了钱来首都的，来了以后，非马上就找工作不可。我从前在师范学校的伦理学教员杨昌济，这时是国立北京大学的教授。我请他帮助我找工作，他把我介绍给北大图书馆主任。他就是李大钊，后来成了中国共产党的一位创始人，被张作霖杀害。李大钊给了我图书馆助理员的工作，工资不低，每月有八块钱。"

　　这些伟大人物都与北大图书馆有着直接联系，他们在此做过图书馆管理员，想来这是该馆的荣光。那个时代能胜任图书管理员一职，需要丰富的知识。因为那个时代没有电脑，想要管理好庞大的藏书，需要有超强的记忆力。张中行在《北大图书馆》一文中记述了一位名叫李永平的工作人员，他说此人"为人严谨而和善，真有现在所谓百问不烦的美德"，同时他更擅长利用其惊人的记忆力：

我出入图书馆四年，现在回想，像是没有查过卡片，想到什么书，就去找这位老人，说想借，总是不久就送来。一两年之后，杂览难免东冲西撞，钻各种牛角尖，想看的书，有些很生僻，也壮着胆去问他。他经常是拍两下秃额头，略沉吟一下，说，馆里有，在什么什么丛书里，然后问借不借。我说借，也是不久就送来。还有少数几次，他拍过额头，沉吟一下之后，说馆里没有，要借，可以从北京图书馆代借，然后问我："借吗？"我说借，大概过三四天就送来。我们常进图书馆的人都深深佩服他的记忆力，说他是活书目。

而今是网络时代，博闻强识似乎已不是值得夸耀的优点，但是一个人读什么书必然会受到某些思想的影响，毕竟人脑还不能安装插件，无法将海量的知识输入其中。更何况以我的偏见，我认定纸本不亡，阅读纸本书不仅能获得知识，还能够触摸纸张的温度，以此体会古人在写书时的感觉。仅凭这一点，我希望自己能够永远沉醉在书堆中。

北京师范大学图书馆

初师唯存，辅仁合并

北京师范大学（以下简称"北师大"）把创校时间定在1902年，即清光绪二十八年，其实那时所开办的是京师大学堂的师范馆，北师大把师范馆视为本校的前身。关于创办师范学校，早在光绪二十四年（1898）制定的《大学堂章程》中就已经提到了此事的重要性。该章程是清朝军机大臣以总理衙门私下请梁启超代为起草，该章程第一章总纲的第四节为："西国最重师范学堂，盖必教习得人，然后学生易于成就。中国向无此举，故各省学堂不能收效。今当于堂中别立一师范斋，以养教习之才。"

梁启超提到西方最重视师范学堂，这是因为有好的师资才能教出好的学生，而中国向来没有这类学校，所以他提议在大学堂内先设师范斋，以此来培养师资力量。《大学堂章程》得到了朝廷的批准，同时派孙家鼐任管学大臣，来筹办京师大学堂。然当年八月发生了戊戌政变，所颁布的新政一律停止，故师范斋未能办起来。

光绪二十七年（1901），朝廷派张百熙为管学大臣，转年七月二十日颁布了《钦定京师大学堂章程》（以下简称《章程》）。该章程的第一章第五节为："京师大学堂本为各省学堂卒业生升入专门正科之地，无省学则大学堂之学生无所取材。今议先立预备一科，本一时权宜之计，故一年之内，各省必将高等学堂暨府厅州县中小学堂一律办齐，如有敷衍迟延，大学堂届期请旨严催办理。"

该章程中称，京师大学堂的学生本应当由各省学堂毕业生升入本校，但是朝廷下令在建造京师大学堂的同时，各省还未开办学堂，故京师大学堂没有生源。张百熙提议要先开办预备科作为权宜之计，而后催促各省尽快办起高等学堂。但是，办这些学堂首先需要师资，故该章程第一章第七节规定："学堂开设之初，欲求教员，最重师范。现于速成科特立专门之外，仍拟酌派数十人赴欧、美、日本诸邦学习教育之法，俟二三年后卒业回华，为各处学堂教习。"

如果培养师资，首先就应当有师范学校，这样一路说下去，又回到了先有鸡还是先有蛋的原始问题上。即便如此之难，张百熙还是想出了相应的解决办法。他在《章程》第四章第三节中写道："现办速成科师范馆学生，今定俟四年卒业，由教习考验后，管学大臣复考如格，择优带领引见。如原系生员者准作贡生，原系贡生者准作举人，原系举人者准作进士，均候旨定夺，分别给予准为各处学堂教习文凭。"

张百熙提议在大学堂内设师范馆,师范馆的创立日被北师大视为校庆日。陈宝泉在《中国近代学制变迁史》中说:"(同文馆)合之大学预备科;仕学馆(后亦由大学分出,即今日之政法大学);师范馆(后由大学分出,谓之优级师范学堂,即今日之师范大学)计为一科三馆云。"

对于师范生的出路,《章程》中写明:"师范出身一项,系破格从优以资鼓励。各省师范卒业生,亦得与京师大学堂师范生一律从优,惟由贡生卒业,应予作为举人,由举人卒业应予作为进士者,均须由各该本省督抚咨送京师大学堂复加考验,其及格者由管学大臣奏请带领引见,候旨赏给出身;不及格者,如例留堂补习;其过劣者咨回原省,以杜冒滥。"

光绪二十九年(1903),张百熙给皇帝写奏折,请求添加张之洞共同商议创办大学堂事,他评价张之洞说:"学堂为当今第一要务,张之洞为当今第一通晓学务之人,湖北所办学堂,颇有成效,此中利弊,阅历最深。臣等顾念时艰,究心学务,窃愿今日多一分考求,即将来学术人才多一分裨益。"

朝廷批准了他的请求,同时派蒙古旗人荣庆一同办理大学堂,他们在这一年的十一月二十六日制定出了极为完备的《奏定大学堂章程》。该章程第七章第四节为:"原定大学堂章程有附设之仕学馆、师范馆,现在大学预备科及分科大学尚未兴办,暂可由大学堂兼辖。将来大学堂开办预备科及分科大学,事务至为繁重,仕学、师范两馆均应另派监督自为一学堂,径隶于学务大臣。其仕学馆课程应照进士馆章程办理,师范馆可作为优级师范学堂,照优级师范学堂章程办理。"

看来张百熙、张之洞等人意识到了师范学堂的重要性,大学堂预备科尚未兴办之时,师范馆可暂由大学堂监管。今后师范馆可以独立出来,成为优级师范学堂。同时,他们还制定了《奏定优级师范学堂章程》,该章程第一章第一节为:"设优级师范学堂,令初级师范学堂毕业生及普通中学毕业生均入焉,以造就初级师范学堂及中学堂之教员、管理员为宗旨。"

于是,京师大学堂师范馆就改为了优级师范科。光绪三十四年(1908)五月,朝廷下令将京师大学堂优级师范改为京师优级师范学堂,开办地点设在北京厂甸五城学堂,派陈问咸为监督。

民国成立后,修订学制,优级师范学堂改称高等师范学校,全国划分为六个国立高等师范区,直接归教育部管辖。1912年5月15日,教育部将京师优级师范学堂改名为北京高等师范学校,任命陈宝泉为校长。当年 9 月 29 日,教育部公布了"师范教育令",文中规定:"高等师范学校以造就中学校、师范学校教员为目的。"

1922 年,教育部将北京高等师范学校改为北京师范大学,教育部在《训令》中说:"改造师资宜有专设之师范大学。查该校开办较早,并有各种研究科之设置,亟应先就该校开始筹备,除由本部敦聘教育界耆宿范源濂、袁希涛、李煜瀛等,及指派专员外,并由该校先行推定教授组织筹备北京师范大学委员会。"

1923 年 7 月,国立北京师范大学正式成立,《北京师范大学校史(1902—1982)》中称:"一九二三年七月一日,北京师范大学校成立。九月二十八日开学,从此中国教育史上出现了第一个师范大学。"同时说:"在新学制中虽然承认了师范大学的存在,北京师范大学也正式成立了,但原来我国的六个高等师范学校除北京高师外,都先后改为或并入普通大学。北京师范大学是'硕果仅存'的一个高等师范学校,这对我国师范教育体制的保存和师范教育事业的发展是有着重要意义的。"

今日的北师大,乃是在 1952 年院系调整时与辅仁大学合并而成,因此谈到北师大校史均会讲到辅仁大学。

辅仁大学是在 1925 年由罗马教廷天主教会所创办,早在 1912 年,马相伯和英敛之联合署名上书罗马教廷,请求教会支持在中国创办大学。他们在《上教宗求为中国兴学书》中写道:"乃在我华,提倡学问,而开大学堂者,英、德、美之耶稣教人都有,独我罗马圣教尚付阙如,岂不痛哉! 即以北京而论,我圣教不独无大学也,无中学也,并高等小学而无之。只有一法文小学,学费之巨,只可招教外人求学而已,学成之后,只可依法国人谋生而已。"

二人提到英、美等国家都在中国开办学堂,唯独罗马教廷没有,他们在请愿书中详细讲到了在中国开办学堂的重要性,之后提出:"以故诚得我至圣父师大发慈悯,多遣教中明达热切诸博士,于通都大邑如北京者,创一大学,广收教内外之学生,以树通国中之模范,庶使教中可因学问辅持社会。"

因为诸多原因,二人的愿望未能实现。转年,英敛之在香山静宜园办起辅仁社来培养各省教会中的青年子弟。辅仁社开办的课程主要是国学,于此讲授中国历史、书法等课,当时的辅仁社已经有不少的藏书:"备有古今书籍万卷,名人法帖亦百十种,用资诸生之探讨。"

那时的陈垣刚从广州来到北京,常与社长英敛之探讨文史问题,1917年,陈垣撰写了自己的第一篇史学论文《元也里可温考》,他在第一版的《缘起》中提到了本文的来由:"此(指《元也里可温考》)辅仁社课题也。辅仁社者,英敛之先生与其门弟子讲学论文之所。余尝一谒先生,先生在示辅仁社课,中有题曰《元代也里可温考》,余叩其端绪,偶有所触,归而发箧陈书,钩稽旬日,得左证若干条,益以辅仁社诸子所得,此事属词,都为一卷,以报先生。先生曰:'善! 愿以付梓。'余自维谫陋,况值旅居,藏书绝少,涉猎多有未至也。先生曰:'是胡害? 补遗订误,可俟异日。'余乃重理其稿,并经马相伯先生为之点定,乃付刊。而识其缘起如此。一九一七年五月十日。"

可见陈垣是在辅仁社受到启发,才写出了这篇成名作的。1917年直隶发水灾,熊希龄在北京设慈幼局,请英敛之任局长。转年英敛之离开香山,辅仁社停办了。

1923年,全美本笃会决议委派司泰来到中国创建大学。1925年,司泰来派本笃会教士奥图尔来中国与英敛之会面,商谈筹办大学之事。他们租下涛贝勒府作为校址,给学校起名为辅仁社,同时委派英敛之作为社长。

1926年1月,英敛之逝世,临终前把学校教务托付给陈垣,请其继续筹办大学之事。此后该校更名为"公教大学辅仁社",推选陈垣为校长,奥图尔为校务长。在第一次董事会后,又将校名更正为私立北平辅仁大学,该大学内办有图书馆。到1944年时,该馆所藏书籍已近13万种。而在1939年9月,该校开始招收女生,以恭王府为女院,并且在恭王府多福轩内设立女院图书馆。

当年的辅仁大学与清华大学、北京大学、燕京大学并称为北平四大名校,可见该校实力雄厚。1952年院系调整时,辅仁大学的九个系并入了北师大,两个系并入北大,经济与社会系并入中国人民大学,社会学系内务组并入中国政法大学。1952年之后,陈垣就任北师大校长。

前几年我来北师大图书馆看书时,还是在原来的旧馆,2014年来开会,已经改在了现在的新馆。新馆建得确实是高大宏伟,以至于我想把它全部收入镜头都颇为困难,从镜头里望过去,图书馆的大楼处在雾霾之中,虽然不够清晰,却增添了几分缥缈,想到这一层,感觉雾霾也不是百无一用。

2015 年 3 月 16 日，我专门来北师大图书馆拍照，地下停车场不允许停非本校教职工的车，只好在院内的某条小巷内停了下来。我在停车时仔细地看过四周的环境，确认没有妨碍到别人出入，结果回来取车时，发现前面的号牌被掰了起来，这应该是妨碍了别人使其愤怒后的结果。

走到了北门，我看到门上贴着告示，说要从南门进入，南门由三个保安管理着，我告诉其中一位保安说我来找善本部主任杨健老师，保安要求必须由校内人员来接，我只好把杨健老师请到了大门口。

杨老师带着我进入了新馆的大堂，上次来开会时走的是北门，今日从南门进来才感觉到了大厅的宏伟，而我觉得奇怪之处，就是图书馆的楼前广场在北面，而正门的前面所留的宽度不及北广场的十分之一，从正面走过来颇显局促。大堂的正中有四根顶天立地的汉白玉方柱，方柱的下面有些奇特，我看到了满文的字样，为什么柱子上会刻满文呢？杨老师解释说，这几根柱子上其实分别刻着不同的文字。我转到另一根柱子的背面，果真看到了古拉丁语，这种包容的设计，在其他图书馆中似乎不太多见。四根立柱的后面是影壁墙，墙上挂着一幅巨大的油画，走近细看，应该是照片的复制品，上面有十余位人物的头像，我看到有梁启超、陈垣、鲁迅、李大钊，而右侧最前方是启功，还有几位我不认识，杨老师一一告诉我这些人的大名，他说，这些名人都与北师大有着渊源。

坐电梯上到二楼，善本阅览区门口的牌子上写着"特藏阅览区"，里面有几百平方米的面积，摆着一排排的书架，我却没有看到阅览者。杨老师说，真正来馆里看古籍的人并不多。说话间，一位女学生走进来，在门口刷了一下自己的卡，然后坐在了阅览桌前。能有人进来看古书，我的心里顿生吾道不孤的感觉。

与阅览区相反的一面也摆了些书架，里面陈列的却是一些平装书，这些平装书是正面朝前的竖摆形式，很有陈列意味。最前面的一排，每一格书中都放有人名牌，我注意到有陈垣、钱玄同、吴承仕、黎锦熙等等，有几十位之多，还看到了陆昕先生的祖父陆宗达的大名。杨健老师说，这些书都是跟本校有关的师生的出版物，而这些出版物大部分是作者或者家人赠送给图书馆的，因此在这里列为专区展示。

在这几排展柜的另一侧，还有两排平放式的展示柜，里面陈列着一些

■ 启功题写的馆名　■ 雄伟的大堂

木刻本和石印的线装书，展柜的上面有一块小牌子，上面写着"我国基础教育教材的发展"。杨老师说，因为本校是师范大学，所以很关注跟教育有关的图书，这是他近些年重点搜集的图书门类。我在第一个柜台内看到了摆放着的《三字经》《百家姓》《千字文》，这种蒙学读物虽然在古代极其普及，但可能因为使用得太频繁，太过常见反而无人珍惜，几乎没有藏书家收藏"三百千"，因此市面上其实很少见到，而我在这里看到陈列的几部品相确实不错，由此看到了杨健老师在征集特色品种上的用心。

还有一个展柜内陈列的全都是吕叔湘先生各种著作的手写稿和油印稿，杨老师告诉我，这是他从嘉德的拍卖会上成批买来的，他认为这类拍品确实有价值，但可惜在拍卖会上并不多见。从这个话题我们聊到了古籍拍卖会，大概在十年前，我跟杨老师经常在拍卖会上碰面，那个时候，北京和上海的拍卖最为热闹，但公共图书馆大多是在本地参拍，偶尔有异地参拍者，也大多是办电话委托，但是杨健老师不同，有很多次他都是自己到拍卖会上去拍。

我记得第一次在拍卖会上见到他，似乎是在上海的某个拍场，那个拍场上有一部书被北京的一位书友看上了，他委托我一定要把这部书拍下来，当时我问他为什么要买这么一部蓝印本，书友告诉我，是他的女朋友看上了这部书，他想拍下来转送给女朋友。那个时候红蓝印本还没有受到买家的追捧，价格比较便宜，我印象中那本的起价是 500 元，书友给我的限价是 2000 元，我跟他说太高了，我认为这部书也就值 1000 元。朋友跟我打起了赌，结果证明确实是我错了，这部书的价格的确高于我的估计，而坐在现场前几排跟我竞价的人，就是这位杨健老师。

虽然最终是我拿下了这本书，但在此之后我还是跟杨健成了朋友，后来我问过他为什么把这部书的价值看得如此之高，杨老师向我解释了此书中不为人知的亮点，我听他一说，果真觉得这部书确实是有价值的，以至于我开始后悔，不舍得把这部书再转给朋友。那件事让我印象深刻，我从此注意到杨老师在买书观念上不流于热潮的独特视角。

杨老师接着聊到了其实市场上古代教材并不多见，我说自己在以前没有关注过这个板块，只是知道天津要建设科举博物馆，前几年市面上出现的相关资料，大多数是被此馆买去了。杨老师说确实如此，因为在天津的某场拍卖会上发现了一批相关资料，他们馆很希望能将这些资料拍下来，

当时底价很便宜，他们最初的限价是 3 万元，没想到一直举到了 5 万元还是没有拿下来。

我们聊到了北师大图书馆的藏书来源及其特色，杨老师告诉我，该校最初的馆藏基本上都是线装书，到 1949 年时，藏书量仅有十几万册，主要原因是师范学校当年没有钱，但是也有一些藏书家或者学者给本校捐书，1948 年时，高步瀛的后人就捐了 17000 多册书，南社成员陈莲痕又捐了 14000 多册，这些书主要是方志，我在之前还真没有听说过陈莲痕这个名字。杨老师说，的确查不到这个人的资料。到了 1952 年，辅仁大学并入了北师大，这使得图书馆的线装书达到了 26 万册，这个数量在当时各大院校中已经属于较多的，而现在该图书馆的线装书藏书量已经达到了 40 万册。

我还是好奇杨老师为什么经常到拍卖会上去买书，他说这也是无奈之举，因为市场就是如此。20 世纪 90 年代之前，图书馆的书主要是靠捐赠，后来古书持续涨价，到了 2000 年之后，馆里得书就主要靠拍卖会了。

杨老师说，馆里在拍卖会上买书，并非是什么书都要，而他的着眼点主要是补充和完善馆里的藏书体系。我向他请教是怎样的体系？杨老师说，这个体系从 1931 年就定了下来，就是本馆的藏书重点是教育类，包括相关的章程、法规以及书院志等等，他说这类书中，有一部他在拍卖会上也跟我争抢过。这件事我记不起来，因为我对这一类书兴趣不大，杨老师的记忆力很好，他说出了书名，并且告诉我那是一部木活字本。这句话提醒了我，有那么几年，我狂收活字本，而那时的我是从印刷史的角度来看待活字本，并没有关注书的内容，很有可能某部活字本的内容恰好就是杨老师所关注的教育题材。我跟他说，这纯属是误伤。

杨老师告诉我，馆里的另一个收藏重点是诗文集。虽说是诗文集，但馆里的着眼点主要是文集，对诗集不是很看重，然而，很多古书是将诗集和文集合刻在一起，所以也就将诗集一并买下。但是诗文集中的稀见品种价格很高，大多数难以拿得下来。说话间，杨老师请工作人员拿出来了几部线装书，其中一部是《石园诗集》。他说这部书是康熙年间的原刻本，该书为孙楗的旧藏。前几年，在杭州的西泠印社拍卖会上又出来一部《石园诗集》，那部书也是孙楗的旧藏，并且封面上还有孙楗的题记，这让杨老师很奇怪，正巧刘禹先生在预展现场，他就请刘先生把那部书的几个关键页拍下来发给了自己，他看了以后，觉得西泠的那一部应该是翻刻本，而馆里所藏的这一部才是真正的康熙原刻本,看来孙楙藏有该书的两个不同版本。

我们由此又聊到了孙楙,二十多年来,我在琉璃厂书店内经常看到孙楙的旧藏,但是我对他的藏书情况不甚了解。杨老师告诉我,《中国典籍与文化》曾专门刊出了一篇研究孙楙的文章,说话间,他马上到办公室把这篇文章帮我打印了出来,这篇文章是由李军所撰,题目为《济宁孙氏兰枝馆藏书事迹钩沉》。

我们又聊到了北师大这部《石园诗集》的来源,因为我看到上面有中国书店的价签,这八册一函的书标价是 100 元。杨老师说,这 100 元当时馆里也并未支付,因为这部书是交换来的,在那个时候,馆里的书若有副本,就可以跟书店或其他图书馆进行交换,所以当时换来了一批孙氏兰枝馆的旧藏。他还告诉我,在 20 世纪 90 年代的时候,北师大图书馆还跟湖南大学进行过交换,当时的做法是,互相列出重复的书目,再进行对等交换。但是这个工作十分费时费力,成果却并不显著,最终,他们跟复旦大学图书馆仅换成了四部书。我问他为什么是这样的结果,杨老师说,最大的问题是,稀见品种各馆几乎都没有副本,而重复的部分,大家几乎又都一样,这种情况就很难操作成功。

我们接着聊到了校长陈垣,我说想调看一些陈垣的旧藏并拍照,杨老师给我拿出了一部陈垣的稿本《弥撒经典》。这部手稿确实是稀见,我问杨老师还有没有其他的励耘书屋旧藏,他说馆里确实没几部。杨老师的这个回答让我有点意外,因为我知道陈垣当年藏书量很大,而他又在北师大住了这么多年,虽然励耘书屋的藏书有些流散,但主体还是应该在这里。

杨老师给我讲了个小故事,他说陈垣去世之前立下遗嘱,要把自己的藏书全部捐给国家,但他并没有说捐给哪个馆,陈垣去世之后,北师大就把他的藏书拉到了本馆,但是此后不久接到了中央某位领导的电话,要求把陈垣的书转给北京图书馆,北师大的领导当然只能照办,所以说,陈垣的藏书现在绝大部分都在国家图书馆库内。杨老师还说,国图的张志清馆长曾提议跟北师大共同办一个陈垣藏书展览,但北师大图书馆里拿不出几件陈垣旧藏中像样的书,因此此事不了了之。

我问杨老师还能不能找到馆里最早的藏书?他说,哪部书是最早的,这不好确定,但是本校以前的名称曾经是“京师优级师范学堂”,钤有这方章的书，他在库里的确看到过。我请他调出来一部，杨老师调出了章学诚的《文史通义》和《校雠通义》，这两部书上果真钤有这个学校的大章，这倒是很有纪念意义的书。我注意到书里面的借书卡片上写满了名称。杨老师说，因为这是文史领域的重要著作，以前经常有人借看，但今天这种情形已经很少见了。尤为奇怪的是，书的木夹板并非寻常所见的上下两片，而是在侧脊上还有一块小板，这块板上贴着书名签，这种做法很少见到。杨老师说，库里还有几部也是这种装帧。在侧脊上加木板，想来应该是公共图书馆早期的一种做法，以便能够将书竖放。

从库中调出来的其他书，大多已改为了六合套，从侧脊上的书签来看，有直接写在函套上面的，有的是写在纸签上贴上去的，还有的是电脑打印签，从这些签条能够明显地看出来不同时代的特色。

在拿出的书中，还有一部《字牖》，这部书颇为奇特，卷首页上是大块的墨等，可知此为该书最早的印样。作者是王铎，王铎还编过这么一部字典，我却从来没有听说过，在此之前，他的名字，永远是跟"大书法家"的头衔连在一起。该书卷首还钤有刘盼遂的藏章。杨老师告诉我，这部书的确稀见难得，此书除了这一部之外，未见过著录。他并不说这是孤本，只称未见著录，由此可见其说话极为严谨。

来此看书之前，杨老师在电话里曾经问过我想看哪几部书？为此还寄给了我一本《北京师范大学图书馆藏古籍珍品鉴赏·定级图录》，让我在这部书上挑选自己想看的书。这当然是我求之不得的事，因为这里面收录的书应当都是北师大图书馆的馆藏精华所在，然而，他今天给我看的几部书都不是那个图录上所标明者。我问到他可否看看那些书，他说，那个图录里面的原图在他的电脑里都有，可以在我挑选后拷贝给我，这样就省去了我拍照的麻烦。恭敬不如从命，我当然明白他的爱书之心。

我提出想到书库去拍照，他告诉我已经做了安排，于是在两位工作人员的陪同下，我们一同进入地库。在地库里，最令我吃惊的是这里的集成书架，它们是我所见过的集成书架中最高大的一种，从书架摇开的间隙望过去，每一排书架的长度也在十几米以上，这种书架的长度也是我前所未见，我很担心这种书架是否摇得动，杨老师说肯定没有问题，并且马上示范给我看，我用手试了一下，果真能够轻松移动。科技的发展，让很多以前认为不可能的事情，变得如此简单。

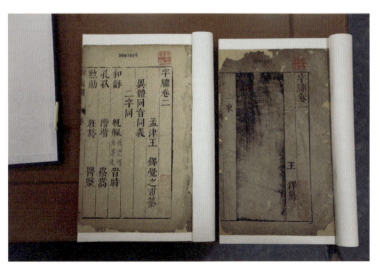

我还注意到每排书架的侧边都有着电脑的屏幕,杨老师说,这种书架其实是可以电动操作的,只是为了安全,现在没有将电源接通。我从打开的书架间走了进去,看到里面一排排的线装书摆放得十分整齐,这种视觉上的震撼,让我领略一百次、一千次,我都不会厌倦。

复旦大学图书馆

震旦复旦，汇聚多方

复旦大学的创始人马相伯祖籍江苏丹阳，父母都信仰天主教，他在幼年时受洗，12岁时来到上海，进入法国耶稣会所办的圣依纳爵公学，后来又入大修院，攻读法文、拉丁文、希腊文，研修神学、哲学、数理和天文等学科。清同治九年（1870），马相伯获神博士衔，加入耶稣会，授司铎神职。

清光绪二年（1876），马相伯自筹两千两白银救济灾民，为此遭到教会幽禁省过，愤怒之下他脱离耶稣会还俗，先后去过日本、朝鲜、美国、法国、意大利等国。光绪二十六年（1900），他把自己名下的三千亩田产捐献给天主教江南司教，作为创办"中西大学堂"的基金。

光绪二十八年（1902），南洋公学发生了"墨水瓶事件"，学生集体退学，该校特班班主任蔡元培与校方交涉，同时耐心说服学生留下来，但因校方没有按学生规定的时间予以答复，学生们全部离校，蔡元培也愤而辞职。之后蔡元培介绍一部分学生向马相伯求学，于是马相伯决定创建一所学校。1903年，马相伯租用徐家汇老天文台余房，以"中西大学堂"的理念创办震旦大学院，马相伯自任院长，而他所创的震旦学院被誉为中国第一所私立大学。梁启超在《祝震旦学院之前途》中称：

> 吾闻上海有震旦学院之设，吾喜欲狂。吾今乃始见我祖国得一完备有条理之私立学校，吾喜欲狂。该学院总教习为谁，则马相伯先生，最精希腊、拉丁、英、法、意文字者也。所在地则徐家汇也。

光绪三十一年（1905），耶稣会打算把震旦学院改为教会学校，他们让马相伯去养病，委派法国神父南从周为总教习，学生为之哗然，摘下校牌后集体退学。马相伯带领学生从震旦学院脱离，准备另立新学校。此事引起了两江总督周馥的注意，他发电报给驻上海的苏松太道袁树勋了解情况："震旦生退学，闻因教习不允添课，马欲另建一校，确否？如该生等，果系可造，或拨官款，暂赁校舍，俾免逃散。"

袁树勋了解情况后，立即向周馥报告了此事的来龙去脉："震旦生退学事，饬员查复。该学堂设已两年，课程中西并重，教习系教士充当，所授格致、化炼各科，均用英法两国文字。学生程度颇高，主张爱国宗旨，不肯入教。近因法文教习南君忽议裁去英文，专以法文教授，意欲以教务侵入。学英文者既无所适从，习法文者亦惧教会侵入，颇不满意。后马因此辞退，遂亦退学。现该教习允复英文,惟不许马进院干预学务。诸生以学堂由马创,非马势难久持,乃散各处,意图重建改良等语。"

震旦学院学生退学之事在社会上产生了一定的影响,张謇、王丹揆等人计划成立新震旦,以解决学生上学的问题。他们商议了筹措资金的办法,并打算借吴淞陆军公所为校舍,为此,电请两江总督周馥,周馥答应就此事同军方讨论。军方同意暂借一年,此后学校要购地兴建校舍。此时新震旦的董事张謇已经为新学校募得上万元之款,打算在吴淞公地建新校舍。

新震旦办起来后,马相伯另外创了一所学校,即复旦公学。两校确定分办后,复旦公学宣布将原震旦校舍赠予教会,同时宣布:"旧时院名,久已消灭,此后倘有就旧基重行建设者,无论袭用旧名与否,与旧时震旦丝毫无关。"(《前震旦学院全体干事、中国教员、全体学生公白》,《时报》1905 年 6 月 29 日)

复旦公学由 28 位社会名流任校董,其中有严复、张謇等人。复旦公学成立后,校方特意致电周馥表达谢意,周馥亦回电表示祝贺:"复旦公学开学伊始,愿教员实心训导,诸生锐意潜修。谨为全校贺,并为学界贺。"

关于复旦大学早期藏书情况,潘继安在《复旦大学图书馆古籍存藏状况》一文中概述说:"复旦大学虽创建于 1905 年,但建校之初,校中未设图书馆,至 1918 年,戊午级学生深感图书对于学习的重要,经集议每人捐款购置图书,成立戊午阅书社,于是校中始有图书馆的雏形。至 1920 年,学校接收了戊午阅书社,改称图书馆,于是复旦大学图书馆始脱离雏形而成为正式称馆的藏书单位。"

《复旦年刊》1919 年第 6 期上刊发有瞿宣颖所撰《戊午阅书社》中英文对照的简介:

戊午阅书社者,民国七年秋季一部分之同学所发起。将以扩充本校原有之图书馆,并促起同学对于图书检阅及图书管理之兴趣。成立以后,同学及校外友人之以金钱或书籍相输助者,突过所期。于是新旧中西书籍,暨流行之杂志日报小册,寖寖然具备。而来社阅书者,亦日益众。社之组织,以主任书记会计司理一切事务。而管理图书簿籍出纳之职,则社员轮值任之,本年届主任为何君葆仁,会计为程君学愉。书记则宣颖承乏。至本校原有之图书,则耿君佐军负保管之责云。瞿宣颖记。

戊午阅书社创建于 1918 年秋，由部分戊午级的学生发起成立此社，其具体办法是每位学生捐洋两元来购置书籍。该社由何葆仁任主任、瞿宣颖任书记、耿佐军负责图书馆保管，此即为复旦大学图书馆（以下简称"复旦图书馆"）的前身。

其实当时学校不但接受了戊午阅书社的藏书，同时也延续了该社的创办方式，比如 1920 年 3 月重订的《复旦大学章程》第六章规定学生每年应缴阅书费两元。

复旦图书馆最初的馆舍创建于 1921 年，这年 6 月，印尼首富糖王黄奕住（柱）捐银一万两为复旦建造校舍，所建之楼名为奕柱堂。转年春，复旦大学部迁往江湾新址，于是图书馆占用了奕柱堂楼下两间。此年收到校董聂云台《四部丛刊》一部，计有 2100 册。此后复旦留美同学会为了丰富学校的图书，一起给母校捐书，使得该校图书馆藏书数量有所增加。

1924 年春，杜定友到图书馆任职，当年 6 月，他被聘为图书馆主任，杜定友在《复旦图书馆计划》中提出："盖大学而无图书馆，犹人之有躯壳而无灵魂也。"关于此阶段的藏书情况，1925 年《复旦年鉴》中所刊《复旦大学图书馆简史》一文有如下介绍：

> 吾校向无图书馆，有之自戊午年始。是年戊午级同学感于学校缺乏图书馆之困难，乃由各同学集议，每人捐洋二元购置书籍，并立戊午阅书社，由同学轮流管理。虽书籍寥寥，而阅者颇不乏人。翌年，即由校中规定每学生年缴二元专充图书费之用。数年之间，积集数千余册，又蒙聂云台先生捐赠《四部丛刊》一部，凡二千一百册。至一九二三年秋季止，合共有图书五千二百六十册。是年，李校长以图书馆亟待发展，添聘专员管理。一年以来，凡书籍分类编号将次就绪，全馆图书增至五千九百八十六册本。学年又添购六百余册，又承刘大白先生寄存二千余册，杜定友先生寄存八百余册，合计存书将及万卷，较二年前几增一倍。至于经济方面，每学期仍由学生付图书费每人二元，年约二千元。除职员薪水及书架椅桌由校开支外，所有购书经费及管理用品均由该款支消。每年预算约以十分之七八专充添购图书杂志之用，十分之

一二专充用品杂费之用。而本校科目繁多,用书亦夥,每年购书之费仍不敷用。至于地位方面,现有阅书室一间、藏书室一间,藏书、阅览均拥挤不堪。至今春,办事室楼下全部拨充图书馆之用,地位稍为宽畅,但以馆务日渐发达,阅书者日益增多,非力谋建筑不可。去年举行募捐,得一万五千元,尚不及总额之半,一时尚难兴工建筑,深望教职员学生及各界热心匡助,以底于成,诚本校之幸也。

总体来看,那时的复旦图书馆藏书量较小,故在1926年,文科学生提出设立文科图书室。他们的倡议得到了学校的支持,于是在图书馆楼下划出一间屋子设立文科图书室。对于该室的情况,1926年的《复旦丙寅年鉴》中刊有《文科图书室纪事》:

> 古人虽息影蓬庐,犹坐拥书城,以为南面王不易其乐。况吾置身于此最高学府,焉得不聚古今中外之奇书,朝吟而夕诵之。藉以增吾识,瀹吾智,启迪我愚蒙。是以去秋以来,本科诸子,遂有人倡设文科图书室之议,备藏文学书籍,专供本科同学参考。嗣经开会讨论,举出筹备委员八人,即以各级之正副级长充之,复协议筹款,得数百元。本科主任余楠秋先生闻其事,对本科诸同学奖勉有加,并力为筹画,请学校拨给图书馆楼下小房一间,为馆址。复经洪深教授选购书籍数十种,杂志十余种,皆文学界必需之书。余主任暨洪教授,更出邺架所藏若干卷,陈列本馆,于是琳琅满架,美不胜收矣。诸同学得此研习之所,皆欣喜不置。课罢讽诵其间,几如入百宝山令人目迷五色。以后每学期由本科同学,继续摊捐,以图扩充。余主任尝谓本科离发扬光大之期,会当不远。观此举进行之顺利,其信然欤?是不可以不纪。

从1929年开始,图书的增加使得该校开始扩充图书馆两翼工程。1930年1月15日,新扩充的图书馆举行了开幕典礼。对于这一年的图书所得,9月13日复旦大学第十一次校务会议中,孙心磐报告四条:"一、洪深允将价值巨万之家藏书籍完全捐助本校;二、Mr. Mufihy 每年捐购书籍200元;三、南京同学会介绍铁道部张家杰捐社会学百科全书一部(约价350元);四、商务印书馆捐本版书籍200元。林继庸、钱祖龄、谢六逸、孙俍工当选图书委员。"

1937 年，全面抗战爆发，复旦大学与大夏大学联合内迁，设第一部和第二部，复旦图书馆属于第一部，他们的藏书先搬到了庐山，之后又辗转运至四川北碚（今属重庆）新校址。1939 年 11 月 4 日，创校人马相伯病逝于越南谅山。复旦大学校董会成立了马相伯先生纪念委员会，为此在当地建起了相伯图书馆。

1945 年抗战胜利，复旦图书馆将藏书运回上海，对于此后几年该馆所得之书，潘继安在《复旦大学图书馆古籍存藏状况》中写道：

> 1949 年 9 月，同济大学文、法学院并入复旦大学，该校于 1946 年年底购进的庞氏百柜楼藏书的绝大部分，及 1946 年由驻沪图书仪器接运清理处分配给该校的图书中的若干线装古籍，均随同归并入复旦大学图书馆。百柜楼藏书原藏于浙江吴兴南浔镇庞元澂（号青城）老家中，约于二十年代移储庞氏沪寓。两大房间藏书百柜，故名百柜楼。这批书中抄本及明刻本甚多，不但要籍咸备，而且其中有若干未刻的稿、抄孤本，故其所藏足与其同邑的刘氏嘉业堂、蒋氏密韵楼、张氏适园三家所藏媲美。庞元澂晚年精神不振，家事由其子秉利做主。1941 年，因出售沪寓房屋，其子欲将全部藏书出售，事为原在北平图书馆工作的钱存训氏所知，遂由钱氏私人筹款，向庞秉利将书买下。因钱氏原系北平图书馆派驻上海的工作人员，故当时在沪学者如王謇等人闻其事而未悉其实情者，均以为是钱氏为北平图书馆购得庞氏书，而不知此乃钱氏私人筹款购书，与北平图书馆无涉也。钱氏购得庞氏书后不久，即向来薰阁书店出售其中的一小部分。这一小部分均系来薰阁书店从庞氏书中选出的名贵珍本，其中有明抄本《三朝北盟会编》等书。这批百柜楼藏书经钱氏售去这一小部分后，尚有一千三百五十种、二万八千册。至 1946 年冬，这批书由名曰邢孟甫者出售给同济大学。书存藏于同济大学仅两年余，至 1949 年 9 月，其绝大部分即归并入复旦大学图书馆。

在朋友的带领下，我曾前往南浔探看过庞元澂的百柜楼，而今那里只是一排排的空房，旧日的藏书早已没了踪影，那些大书柜也不知道哪里去

了。站在那闷热的空屋子内，我叹息良久。

1952 年,在院系调整中,该馆调入了一些书,也调出了一些书,对此,钱京娅、史卫华主编的《复旦大学图书馆百年纪事（1918—2018）》（以下简称《百年纪事》）中简述说:"截止到 1952 年,在全国高校院系调整中,调入书刊 251473 册（其中震旦大学 98991 册、沪江大学 72267 册、暨南大学 13157 册、华东教育部 6443 册、大夏大学 4560 册、安徽大学 3344 册、同济大学 1634 册、浙江大学 1394 册、东吴大学 811 册、光华大学 689 册）;调出书刊 38807 册（其中调给华东政法学院 19577 册、上海财经学院 11631 册、沈阳农学院 4871 册、华东师范大学 1898 册、南京大学 830 册）。"

复旦图书馆善本的一大来源,乃是刘承幹的嘉业堂,从 1953 年冬到 1957 年,经王欣夫先生介绍,该馆先后四次收购嘉业堂藏书。以数量论,建造在南浔的嘉业堂乃是藏线装书最多的私人藏书楼。

抗战阶段,嘉业堂主人刘承幹将南浔书楼中的藏书挑选出三万多册,藏在了上海的住所。1940 年,郑振铎替文献保存同志会从刘承幹那里购买到明版书一万两千余种。1942 年底,刘承幹将藏在上海的一批善本出售给张叔平,按照他在日记中的所言,张叔平当年并未付钱。1954 年,他把藏在上海的两千多种清人诗文集出售给复旦图书馆,转年,又将其他的清刻本两千多种全部售给了复旦图书馆。

1956 年,刘承幹把藏在上海的一些旧钞本,以及他花巨资请人从北京国史馆抄得的《清史列传》和《清实录》各一部出售给复旦图书馆。《百年纪事》中记载了当时的出售价格及数量:"3 月,以每册 2 元价格,购得刘承幹嘉业堂藏抄本书 902 册,共 1804 元。"此时的出售价格不抵当年雇人抄写费用的零头,时代的变迁真令人叹息。

王欣夫先生乃是著名的目录版本学家,原本在上海圣约翰大学任国文教授,1952 年全国院系调整时,转入复旦大学中文系。王欣夫先生毕生从事目录版本校勘之学,在个人收藏方面最重稿钞校本,所撰《蛾术轩箧存善本书录》成为古籍研究者及收藏者的案头必备之书。遗憾的是,他在 1966 年患肺炎去世了。1973 年 6 月,王欣夫先生家属以接近捐赠的最低价格将蛾术轩所藏之书四千余册出让给复旦图书馆,成为该馆的重要馆藏之一。

按照潘继安的看法,王氏蛾术轩与庞氏百柜楼、丁氏畴隐庐、高氏吹万楼、刘氏嘉业堂旧藏乃是复旦图书馆善本精华所在。他统计出这五家藏书中归入复旦的有宋元刻本近四十部、明刻本约一千部、清刻本约三千部,同时文中提到该馆有七千余部善本书,乃是中国高校图书馆最重要的馆藏之一。

2014 年 11 月 30 日,复旦大学成立了中华古籍保护研究院,该院被视为全世界第一家古籍保护研究院,此院整合了复旦图书馆以及该校古籍整理研究所、历史地理研究所、文博学系、出土文献与古文字研究中心等机构,成为国家古籍保护研究基地。

中华古籍保护研究院成立前几天,复旦大学古籍整理研究所的教授陈正宏先生给我来电话,他说我被聘为古籍保护研究院的特聘研究员,两天后举行成立大会,希望我前来参会。闻此讯我甚感高兴,意外得此殊荣,岂止是欣欣然,但遗憾的是,此刻我正在北京参加另一个会,而这个会还有四天才能结束,我只好跟陈老师说抱歉。他说没关系,可以等成立大会结束之后来复旦大学一趟,因为我还欠他一个讲座。我也想起了自己的承诺,于是在 2014 年 12 月 8 日,我再次来到了复旦大学。

从复旦的东校门向内望去,看到的是校区内最高的一座大楼,这就是光华楼。该楼建成于 2005 年复旦大学百年校庆之际,被列为上海市重大工程之一,建成后就成了复旦大学标志性的建筑,古籍所和图书馆都在这个楼内。从东校门望去看到的还只是楼的侧面,站在北面的停车场才能看到楼的整体外貌,原来是横式的双子座。"横看成岭侧成峰"这句话,在这里得到了现代化的诠释。

寻访当天上海降温,站在停车场上拍照时我感觉寒风瑟瑟,于是拍完后匆忙向楼内走去,光华楼正门前两侧的花坛里盛开着山茶花,在寒风的吹拂下摇曳生姿。此次寻访前几天,我在苏州寻访江苏官书局时,在一条小街上也看到了一丛山茶花,枝头上缀满了花蕾,当时还担心近日的寒流是否会将这些花蕾"直打得花残柳败休",现在看来我还是"北方的枳"。

可能是为了防止冬天的寒风直接吹入楼内,双子座的光华楼在东楼开着侧门,进入侧门有十几个广告牌,无意中看到其中一块告示上写的正是我的讲座内容和时间地点,再浏览过去,竟然看到了李零先生的讲座预告,再看日期是我的讲座之后一天,谢天谢地,幸亏没跟他同天,否则我的讲座还不成了"空城计"。

从东楼穿向西楼的连接处，有一根立在大厅中央的白色石柱，这又让我想起了龙宫里的定海神针。这根石柱至少有十几米高，比人的腰还要粗，上面没有任何的铭文，围着这个柱子转了一圈，才发现地上刻着"立志柱"三个字。我没弄明白这根罗马柱何以能够立志，很可能是我寡闻不知典故。陈正宏教授在这根柱子旁找到了我，我没跟他寒暄，先向他请教这根柱子的材质，看来他只对典籍感兴趣，对我的这个问话含糊其辞，说可能是大理石。

陈老师先带我前去看古籍所的修复室，我在这里面见到了他的研究生。这位学生肯定是"90后"，穿着、长相都很阳光，如此年轻的人却在这里整天摆弄古籍，可见其有相当的定力和耐心，这一点很让我佩服。他向我展示了自己的修复成果，尤其让我感兴趣的是他按照书本上的介绍恢复了各种古代的装帧，比如卷轴装、包背装、线装，竟然还有旋风装，另外还有两位女同学正在修补古籍。陈老师让我看看这些修复成果和装帧有什么值得改进之处，这原本是句客气话，但我又犯了傻认真的毛病，吹毛求疵地指出一些细节上的瑕疵。其中一位修书的同学听完后反而笑了起来："哈哈，他还真懂。"我每指出一个问题，她都感叹一句，以至于陈老师忍不住也笑着说："笑什么，他当然懂。"

在另一个修复室我看到了正在制作的拓碑和裱碑，可能是担心破坏古碑，这里所拓之碑是新刻的一方，另一位学生在墙上练着托裱拓片，她的托裱方式基本上是裱画的做法，我又好为人师地跟她讲裱贴拓片和裱贴字画之间的不同。陈老师说，刚才的那位学生所修之书都是他提供的。我问陈老师为什么不由学校来提供这些练习修复的样本，他说古书在学校里都属于文物类财产，不可能从图书馆调出来让学生练手，没办法，他只好从自己家里拿一些残书来让学生练手。他说以前买这些书都很便宜，如果按现在的价格，肯定用不起。听到他用自己的书来让学生练手，我马上有了些冲动，真想告诉他，自己也来贡献一些残书或旧的拓片以供学生实践之用，但话到口头还是忍住了，决定回家先去翻找一番。

而后陈老师又带我来到复旦图书馆古籍部，而古籍部就在光华楼内的五层和六层。我奇怪于复旦大学的图书馆为何没有处在一个独立的建筑里面，陈老师说只有古籍部在这里，本来这些线装书也要搬到另外一个校区，但这样学生使用起来就有许多的不便，在他们的要求下，这些书就留

在了这里。古籍阅览室的入口处挂着三块金属牌，其中两块写着"全国古籍重点保护单位"和"上海古籍重点保护单位"。

进门之后首先看到的是阅览区，这个部分占地面积不小，阅览区旁边陈列着的就是一些工具书架。陈老师给我介绍了古籍部主任，这位主任是我第一次见到，而熟人则见到了王亮先生，王亮兄是国学大师王国维的曾孙，他来北京学习时曾听过我的讲座，此后这是第一次见面。此次见面前一段时间我刚在北京买到了他新整理出版的《王国维全集》，我跟王亮兄说，自己的藏品中有几件王国维的题跋也都收录进了这部全集之内，他笑呵呵地说，收集这些资料确实下了很大的气力。

经善本部主任同意，馆员带我打开了旁边的善本书库。书库里排架十分整齐，这些书橱一律是全新制作的，我没有看出是什么材质，但我注意到上下两节书架的中间安装了一种活动的抽拉板，这个板只有长期取放书的人才能知道它是何等实用，因为古书是一摞摞地叠放，如果要从一摞书中取出其中的某一本，必须要把整摞书先搬下来，但搬下来的书无地展放，我采取的土办法是在每一排书架中放一张琴桌，但每次搬书时，就需要把琴桌拖来拖去，这种带有抽拉板式的书架我只在台北的"中央图书馆"内见过，而国内的大书库中，我是今天第一次见到。

从书库出来，陈老师又带我去参观了新成立的中华古籍保护研究院，这间办公室内也有几位研究人员正在拓碑和裱碑，他们的认真感染了我，我不由得产生了上去动手的欲望。

参观完这些之后，还没有到讲座时间，陈老师再次把我带到他的办公室，向我出示了自己搜集到的一些越南刻本。越南刻本在中国市场上很少见到，我的印象中仅有一次出现在拍卖会上，以4000元的价格流拍了。陈老师告诉我，越南刻本留下来的很少见，当地政府现在也很重视，三十年前的出版物禁止出口，比中国的年限还要严格得多。

到了讲座时间，陈老师把我带入会议室，在里面竟然见到了周振鹤教授，这让我有些意外，周教授毕竟德高望重，我有很多知识都是拜读他的著作而得来的，他今日竟然也来听我"胡扯"。讲座结束后，我们坐在一起聊天，周老师谈到了很多他在域外买书的经历，我突然意识到陈正宏老师和周振鹤老师他们有一个共同点，就是关注境外刻印中国典籍的情况，他们的这种视野比我要宽许多，我觉得这是此次来复旦大学的一个重大收获。

金陵女子大学图书馆

馆仿普大，卅册为基

2016 年 3 月 4 日，我在南京探访历史遗迹，此次得到了当地文史专家薛冰先生的大力帮助，这天他先带着我参观江南图书馆旧址，之后带我去探看金陵女子大学（以下简称"金女大"）旧址。他说这两地之间有一点儿距离，但乘车却很不方便，并且其中的一半是单行道。经过几天的寻访，南京的交通状况我已经有所领教，于是提议徒步前行，我们边走边聊，薛老师一路上向我讲解着当地几十年前的境况，看来这一带的街区也有着很大的变化。

步行二十多分钟，来到了南京师范大学的门口，薛老师说这就是原本的金女大。我注意到校门旁入口处的门牌上写着"宁海路 122 号"，侧墙上挂着一块介绍牌，上面写着"金陵女子大学旧址"。从侧门走入院内，我首先看到的是一块体量巨大的仿花岗岩景观石，上面写着两个大字——随园。我马上问薛冰：这就是袁枚的随园旧址？他说正是这里。但是百花坛附近不也是随园旧址吗？薛老师说确实是这样。可是从百花坛走到这里，至少有近半小时的路程，那当年的随园是否面积也太大了？薛冰告诉我，随园的面积原本有多大，其实后世没有人做过详细的考证，但该校确实是当年随园的一部分。当年袁枚建造随园时的一大特色就是没有院墙，而今看起来，如果他要将随园盖一圈围墙，那也会是一笔巨资。

意外地找到了随园的一部分，让我有一点儿小兴奋。展眼望去，校区处在一片平地之上，路的两侧是南京市的特色——高大的法国梧桐。沿着中央大道前行不远，在右手边就看到了金女大旧址的文保牌，这个文保牌是全国级的。沿着路继续前行，宽阔的校园内点缀着些中西合璧式的楼宇。在学校入口处的介绍牌上写着这样几句话："该建筑建于 1922—1923 年，由美国建筑师墨菲和中国建筑师吕彦直共同设计，采用中国传统宫殿式建筑风格。"看来这里的建筑都是中西合璧的产物。

那为什么教会学校要采用这样的建筑风格呢？孟雪梅在其所著的《近代中国教会大学图书馆研究》一书中认为："大部分教会大学图书馆建设之时，正值 20 世纪 20 年代左右开始的中国古典建筑复兴，其主要特征是采用当时西方建筑的工程技术和建筑材料，平面设计符合西方建筑的功能主义设计理念，在外部造型上则模仿或挪用中国宫殿寺庙建筑的构图元素，然后再将之与西方建筑风格相糅合的一种建筑新式样。因为当时尽管西风劲吹，但几千年的文化积淀在中国人心中仍有着很深的精神眷恋,教会大学建筑中的中国古典建筑元素的运用,使人们对教会大学建筑形态认可和接受。"如此说来,这也算是一种社会思潮。但这种思潮反过来影响到了人们的意识形态观念:"教会大学图书馆及其校舍建筑群形态的构成,是中国传统古典建筑复兴的起点和代表,而中国传统古典建筑复兴的文化意义和社会影响,远远超过了建筑自身的使用价值。"

关于金女大的设计者,孟雪梅的著作中也同样说是美国人墨菲:"将教会大学建筑中西合璧设计做到极致的,当数美国建筑师墨菲·亨利·基拉姆(Murphy Henry Killam)。墨菲是耶鲁大学毕业生,1914 年来华活动,他通过对中国传统古典建筑的潜心研究和不断实践,加深了对中国传统建筑文化的理解和认识,设计了一批质量较高的中西合璧建筑。自 1920 年后,墨菲先后主持设计了福建协和大学、长沙湘雅医学院、金陵女子大学、北京燕京大学、岭南大学校园中的主要建筑物(有些学校图书馆兼行政办公楼),出于他对中国古典建筑艺术造诣和审美偏爱,他在对教会大学建筑的设计中,较好地融合了西方建筑因素和中国古典建筑因素,所采用的中西合璧方式均获得成功和高度评价,影响广泛。"

1914 年墨菲来到了中国,他先去探看了位于长沙的雅礼大学项目,在长沙停留两周后,转赴北京承接清华学堂项目。此时正赶上故宫首次对外开放,在此之前墨菲仅在图册上看到过紫禁城,他第一次走进紫禁城时十分震惊,《纽约时报》之后报道了墨菲对紫禁城的看法:"紫禁城是世界上最完美的建筑群之一,……如此庄严华贵的建筑群,无法在任何其他的国家和城市实现。"(冷天《墨菲与"中国古典建筑复兴"——以金陵女子大学为例》)

金女大在司徒雷登的协助下,从 1916 年开始在陶谷附近为新校区购买土地,1918 年墨菲被确认为新校园的设计师,当时金女大董事会决定在新校区采用中国建筑样式,这乃是老校区给德本康夫人留下的美好印象。冷天在文中转引了德本康夫人给墨菲所写之信:"就我个人来说,我希望它们在屋顶之下的东西也是中国化的,我看过你为雅礼学院所绘的那些草图,我想它们比我所见过的所有其他建筑,都更为接近真正的中国风格。"

墨菲在回信中说:"您希望建筑在屋顶之下的部分也应该呈现出中国风格,我亦深有同感。的确,屋顶是整个中国建筑中最显著的特征;但是

图书馆内景

中国建筑的特色是贯穿整个建筑的,它的开窗,实体与虚体的关系,整体表现与细部处理等等,都是一个完整的整体,除非能够在屋顶之外取得突破,否则我们试图在现代建筑上获得这些精彩的中国建筑特征,都将是不可能的。"

但毕竟墨菲对中国传统建筑并无系统性了解,于是他带领助手吕彦直等人对故宫进行了实地测绘,之后他把一些中式元素用在了金女大新校区的建筑上。

金女大校园如此美丽,当年在这里就读的学生也以此为荣,1924年第2期的《金陵女子大学校刊》刊发了1921年入校的刘璧如同学所撰《随园考略》一文,文中有如下一段话:

> 癸亥之秋,本校移入新建之校舍,地在陶谷。小山环抱,虽非世外桃源,而歌诵于此,别有会心。东瞰钟阜,风雨晦明,昏旦百变。西接清凉山,有扫叶楼,相传为梁昭明太子读书处。使山川而能语,则古往今来之事不必求诸后人之记述矣。出校东南行,百余步得小仓山,有坊颜曰随园遗址。
>
> ……
>
> 金陵自北门桥西行二里,至小仓山。山蜿蜒自清凉来分两岭,及桥而止。有清池水田,俗号干河沿。昔河未干,其地为南唐避暑所,盛可想也。随园遗址即在小仓山之北岭。
>
> ……
>
> 今日过之,则荒烟四野,遗迹无存。兰亭已矣,可胜叹哉。

1923年6月,金女大从绣花巷校园搬迁到陶谷新校园,新校园的中心位置是社会运动楼,此楼内设有会议室、健身房等,乃是由美国史密斯女子学校捐款五万元建造而成。另外,校园内还建有科学楼,楼内有生物、化学、物理等实验室。文学楼内有十六间教室,图书馆暂时设在此处。

对于临时图书馆的情形,朱茗在《金女大图书馆人物传》中写道:"1923年秋季学期开学时,设于300号文学楼内的过渡图书馆正式对外开放。图书馆在该楼第二层设阅览室及书库、杂志报纸室和办公室,该楼第三层则为书报储藏室。馆内配置的书报杂志架、目录柜、借书台及所有桌椅用具均为当时的新款式。"

但是由于图书馆跟教学楼在一个楼内，有诸多的干扰，1933 年，《中华图书馆协会会报》第 9 卷第 2 期上刊登了沈祖荣所撰《中国图书馆及图书馆教育调查报告》一文，文中提到了这个问题：

> 金陵女子大学图书馆此时尚设在一不甚合用之大楼内，其一部分即作为课室之用。该馆采用开架制，管理因之颇感困难。又为鼓励寒素学生工读起见，图书馆有学生助手若干人。于是图书馆主任，事先须计划支配伊等之工作，事后须校核伊等已经完成及因赶上课未及完成之工作，破费心力与耐性。今日各学校图书馆每感到学生助手之工作效率不大，而其结果难求整齐，殊不经济。又彼等以事不关己，责任心薄弱者，亦每每有之。致图书馆员常须代彼等之错讹处受过，故不主张用学生助手。金陵女子大学图书馆新馆舍竣工，迁入新馆之后，彼方所感之困难，当能减少若干云。

显然学校也会考虑到这些问题，所以学校设计了专门的图书馆大楼，朱茗在文中接着写道："文学楼是一幢教学楼，学校将图书馆设置在此，是为了方便学生往返于教室与阅览室，这原本只是一个临时性的过渡方案，以等待规划中的图书馆大楼建成，然而过了 9 年，在 1932 年的一张金女大陶谷校园建筑布局手绘图中依然未见到规划中的图书馆大楼的身影。直到 1934 年图书馆行政大楼竣工，这一等就是 11 年。"

大学中心花坛的右侧有一处建筑，就是该校的图书馆，而今的铭牌上写着"华夏图书馆"的字样。不知为何改成了这个名称。进入楼体之内，感觉到里面的格局基本保持了当年的原貌，尤其楼道的墙裙和扶手，都有着西式建筑的痕迹。我知道这座图书馆在中国建筑史上也颇具代表性，孟雪梅说："教会大学中的上海圣约翰大学图书馆、华西协合大学图书馆、南京金陵大学图书馆和金陵女子大学图书馆的建筑是较早采用中西合璧手法的，在中国传统古典建筑复兴的过程中，其开山之作倡导了某种趋向，其成熟定型的设计手法，对教会大学建筑形态构成了一定的启迪和示范作用。"

1934 年时，该校图书馆已经有了两万多册馆藏，新图书馆建成后，动员全校师生共同来搬书,当时图书馆主任吴光清号召全校师生利用3月29日"革命先烈纪念日"假期帮助图书馆运书,全校有三分之二的学生报名参加,最终组成了四个搬运队伍,每队有四五十人,仅用四个多小时就完成了图书馆书籍的搬运工作。

图书馆经过半年的试运行,1934年11月4日,在校庆19周年纪念日正式举行落成典礼。时任民国政府财政部长的孔祥熙亲临现场致辞,他说:"我佩服金陵女大不单是口头上,而且有强有力的证明。我有两个女儿,都送到金女大来,可惜另外两个是儿子,否则也一定送来。胡适博士也早就预定送他未来的女儿来此读书。"

对于该图书馆落成的消息,《中华图书馆协会会报》刊发了佚名所撰《金陵女子文理学院新圕之建筑》一文中写道:"金陵女子文理学院近由美人Murphy氏设计建筑一中国宫殿式之圕,由利源公司承任建筑共洋十二万五千元,楼下尽为该校办公室,楼上为大阅览室,上有中层Balcony置各科专门书籍及期刊阅览室,惟馆中办公室面积过小,不无遗憾云。"

对于新图书馆内的一些设施,德本康夫人在《金陵女子大学》一书中写道:"新图书馆是一个令人愉快的去处。那里环境幽静,非常有利于学习。一位学生捐献了1000美元,用于购置图书馆的灯具。"

这段话仅谈到了一位学生捐款购灯具之事,其实该馆的独特设施并不仅如此,南京师范学院图书馆副馆长谈理在《南师图书馆往事一二》中写道:

> 据几位曾在金女大图书馆工作过的同事介绍,当初建馆时,阅览室的桌子和椅子所选用的木材是从美国运来的,就在馆内制作,因此,全部设备都非常实用配套,做功也很讲究。一张阅览桌周围可坐约10人。阅览桌的桌面十分平整,但并不光滑,所以特别便于书写。座椅的设计轻便而舒适,给人有久坐不倦的感觉。全校学生都喜欢到图书馆来自修、阅读。

> 金女大在建馆时,为了保持室内安静,尽可能给学生提供一个良好的学习环境,所以在阅览室和书库地面的选料上,不用水泥和地板,而是用一种非常罕见的纸质板块。用从美国运来的硬纸片压制而成的小方形纸块拼合成地板,它的优点是即使穿着硬底皮鞋或高跟鞋进入室内行走,也不会有一点声音,这是多么人性化的考虑。保养这种地

板的要求也很高，必须用布质拖把，隔夜洒上柴油，次日再拖，这样地面就不会变形，美观洁净。

遗憾的是，据说华夏图书馆在进行内部改造时，把这种地板拆掉了，但现在的三楼仍然保留着原有的这种地板，可惜我未能上去看看此种地板的模样。

沿着校园一直向内参观，看到这里的每一座建筑都有回廊相连，薛老师说这是为了让学生们在雨天里穿行于教室、宿舍与实验楼之间，不会受到日晒、雨淋。当年的设计真的是特别人性化。有意思的是，校园中每一座楼的楼号都是以整百数字来命名，比如 300 号楼、500 号楼等等。为什么要在每个楼号后加两个"0"，薛老师说他也很好奇，但没有找到答案。我突然觉得这有可能是为了命名每个房间号，比如 300 号楼里面的 12 号房间可写为 312，但薛老师认为如果每个楼号去掉两个 0，照样不影响房间号。

校园最南侧的位置有一个面积为五六亩大的水塘，而今在水塘上建起了回廊，不知当年袁枚整修此园时，是否在水面上也有这样的建筑，但我还是仿佛看到他穿着长衫踌躇满志地走在这水面之上。水面的南侧是一座小土山，我不清楚这是否就是袁枚津津乐道的小仓山，但这里有山有水有平地，想来当年的随园应该也是一番美景。而寻访那日正是阳历三月，校园里多棵玉兰树绽开了灿烂的花朵，那种若隐若现的白中带绿，让我感叹大自然的神奇。

我问薛老师何以对这所大学如此熟悉，他说自己的女儿就是从这里毕业的，同时告诉我当代著名书装设计家朱赢椿的工作室就在这里。闻听此言，我大感兴趣，立即请他带我前往一看。薛老师给朱先生打了个电话，不巧的是朱先生在外办事，但他说会给工作人员打电话接待我们。

我对朱赢椿的了解，一是通过薛冰之前的介绍，二是《开卷》的主编董宁文先生也曾跟我提到过他，尤其薛老师曾跟我讲过朱先生极有个性：他遇到喜欢的作者和书稿，不用收多少钱就给对方做出认真的设计；而遇到他不喜欢的人，即使给再多的钱，他也会坚决拒之。近几年朱赢椿所设计之书获过多次大奖，其中包括"世界最美的书"。我对朱赢椿设计的《虫子书》有极大的兴趣，不单纯是因为他在书装方面的奇妙构思，更多的原因

是该书属于无字之书，因为整本书所印都是虫子爬过的痕迹，而这些虫子正是朱赢椿工作室院子中的小生灵，朱先生通过对这些虫子的仔细观察就能设计出一部书，这让我佩服他的同时，也对他后院里的虫子有了兴趣。

朱赢椿工作室的外观十分简洁，入口处的台阶上摆放着一块真石头，上刻"随园书坊"四个大字，看来朱先生也以他的工作室建在随园旧址为傲。入口处的门旁以中英文写着"南京师范大学出版研究所、南京师范大学书文化交流中心"。正门上着锁，我站在门口观察着门前整洁的小院，院中除了摆放一些老的石构件，竟然还有一台锈迹斑斑的印刷机。

我们从侧边穿过一段篱笆墙，来到了工作室的侧门，这里设计成了中式模样，门楣上的青砖刻着"书衣坊"三个字，一位工作人员出来迎接我们二人。推门入内，看到的是一个不足十平方米的迷你院落，院落的右方是设计工作室，左侧的门上写着"艺术沙龙"，我们首先进入了这里。这里布置雅致，却与设计室的外观并不统一：马褂虽然着在身，里面的设计却是"洋味儿心"。这个沙龙分里外两间，外间是朋友们雅聚的场所，里间则是朱赢椿设计作品的展示区，我在这里第一次翻阅那本《虫子书》。看到这本书更让我惦记起那些小生灵，于是跟工作人员提出可否到后院去看虫子。这位工作人员马上就笑了起来，看来提这种要求的参观者不在少数。

后院不大，约有三十平方米，并且还有一棵粗壮的大榆树，榆树下面有一块三四平方米大的花园，工作人员说朱老师就是在这里观察虫子。于是我在这个小院落里瞪大眼睛细细地看了一番，竟然没能发现他书中出现的那么多品种的昆虫，这让我更加相信艺术家的眼光跟我等凡人大有不同，看来我只能老老实实地继续访藏书楼去。

金女大建校之初并非在随园旧址上，但那处校舍也同样很有名气，那处校舍也在南京，是晚清重臣李鸿章的宅院，但也有的文献上说是李鸿章儿子的居所。总之，金女大的校舍跟李鸿章挂上了关系。李宅是大户人家，当时有十几个院落，每个院落有十几间房，所以金女大早期称他们的校舍为"百屋房"。当时为什么要将大学建在一处宅院里呢？这件事还要从该校的初创讲起。

1913 年，北美长老会等几处机构决定在中国建造一所女子大学。经过商议，他们决定将这所大学建在南京，同时聘请德本康夫人为校长。德本康夫人是美国人，她在 1902 年前来中国传教，1906 年至 1911 年在湖南长沙的湘雅医学院教书,后来回到了美国。当时女子大学的筹委会考虑人选时,觉得德本康夫人最适合,于是在 1913 年她又来到了南京,同时被任命为金女大的首任校长。

德本康夫人来到中国后,她首先学习了汉语,而后又前往北京参观,之后准备用北美长老会所捐助的一万美元建造学校。但这笔费用实在太少,于是她决定先租用处在南京绣花巷的李鸿章花园为校址。1915 年 9 月 17 日,金女大正式开学。因为女子上学在中国的那个时段还不普及,所以学校招生困难,第一批报名者总计 20 人,但开学时仅来了 8 位学生,而后这 8 位学生跟 6 名教员就在这处花园上举行了开学典礼。

虽然人少,但学校在建制方面安排得很妥当,张连红主编的《金陵女子大学校史》(以下简称《校史》)一书中说:"校舍东面靠近南门的地方是教室、小教堂、客厅和办公室,生物系和化学系实验室在内院的大屋里,教职工住在后院,她们的起居室和餐厅设在第三院落,书房和寝室则位于有一座两层楼房的第四院落内。校舍西面的布置与东面大同小异,教室和图书馆在前院,厨房、贮藏室在里院,女生宿舍在后院。"

看来,该校在建成之初就设有图书馆。然而该书中却又说了这样一句话:"1915 年学校招生时甚至没有一所小图书馆,拥有的书籍总数不超过 40 本。"金女大创建之初到底有没有图书馆,这个悖论从此句话中书的数量也可解释,原来该校建成之初仅有三十几册书,所以是否能将其称为图书馆也确实是个问题。校史中的说法应当是本自 1919 年金女大第一届五位毕业生合写的一本名为《先驱者》的书,该书中写道:"当发现这个学院甚至连一个小型图书馆都没有时,我们很是惊讶。我们第一年的书籍总共不超过四十册,包括一套百科全书,一个书架就足以容纳。社会活动室用作交流和学习。"

但是孟雪梅的《近代中国教会大学图书馆研究》一书中,却附有一张老照片,此照片的图注为"1915 年金陵女子大学绣花巷校区图书馆阅览室",这张照片虽然很小,但能感觉到那间阅览室至少有二十平方米大小,除了十几个人手中所看的书,阅览室里至少还有三个书架,每个书架上的书粗略地估计也至少达到了上百本。如此说来,绣花巷校园图书馆应该不止三十多本书,当然也有一种可能,就是这张照片拍摄的时间不是 1915 年。

但孟雪梅在其专著的第二章中明确地说："1915 年，金陵女子大学图书馆成立。"看来这所大学图书馆的建成时间就是本校的开学之时。

学校经营了两年之后，随着学生的增多，校舍逐渐不够用，于是校长德本康夫人决定另外筹款建造一所永久校址。1919 年夏，德本康夫人回国休假，她利用这段时间到处拉赞助，经过两年的努力，到了 1921 年，她竟然筹集到了 60 万美金的款项。回到南京之后，她就买下了现在的这一大片土地，而后经过三年的建设，变成了这所中西合璧风格的大学校区。当时因为款项所限，图书馆晚了几年才建成。对于这座图书馆，《校史》一书中称："北面是一幢面积为 1396.32 平方米的新图书馆兼行政办公室，内部结构设置参照美国普林斯顿大学图书馆。"

我的朋友艾思仁先生在美国的普林斯顿大学图书馆（以下简称"普大图书馆"）工作多年，因为我的疏懒，竟然在他任职期间，没有到普大图书馆去参观一番，否则的话，我至少可以从外观上比较一下金女大图书馆是不是真的仿自普大图书馆。但无论怎样，新建起的图书馆要比绣花巷校区图书馆宽大明亮了许多。

当时该校的图书室已经采取了开放式的取阅方式，宛宛在《清凉山麓的女儿国：金陵女大》一文中写道："女大的图书馆，是采用开放性质，不关不锁，要借就拿，看完仍置原架，这种制度，能维持下去，是全靠全体同学的合作与爱好公物的习惯。"（1936 年《青年学刊》）

当年金女大图书馆的工作人员有几位毕业于文华图书馆学专科学校，朱茗所撰《金陵女子大学图书馆文华图专毕业生考》一文谈到，1915 年至 1951 年的 36 年间，究竟有多少人员曾工作于金女大图书馆，因为年代久远，已无法准确统计清楚，然第二历史档案馆保存着金女大 1930 年之后的部分档案，朱茗查阅了 426 卷的卷宗，最终查到 30 位该馆工作人员的资料，其中 8 位西方员工中有 4 位受过美国图书馆学的专业教育。22 位中国员工中，受过图书馆学专业教育的，除了来自私立金陵大学外，最多的是来自私立武昌文华图书馆学专科学校，以此说明了该校图书馆员工专业度之高。

但是这座漂亮的图书馆在抗日战争期间受到了很大的损坏，孟雪梅在书中称："1941 年 12 月 7 日，在日本袭击珍珠港这一天，有 20 多日本搜索队员闯进了金陵女子大学的校园，他们检查了所有楼房，抢走了一批中文

书籍。1943 年至 1945 年，金女大陶谷校园成为日军司令部，有的校舍成了马厩。日本战败撤退后，校园内除了房屋，图书、仪器设备等物品被抢劫一空，成为一座空校园。"

对于这件事，朱茗在《金女大图书馆人物传》中又引用了 1945 年出版的《中华图书馆协会会报》第 19 期上的《金陵女子学院图书被敌盗卖》一文："金陵女子文理学院，系美国教会所主办，为我国最具规模之女子大学，藏书向称丰富，乃本年（1945）八月中，日寇宣布投降后，敌军尤擅将该校图书约十万册，以伪币 1500 元出售。我军光复南京后，该校职员向市长马超俊报告损失情形，马市长当即派警察局向各书铺查访，追回原书约五万册，其余仍未寻获之藏书中，包括不少价值无限之珍籍，与全部之百科全书。据悉，此等藏书之盗卖，为敌军投降后之典型行动，在八月十五日以后，敌军亟将所劫物品变卖现款，希冀能将现款私运出境云。"

看来那时的金女大图书馆内藏书已经十分丰富，日军听到投降的消息后，马上处理学校内的资产，10 万册书仅以 1500 元就卖了出去。好在当时的市长多方查询，总算追回来了一半。但追回的这一半书，究竟是什么情况呢？1948 年出版的《金陵女子文理学院校刊》中有《图书馆概况》一文，该文中称："本校于胜利复员时，关于图书馆部分，外观虽尚完整，而内部文物设备荡然无存！当即着手对旧有设备及书籍等，一面分向各处搜寻、征集或估价购回，一面择要征求购置，惨淡经营，实无异于新建之图书馆，现在中文书籍已有两万册，英文书籍已有二万〇四百余册，中英文杂志等共二百余种，其他一切设备，差堪敷用，但限于经费，未能立即恢复战前原状。至上学期西书新购及赠送共约千余册，中书约二千册，倘每学期均能如此增进，则前途发展极有希望。"

古人说图书有"四厄" —— 水、火、兵、虫，其中"兵"字指的就是战争的损坏。日军在金女大中的所为，正是对这个字做了充分的诠释。

南京大学图书馆

兼收并蓄，私捐分藏

应南京大学图书馆（以下简称"南大图书馆"）副馆长史梅老师之邀，我前往该校举办一场讲座，借此机会，我提出参观学校图书馆之事，史馆长欣然答应。我的讲座时间安排在了 2018 年 10 月 29 日，而我提前了一天到达，以便能欣赏该馆内的珍藏。

我到达南京大学新校区时已是下午，而新校区的周围没有我想探访的历史遗迹，于是想先去参观图书馆。带我前去参观者乃是该馆古籍部的李轶伦先生。大约两年前，我到南京寻访官书局遗址，就是李先生带我前去探看的，他既年轻又沉稳，言谈举止间的良好修养给我留下深刻印象。今日他边走边向我介绍校区的情况。在路上，我看到了南雍大道的路牌，南雍是南京国子监的别称，这里原本是著名的藏书、刻书之地，明周子义《〈何大复先生集〉序》："侍御谓南雍故藏书府，四方人士游览者众，是集永足以风，盍刻而藏旃！"见此路名，料想这里应该离图书馆不远了。

如果追溯南京大学的建校之始，其实该校原本就建在南雍旧址之上。清光绪二十七年（1901），清廷下令将全国的书院改为学堂，任命张百熙为管学大臣，而后颁布了他所拟奏的《钦定学堂章程》。光绪二十八年（1902）四月初一日，两江总督刘坤一邀请张謇、缪荃孙、罗振玉等商量建校之事，而后刘坤一上奏了《筹办学堂折》，提出了在南京兴办学堂。然而，上折后的几个月刘坤一就病逝了，由张之洞继任两江总督，他给朝廷上了《创办三江师范学堂折》。张之洞在此折中称："此三省各府州县应设中小学堂，为数浩繁，需用教员何可胜计……经督臣同司道详加筹度，唯有专力大举，先办一大师范学堂，以为学务全局之纲领。则目前之力甚约，而日后之发展甚广，兹于江宁省城北极阁前，勘定地址，创建三江师范学堂一所，凡江苏、安徽、江西三省士人皆得入堂受学。"

张之洞所说的"三省"乃是指两江总督所监管的江苏、安徽、江西三省，他的奏折得到了朝廷的批准，在光绪二十九年（1903）于江宁府北极阁前明代国子监旧址上创建了三江师范学堂。

为什么叫作"三江师范学堂"，我所查到的资料上有不同的说法，一种说法称这是因为两江总督所管辖的江苏、安徽、江西三省地处长江中下游，古时称这个区域为"三江之地"。还有一种说法，则是称"三江"乃是这三个省都有"江"字，显然安徽并无"江"字，然而安徽省在历史上属于江南省，如此讲起来，将"三省"称为"三江"倒也讲得通。但周馥任两江总督后,可能觉得这种称呼方式不够清晰,于是他在1906年将"三江师范学堂"改名为"两江师范优级学堂"。

但无论怎样改称,南京大学的历史都令人欣羡。明永乐之后,朝廷有了南京和北京两套政府班子,而国子监也分南北,北京国子监到如今依然是游客的赏玩之地,南京国子监如今却划归南京大学,这份荣耀他校难有。虽然说,我来到的南京大学是新校区,然在新校区出现这样的路名,可见该校仍以始建于南雍为傲。

沿南雍大道走出不到一百米,就看到一座体量巨大的建筑,外观像是展开的一本书,李轶伦告诉我,这就是本校的图书馆。大楼的右上方悬挂着"杜厦图书馆"五个大字,李先生介绍说,杜厦乃是本校校友,他捐出部分款项建造了这座大楼,按照校方的规定,图书馆以他的名字来命名。这种命名方式同样令我叹羡,同时也感佩该校能有这样的好学生,成功之后,不忘母校教导之恩,来捐建这样体量宏大的图书馆。李先生可能是担心我登上许多台阶有些费力气,于是带我转到楼后,乘电梯前往史梅馆长的办公室。

在史馆长的带领下,我们一同来到了该馆的古籍特藏部,在那里见到了古籍部主任李丹老师以及该部的工作人员。我边参观边听史馆长介绍着本部的历史及其相应的建制,她特意让我看几个用材厚重的阅览桌,她说这是当年金陵图书馆的旧物。我在桌子的侧旁果真看到了刻着"金陵"二字的徽识。

我对金陵大学的历史倒并不陌生,前些年我在薛冰老师的带领下,前去参观了金陵中学校址,该校的前身就是福开森创办的汇文书院。光绪二十二年(1896),福开森应盛宣怀之聘出任南洋公学监院,南洋公学是上海交通大学的前身,由此福开森辞去了汇文书院院长一职。后来随着形势的变化,清宣统二年(1910),南京的汇文书院、基督书院和益智书院三书院进行合并,而后定名为金陵大学堂。五年之后,该校又改名金陵大学校,后来又改称金陵大学。到了1951年,金陵大学与金陵女子文理学院合并,而后改名为公立金陵大学。转年,该校又与南京大学合并,有着64年历史的金陵大学由此不存在了。想来,正是那个时段该校的图书馆藏书以及相关的用具也一并归属了南京大学。

而今,我在这里又看到了金陵大学图书馆的旧物,颇想炫耀一下我对

湖面倒映着图书馆

该校历史的了解。然而我到达此馆时，其实已近闭馆时间，想来馆内的工作人员不会有人有兴趣听我唠叨这些废话，于是抓紧时间探看该馆的情形。我在沿墙的位置还看到了两个万有文库的旧橱，一眼望过去，即知这是当年原物。

二十余年前，我曾在几家古旧书店仓库内看到堆放的大摞的旧木片，店员告诉我，这些都是原来的旧书箱，每搬一次家这些旧箱就会破损一些，旧书店都有修补古书的专业人员，但并没有人懂木匠活，故这些书箱破烂之后就无法修复，堆放在这里作为冬天取暖用的柴火。这件事让我了解到能够保留至今的古旧书箱其实并不多，自此之后，每当我遇到带原箱之书，就会将其尽力收起来。

也许是因为这个缘故，我每次参观图书馆，或到藏书家府上拜访时，都会留意是否有完整的旧书箱。该馆的这一对旧箱看上去保护得颇为完好，再加上刚才所见金陵大学的阅览桌也同样完好如初，看来该馆的工作人员也跟我一样：凡古皆好。遗憾的是，这组木箱仅是空放在这里，并未原汁原味地把民国版的《万有文库》放在橱内，想来该书已经藏入了书库里面，毕竟图书馆不太可能将民国版本随意摆放在阅览区域内。如今这组木箱上搭着几条绿萝，瞬间让这两只古书箱展现出勃勃生机。

我忍不住对这对书箱发了一通感慨，然而史梅馆长纠正了我的自以为是，她告诉我说这对旧箱不是民国商务印书馆所制，因为每只木箱的左上角都以木雕的形式刻着一方章，上面的字样是"申报馆藏书"。我对自己的想当然表示了惭愧，随即就对申报馆的旧书橱有了兴趣，因为这是我第一次得见。这件事与福开森也有间接的关系，民国二十四年（1935），福开森在盛宣怀的帮助下，买下了一家名为《新闻报》的中文报社，在他的经营下，该报成了上海发行量最大的报纸之一，当时能够与之并驾齐驱者仅有《申报》。

史梅馆长在之前就跟我提过几次，她正在筹建南京大学博物馆，该馆的主要藏品是福开森捐献的，如今这个博物馆尚未建成，我却看到了福开森的竞争对手《申报》旧物，这真可谓不是冤家不聚头。

这个旧书箱的旁边还摆放着一方巨大的印章，上刻"校训"二字。史馆长介绍说，这也是某位校友捐献的。此印之大超乎寻常，乾隆皇帝也有印癖，据说他有1800多方玉玺及闲章，而我在故宫内看到过不少玉玺原物,所见最大的一方也不足今日所见该印的十分之一,这真可谓没有最大只有更大。这方巨印如何钤盖呢?史馆长笑着说还没试过,看来她对我心有旁骛的态度颇不以为然。

古籍阅览室的第一区域是地方志专藏,一排排的书架看过去,所藏新方志之多又令我忍不住感慨。这些年来,我寻访历史人文遗迹,查找线索实为最费功夫之事,而有些线索就是从新方志中所查到的。然而不知什么原因,新方志很少能在书店买到,全国各地出了大量的方志,这些方志中往往会记载当地的历史人文遗迹,有些印量仅几百册,而国内又没有专门卖方志的书店和网站,故能够买到此类书全靠运气。南大图书馆能够买到这么多的方志,其所下的功夫之大我最清楚。

大约在三十年前,我认识了一位美国人,他每年来中国数次购买稀见新方志,其购买方式无法效仿,因为他使用的办法颇为原始:他每年用很多时间穿梭于中国各个城市的古旧书市场,而后在每个地方发展至少一户经营者,他给每个经营者预付 1000 到 3000 元人民币,告诉他们收书的范围,然后每年将所得汇集在一起,再运往国外。

这位美国人所下的功夫令我望洋兴叹,以至于我曾经鼓励几位相熟的旧书经营者,劝他们开办专门的方志书店,但这些人的回答却惊人的相似:新方志除了你喜欢,还能有多少的需求者?可惜南京到北京虽然有高铁,路途还是有些远,否则的话,仅凭这些新方志,我就会成为该馆的常客。

因为时间的关系,我不好意思在闭馆时还赖着不走,于是仅参观了这里的古籍阅览室,在一些展室的橱内看到了以该馆善本复制的线装书,但史馆长还是允许我进入线装书库,浏览下这里的环境。

进入书库,看到的是整排的书架,虽然公共图书馆的书库我已经进过几十家,但每次进入依然有着小激动,我对书之爱没来由,也不想做深入的探究,我只把它视为自己快乐的方式。李丹主任向我讲述着古籍书库内的分类方式,同时拿出一些稀见之本让我欣赏,其中有俞曲园的手稿,他的手稿我藏有数种,并且在世面上也见过多种,其手稿有不少都是用红格纸来书写。在以往的观念中,这样的红格纸主要用于刻书前的写样,俞樾却喜欢以此用作稿纸,不知道他何以有这样的偏好。然这种红格纸是用洋红来印刷的,这样的格纸最怕沾水,故在重修之时很容易"哄"成一片。

古籍书库内景

该馆所藏乃是原装信函，想来没有这样的麻烦。

《校注项氏历代名瓷图谱》向来被称为民国印书中的白眉，当年郭葆昌花巨资从国外进口印刷设备来印制此书，而这本书的特殊之处在于用纸，因为该书每一页天头都可看到水印纹。这种水印与钞票中的水印又不相同，因为纸币的水印基本上是在纸张的中间，而郭氏所印该书的水印纹却是浮在纸面，故业界有人认为这种纸并不能称为水印纸。

且不管这种争论有没有道理，但该书与福开森也有一定的关系。福开森对中国文物很有兴趣，他在中国五十多年，曾经买过大量文物。1912年，福开森在美国说服了大都会艺术博物馆董事会主席摩根和副主席德佛斯特，经过他们同意，福开森在中国开始大量收购绘画、瓷器和青铜器。他常年出入于琉璃厂等古玩聚集之地，而他本人也收藏了大量中国文物。

在此期间，福开森利用美国退还的庚子赔款，聘请多位中国专家来共同编写《校注项氏历代名瓷图谱》《西清续鉴乙编》《历代著录吉金录》等书。而今我在这里，又看到了他所参订的这部《校注项氏历代名瓷图谱》。

该馆所藏此书的难得之处，还在于书前扉页有大藏书家傅增湘所书长篇题记，我在此题记中看到，傅增湘开篇即提及福开森对于此书的贡献："友人美国福开森君雅意嗜古，以赏鉴名家收藏字画金石文玩为近代大宗，偶得项氏子京所绘名瓷图谱，喜其取材宏富甄品珍奇，而又惜其图画之未精与叙述之或舛也，爰商诸郭君世五，重事校录，摹印以传焉。……"

接下来傅增湘大夸郭葆昌印制此书之精，但我更在意上面所引的这段话，因为按照相应的著录，大多会说本书乃郭葆昌印制，而福开森只是参订，若按傅增湘所言，其实印制此书的提议人乃是福开森，能够找钱来印制该书者也是这位福大人，他对此书的功劳远超他人，然人们提及该书时始终在夸赞郭葆昌而忽略福开森，这令我多少有些为其鸣不平。

更为重要者，在1935年7月1日，福开森将自己所藏的近千件中国文物在故宫文华殿举办了一场展览，同时宣布将自己的这些藏品全部捐献给金陵大学。他的这个壮举怎能不令人感佩，当时的《大公报》艺术周刊栏目中还特意刊登了"福开森博士赠华纪念特辑"，此辑中刊登了福开森等人所立《赠与及寄托草约》，该《草约》以福开森为甲方，金陵大学校长陈裕光为乙方，《草约》中写道：

缘甲方早岁渡华，经参发起南京汇文书院，现扩充为首都金陵大学；嗣后继续在华从事教育及文化事业，历四十余载；因笃好中华文物，经陆续出资集购铜，玉，瓷，陶器等，砚，墨，书画，碑帖，金石及其他拓本，积至一千余件；现届垂老，本友华推爱之私衷，拟以得诸于华者，公之于华族社会，并以服务于乙方最早，愿捐归乙方永资保守。

得之于华，归之于华，这份胸怀少有人能够企及，而其所捐之物中有很多稀见珍宝。比如历史故事中一直流传王懿荣在中药铺所得龙骨，上面的花纹其实是一种古文字，由此而发现了甲骨文，但王懿荣还未来得及对此做深入研究，就因庚子事变而自尽，他所藏的甲骨后来归了刘鹗，刘鹗影印出版了第一部甲骨学著作《铁云藏龟》，后来刘鹗所藏的这些甲骨又归了福开森，脉络如此清晰，可见这批甲骨是何等之重要。

福开森所捐赠的文物中还有南唐画家王齐翰的《挑耳图》，此图又名为《勘书图》，图中钤盖有南唐后主李煜的"建业文房之印"，并且有宋徽宗赵佶的题字，同时还有苏东坡兄弟等人的题跋，这是何等重要的一件珍品。该物原是两江总督端方旧藏，1911年端方被杀后，此物流入了福开森之手。除此之外，福开森还藏有宋拓本的《大观帖》以及著名的西周青铜器"小克鼎"，据说此鼎带有铭文七十余字。这么多的重器，而福开森全部捐给了金陵大学，可见他对中国之爱。

但是按照当时的草约，福开森要求建一个能够与之相匹配的专馆："在相当期内，完成一中国营造式之坚固建筑物，以藏储并陈列赠与物，此项建筑物费用，不得低于华币银四万元。"

遗憾的是，此馆未能建成，金陵大学收到捐赠物后仅举办过一个展览。张科生在《福开森捐赠文物始末》中引用了李小缘的所言："1949年10月，父亲等一行四人到北京正式接受古物。运回南京后办理了清点手续，由文学院几个系各派一名教授参加，一一清点对账，并作了一次公开展览。"后来因为历史的原因，建专馆之事拖延至今，而我听史梅馆长说，该校已经在筹备建新的博物馆，到时候就能看到福开森所藏的这些珍宝了。

其实，我此次来该馆参观，其中一个心愿就是能够亲睹福开森的这些珍宝，闻史馆长此言，就知道我的小心愿一时难以得到满足，只能期待着该馆早日建成，以便让我真实地感受福开森为该校所作出的巨大贡献吧。而今看到了这部图谱,至少说明他当年的朋友们都知道他为此所付出的辛劳。想来福开森的收藏中也有古籍,至少他所藏的《大观帖》应属图书馆收藏范畴。

我在书库内看到了一批潘重规先生捐献之书,而在两年前,史梅馆长就曾向我讲述了该馆得到这批捐赠的过程。我记得第一次见到史梅馆长乃是在清华大学校园内,甫一见面,她就直截了当地跟我说:"潘重规藏书中的精品,听说有不少在你那里。"我不知其何以发此问,只好含糊其辞,后来方得知潘重规旧藏的绝大部分归了南大图书馆。而今在这里看到这批潘氏旧藏,顿然有着别样的亲切之感。史馆长又告诉我,潘重规后人所捐之书另外有个区域陈列,他们只是挑出线装书存入本库,第二日则带我去看潘重规旧藏的洋装本。

第二天一早,我又来图书馆参观,此次由李丹主任准备出一些书让我开眼。进库一同看书者还有该馆的工作人员刘宇星、周慧、陈婧、周艳、时文甲等,还有几位老师的名字我没有记住,后来聊天时得知,他们是南大博物馆的工作人员。他们都对该馆之书有着特别的情感,会提出各种问题与我商讨,而我也知无不言地讲出自己的一些看法。在这样的探讨中我很受益,因为在聊天中他们所提到的一些问题,同样给我以启迪。

所看之书中有一部宋刻本是公文册子纸本,此类书是古代藏书家喜爱的特殊品种,近两年方有专家系统地研究公文册子纸的背面所记载的历史史料,而巧合的是,我所藏的公文册子纸本中有几部乃是傅增湘的旧藏。南大图书馆所藏的这部《通鉴纪事本末》从版本而言,虽然不稀见,但以公文册子纸所印的该书,我却是第一次得见。

旧钞本《东山谈苑》书前有郭尚先的题字,郭氏以藏碑帖最具名气,以往所见都是他在碑帖裱本后面所书之跋,而他给一部旧钞本题字,这也是我第一次见到。更为难得者,则是该书后面还有郭尚先的长跋。

在这里看到的《西湖佳话》乃是我所见该书套印最精者,二十余年来,我看到过五六部该书,没有任何一部像此馆所藏的这样精彩,这让我怀疑以往所见很有可能是翻刻本。并且那些翻刻本之间字迹有异,套印水平也有高低,看来该书不仅有一种翻刻本。

在这里我还看到了整函的《大清德宗景皇帝实录》,此实录我在北京某场拍卖会一次性地看到过十几函,都属于大红绫本,而小绫本我仅看到过两个零册，其中之一藏于寒斋。原本这些实录都藏在皇史宬，但出现于世面者为何都是《德宗实录》而不见其他皇帝的《实录》，这件事我至今还未弄明白。

我还看到了多部宋元珍本及明代稀见版本，在此无法一一道及，但该馆所藏古籍之精，给我留下深刻印象。在看书的过程中，我见到了时任该馆馆长的程章灿先生，程馆长的著作我已读过多部，十分钦佩他对问题研究之深入，但直到今日才第一次与之相见。他待人之热情，同样令我印象深刻。当天晚上的讲座就是由程馆长做主持，他在讲座完毕后，还风趣幽默地评点了我的讲座。

参观完线装书库后，史馆长带我参观了该馆特意设立的名人专藏，这个区域占该馆很大的面积，每一份专藏用书架隔出半独立的区域。我首先去看了"潘重规教授捐赠图书特藏室"，这个区域约有二十平方米，从书架上的陈列能够看出潘先生的治学方向：经学、文献学、红学、敦煌学，当然也有一些其他学科之书。此区域的入口处还放有捐赠人的介绍牌，从上面的文字我得知潘重规旧藏捐给该馆的时间："2007年，潘重规教授的女儿潘锦女士，女婿杨克平先生将其寓港图书5000余册捐赠给南京大学。"

我在这里还看到了其他几位学者的捐赠，既有中文也有外文，该馆能够获得这么多名家捐赠，正说明其影响力之大。

参观完捐赠专区后，史馆长和李丹又带我参观了该校文献修复中心。该馆的修复中心所占区域比一般图书馆的大许多，这个区域的两廊挂满展板，以图片加实物的形式介绍着中国书史及书籍修复史。在每个房间内，又看到了各种专业的修复工具，我每到公共图书馆参观时，都能看到新的修复设备，可见古籍修复所得到的重视程度远超以往。更为难得的是，修复中心内还有雕版恢复技艺，从版片着手，让修复人员了解书籍的完整成书过程，这会使修复人员在修复古书时有着成竹在胸的把握感。

此修复中心内还有修洋装书的专业人员，以我的观念来看，中国古书的修复难度要低于洋装书，因为中国古籍基本是单面印刷，故修补破损时可以从背面入手，而洋装书大多两面印刷，修补A面时会影响到B面，如何做到补书而不伤书，这确实是高难度动作。该馆专门培养这方面的人员，想来在洋装书修补方面将会形成一些特殊的行业规范。

南京大学曾几经合并，为了能够理清楚该馆藏书的递传史，我特意在

精美装潢 《西湖佳景》目录

网上购买了一册1992年南京大学出版社所出的王德滋主编的《南京大学史》，然而将这部近七百页的专著翻完，也未找到讲解该馆藏书的沿革史，甚至该书内未曾给出图书馆的任何数据和介绍。无奈，我只好向史梅馆长求助，而后她发给我《南京大学图书馆简介》（以下简称《简介》），这份简介写得既简明扼要又数据翔实，简介起首即称：

南京大学图书馆历史源远流长，其发展可追溯到上世纪（20世纪）初建立的中央大学图书馆和金陵大学图书馆。

1902年清政府创办三江师范学堂，并于学堂设藏书楼，荟萃中外书籍和各种图册，以供师生浏览。1905年学校改名两江师范优级学堂，至1913年二次革命时，乱兵土匪乘机掠夺，校产荡然，书籍亦仅存十之一二。1915年成立南京高等师范学校，1920年改名为东南大学。1923年东南大学图书馆馆舍毁于火，图书同烬。后齐孟芳先生捐资建新馆，1924年落成，曾命名为"孟芳图书馆"，1928年去齐氏名，仍随学校命名。1927年学校更名为第四中山大学，1928年复更名江苏大学，旋又改称中央大学，图书馆亦随学校一再更名。中央大学图书馆的藏书，主要是1924年以后建设起来的，至1937年5月已有中外文书刊共计407203册，其中中文图书117846册。

当年三江师范学堂所设藏书楼名为德书楼，《南京大学校史资料选辑》中称："藏书楼内藏有各类中外书籍和各种图册，专供师生浏览。"此后该校又建造起了一字楼和口字楼，于是德书楼变成了该校的图书室，并将其移至口字楼。对于图书室的购书经费，1911年3月15日的《时报》载："两江师范学堂年费用支出较多，为全省各学校之冠，学堂每年用于书籍、报章方面的费用为300两。"

虽然仅是图书室，然在当时已经有了相应的规章制度，《三江师范学堂章程》第九章第六节对图书馆有如下规定：

一、图书室为管理书籍委员之专责，图籍务整理顺次。

二、置备新图书时即记入簿册并揭示于前庭。

三、室中设席备学生之观览。

四、阅览后必整置于原所。

五、阅览图书时刻定于晨饭后至开课时,及放课后至自修时,及星期假期随时均可。

六、学生借阅何图书随即登记,注明何时归还,不得逾期。

七、收还图书当时眼同查看,如有油污墨染鼠伤,取阅人须认修整之费,倘毁坏应照全部价赔偿。

八、图书如有原来缺损之叶,经阅书人告知随时修补。

当时三江师范学堂的经费由江宁藩司拨付,但后来藩司收入减少,学校的经费也不能按时发放。在如此困难的情况下,李瑞清出任校长期间,特别重视图书和仪器的采购。1911年12月,革命军攻下南京后,军队进驻各学堂,使得学堂设施遭到破坏。当时驻扎在两江师范学堂的军队是都督陈其美的部下,虽然陈其美明确规定不准破坏,但学校还是受到了较大损失。

1914年,两江师范学堂改为南京高等师范学堂,图书馆仍办在口字楼内,此后南京高等师范学堂迅速扩大。1920年,南京高等师范学堂校长郭秉文提出要在南高基础上创办一所综合大学,定名为东南大学。1921年,东南大学正式成立,当时的南京高等师范学堂继续开办,两校共用图书资源。1923年,南京高等师范学堂纳入东南大学。

东南大学成立了八个部门委员会,其中之一是图书委员会。1921年,洪有丰学成归国后,被聘为南京高等师范学堂图书馆主任,学校更名为东南大学后,洪有丰担任东南大学图书馆第一任馆长。他在任期间,想尽办法增加馆藏数量,对东南大学馆藏增加起到重要作用。

在此期间,该校为图书馆建起了独立建筑,张宗亮在《回眸孟芳图书馆》一文中简述说:"1919年,著名教育家郭秉文接任南京高等师范学校校长一职,1921年,创建东南大学。由于南高师的校舍基本上是沿用历经兵灾的两江师范学堂旧房,这些校舍不仅破旧,而且难以适应学校发展的需要。于是,郭秉文聘请杭州之江大学的建筑师韦尔逊先生到东南大学兼任校舍建设股股长,经过实地查看地形后,拟订通盘规划。根据这一规划,校园内图书馆、体育馆、学生宿舍、科学馆等建筑相继落成。"

搞这么大规模的实体建筑,当然需要巨资,学校难以拿出这么多的费

■ 修复室　　■ 修复专用纸库

用,于是鼓励社会各界捐助,为此,发布了《东南大学图书馆募捐简章》:

一、本馆建筑设备等费,经专家计算约需十余万元。

二、国内博施之士,有愿捐资独建者,同人拟仿美国哈佛大学卫谛氏图书馆办法,馆成用捐资人别号为名,并为其人铸像以垂不朽。

三、本馆如用集资建筑办法,同人拟铸铜牌上镌捐款人姓字,装置正厅壁间,以志盛德。

四、本馆建筑计划,出入账目及其经过情形,同人当随时具报请教。

那时上一任江苏督军李纯在自杀前立下遗嘱,将其遗产的一部分捐献给南开大学,建造八里台校舍。东南大学校长郭秉文闻听此事后,他找到继任督军齐燮元,多次劝说齐督军能够效仿李督军,捐款建设东南大学图书馆。其所言打动了齐燮元,于是捐出16万元的巨资建造了东南大学图书馆。馆舍建成后,齐燮元以他父亲的名字将馆舍命名为孟芳图书馆,该馆匾额由状元张謇题写。

对于孟芳图书馆的建筑格局,1921年所拟《东南大学图书馆建筑计划书》中称:"孟芳图书馆占地7365方尺,有藏书楼共计4层,可容书架64只,藏书10万本。第一层有两个阅览室,240个座位;第二层为陈列室,设有阅报室、杂志室,可容100人,并设有办公室和目录柜;最下层安置冬日发热机。"

有了宏大的馆舍,就需要填充大量的图书,但购书也是一笔不小的经费,于是该馆也向社会募捐,《蔡元培全集》中收有《东南大学孟芳图书馆募图书启》,此启的落款有名誉校董齐燮元,校董张謇、蔡元培、蒋梦麟等十六人。该文首先谈到了私藏容易受损,公藏能够惠人的观念,接下来谈到齐燮元捐资建起了孟芳图书馆馆舍:"本馆既蒙齐督军禀承太翁孟芳先生慨出巨资,独力捐建,然刘略班艺,王志阮录,以及海外之专书,山中之闳籍,尚须搜集以广流传。又精本书籍,更须景印,期多多益善。将来卷帙之富,随中西出版以增加,签帕所标,较东南金箭为尤重。在校内师生,参考授受,由此而益明。在校外士庶,研摩教育,缘兹而普及。"文中接着提到本馆体量之大,以及保险设施之全,文后附有《募捐图书办法》:

　　甲　捐资或赠送贵重书籍数在一万元以上者，本馆特辟一室，以捐资或赠书者别号名之。

　　乙　捐资或赠书数在二千元以上者，将捐资或赠书者等身照片悬挂室中。

　　丙　捐资或赠书数在五百元以上者，本馆将捐资或赠书者小像悬挂室中。

　　丁　捐资或赠书数在一百元以上者，本馆将捐资或赠书者姓名汇镌铜牌，嵌置壁上。

　　戊　凡捐资购书或赠书者，本馆将捐资或赠送者姓名载入书内。

　　己　凡以名人专刊著述或海内孤本寄存本馆，当负保存之责任。

根据捐款数量的不同，孟芳图书馆会对捐赠者给出不同的荣誉，捐一万元以上或者所赠送的图书的价格超过了一万元者，孟芳图书馆会专辟一室，如果捐两千元就会悬挂捐赠者的全身照片，捐五百元就会悬挂头像照片，捐一百元以上会把名字做成铜牌嵌在墙壁上。但就历史的发展来看，挂在墙上的照片很容易被摘下来，如果名字嵌在墙上似乎留存得更长久一些。

　　看来各时期的观念略有不同，每个人名字留存多久跟境遇有很大的关系，比如该馆因齐燮元赞助而起名为孟芳图书馆，后来齐燮元在军阀混战中战败了，有一度避居日本，以其父所命名的图书馆也就需要改名了。有的资料上说图书馆改名的原因是齐燮元后来成了汉奸，但那是1937年的事，1945年日本投降后，齐燮元以汉奸罪被逮捕，1946年在南京被执行枪决。但是孟芳图书馆去掉"孟芳"二字是民国十七年（1928）的事情，《南大百年实录》上载有国立中央大学给江苏省政府的《张乃燕为孟芳图书馆已改名函》，张乃燕乃是当时的校长，其在函中称：

　　本月12日准贵政府第一三八六号公函内开：案准江苏省党务指导委员会函，以孟芳图书馆为军阀遗迹云云。函请酌办见复。等由。计抄原函一件。准此。查此案现奉大学院第四九九号令饬更改，并以中央图书馆名称，亦与大学院正在筹办之中央图书馆名称相同，应即另行酌改。等因。本校长曾将孟芳图书馆改名一事提交校务会议，两次均

未通过。惟思孟芳为军阀齐燮元父名,若任听不改,殊为污点。遂于7月1日已实行将孟芳二字删除,迳名图书馆,业经呈报大学院核转在案。

南大图书馆的另一个源头是金陵大学图书馆,对此,《简介》中写道:

> 金陵大学原是私立大学。美国教会自 1888 年起,陆续在南京建立了汇文、基督和益智等书院,后经几次合并,于 1910 年成立金陵大学堂,1915 年改名金陵大学校,不久改称金陵大学,并于 1916 年迁至鼓楼新址。金陵大学图书馆在原各书院图书室基础上于 1910 年建立,当时仅有西文书 2250 册。因金陵大学是教会学校,故受历次动乱影响较小,图书馆藏书建设发展较稳定。至 1927 年 11 月收回教育权运动后,学校基本脱离了教会,改归教育部主管。1929 年建立了文、理、农三学院及中国文化研究所等教学科研机构,图书馆藏书也从数量到质量都有了较大的提高。1937 年 6 月统计藏书量已达 322369 册,其中中文图书有 106769 册,与当时国立中央大学图书馆藏书基本上旗鼓相当。
>
> 1937 年 7 月抗日战争全面爆发,南京各机关学校纷纷内迁。中央大学因早有准备,故图书设备均基本搬迁,但辗转于战乱之世,难免流离损失。到重庆后,又进行了补充,至 1944 年统计,已有中文藏书 121679 册。金陵大学因与教会渊源很深,故一度存有幻想,及至形势紧迫,乃仓促西迁,图书仅运出十分之一,而留存南京校区的图书于 1942 年被伪国立中央大学占用。抗战时期,在成都虽努力补充,但一时难以恢复,至 1943 年统计,中文藏书仅有 16368 册。1949 年中央大学改名南京大学,1952 年南京学区院系调整,金陵大学图书馆文理科藏书并入南京大学,调整后的南京大学图书馆有藏书共 73 万余册。

全面抗战爆发后,南京形势紧迫,南京多所高校纷纷内迁,但金陵大学校长陈裕光认为本校乃是教会学校,具有一定的中立性,决定不搬迁。后来他看到了日军对中国文化机构的破坏,于是又让学校匆忙西迁,致使图书馆的藏书来不及装箱,大多留在了校园内。对于此事,刘国钧在《金陵大学图书馆迁蓉经过及工作近况》中写道："本校历史悠久,图书馆庋藏丰富,而时间短促,运输困难,书籍悉数装载,势所不能。故本应用之原则,选择近一万七千册,转载 139 箱,其运出者 103 箱,仅占该馆所有总数十分之一。路行四千里,沿途押运起卸以及修理,本馆人员莫不亲与其事,时尽 3 月,备尝艰苦,全部书籍,幸告无恙,于 27 年 2 月杪安然抵蓉。惟其中霉湿,微有损坏,在所不免。"

对于金陵大学在此前的藏书总量,孟国祥所著《南京文化的劫难(1937—1945)》中转引了中国第二历史档案馆所藏《金大 1926—1937 学年度学校概况统计表》中给出的数据:

> 至 1933 年底,该校图书馆馆藏中文书 9.6 万册,外文书 2.2 万册,小册子近 5 万册。1937 年,南京沦陷前,该馆已有中文书 119645 册,西文书 26487 册,中西文小册 88033 册。中文书已逾 30 万卷,公报杂志尚未统计在内。也有统计认为,金陵大学战前图书已达 317839 册。

此数据与当时西迁的馆藏相比确实有较大差异,而金陵大学留在原校的藏书大部分被损毁了,沦陷期间,汪伪创办的中央大学校长樊仲云在 1943 年 3 月《国立中央大学图书目录·序》中写道:"中央大学(图书馆藏书)……实无片楮之留,可资观览,昔日藏弆,半以沦佚,半以迁转,欲求规复,等之河清。无已,惟有就力之所及,密匆搜购。金陵乱后,故书堆积,多以代薪,比及此时,骎骎向尽,每一入市,见断简零缣,辄精神为之不宁者累日!"

抗战胜利后,金陵大学努力收回失散的图书,经统计,总计损失图书 73928 册。另外还从日本索要回来一些旧藏,《南京文化的劫难(1937—1945)》一书中写道:"1947 年,中国政府驻日代表团日本赔偿及归还物资接收委员会在东京上野图书馆发现被劫中国图书 560 箱后,根据盟军总部规定,要求国立北平图书馆、私立金陵大学等 9 家单位提供:关于被劫书籍之详细记载,如书版记号等;所有权之证明;被劫情形,以图索还。"

1952 年,全国院系调整,金陵大学图书馆并入了南大图书馆,而今该校有两个图书馆,即鼓楼校区图书馆和仙林校区的杜厦图书馆。对于该两馆现有的整体馆藏,《简介》中给出的数据是:

> 至 2017 年底,总藏书量达到 620 余万册(含院系资料室),其中

馆藏古籍线装书近 40 万册, 善本古籍有 3000 余种、3 万余册。地方文献、古代目录学文献以及丛书的收藏已形成特色。古代地方志共收藏有 4000 余种, 近 4 万册。……此外, 南京大学图书馆收藏的民国文献、东方学研究文献、犹太文化研究文献也十分丰富。

如此重要的一座大学图书馆, 要想系统地了解其堂奥, 需要静下心来在这里慢慢翻看, 说不定还有很多珍本埋藏在书堆之中, 若有机会, 将其揭示出来, 那是令人何等之开心。史梅馆长介绍说, 李丹主任和李轶伦先生都对文献研究有着浓厚的兴趣, 那我等待着他们将自己的研究成果披露出来, 以便让我有机会时再往该馆去满足自己的眼欲。

清华大学图书馆

奇特馆舍，别样收藏

我两次细看清华大学（以下简称"清华"）图书馆的外观，都未曾看出其整体的模样来，它不同于其他馆，无论从哪个角度看，该馆都不是一个独体建筑，但又不像首都机场候机楼那样，一期、二期、三期各为一个独立的建筑物，而由这些建筑物构成一个群落。清华图书馆的外形曲曲折折，却又能连为一个整体，我总想搞清楚它的轮廓究竟是怎样一个图案，这次前来这里，我见到刘蔷老师，问她的第一句话就是："你能不能给我描述一下贵馆的外观？"

刘老师好奇我为什么执着于这些细枝末节，但她是一个极认真的人，立即带我走入图书馆的大堂之内。在大堂的侧边，陈列着一个图书馆的沙盘模型，于是我在此聆听她的细致讲解，由此，我明白了清华图书馆分为三个建设期，每扩建一次，都是在原楼的基础之上接着向外展延，然而无论是从设计风格，还是在外立面的颜色上，始终保持着基础色调与规制。清华的建筑系在中国名声极响，设计师让这座古老的图书馆能够逐渐扩大，并且还保持着一贯的韵味，这确实需要在传统与现代之间，找到一种平衡。

从总体看，清华图书馆属于美式风格，这与其创校时的性质有直接关系。1908 年，美国罗斯福政府同意向清政府退还大约一半的庚子赔款，然其同时规定这笔退款必须用在派送留美学生的费用上，为此，清政府在国内设立了留美学务处和留美培训学校，同时在国外设立游美监督处。留美培训学校始为游美肄业馆，1911 年改为清华学堂，转年又改称清华学校。

由于清华学校是利用庚子赔款创建而成，故其办学方法、课程设置等几乎是照搬美国教育模式，使用的教材也是从美国运来，甚至课程也大多是用英语讲授。清华学校创办初期没有图书馆，仅有规模不大的图书室。戴志骞在《清华学校图书馆概况》中介绍说："清华学校在民国元年时，仅有小规模之图书阅览室，每日上午九点至十二点为阅览时间，当时学校行政之组织，图书室隶属于庶务处之下……至民国三年夏，学额加增，课程提高，于是图书室始离庶务处而自成学校行政之一部。其时每日阅览时间，比前增加二倍，书籍亦许借出，惟购书经费，只有五千元。何种书籍应否购置，须得校长之许可。二年后，书籍增加数倍。"

1916 年，图书室略有扩展，暑假开学后，图书室改名为图书馆，当时戴志骞是图书馆主任，图书馆工作人员仅两名，之后的两年又增加了一名，由此可见当年该馆规模之小。

从 1916 年 4 月开始,清华开始建新的图书馆,历时三年,耗资 175000 元,新馆在 1919 年 3 月建成。新馆建筑面积是 2114 平方米,由美国建筑师墨菲设计,此馆与体育馆、科学馆和大礼堂并称为早期清华校园内的四大建筑。

清华处在北京的西北,那时进城需要两小时,在如此偏僻之处建起这么宏大的建筑,于当时而言可谓豪举。对于这座建筑的价值,1919 年第 159 期的《清华周刊》上载有罗隆基所撰《今后之清华》一文,该文专论清华三育之伟大价值:"新自治团之成立,清华德育之形式备矣;新图书馆之开幕,清华智育之形式备矣;新体育馆之落成,清华体育之形式备矣。"

罗隆基认为图书馆和体育馆的建成,方使得三育完备,在他看来,三育极其重要:"今后清华之历史,必有大异于往昔者矣。"为什么给出这样的断语呢? 他在文中解释说:"德育也,智育也,体育也,之三者,清华之精神也。精神者,可存而不可亡,可新而不可旧者也。夫既有东亚第一之图书馆,必有东亚第一之智育。既有东亚第一之体育馆,必有东亚第一之体育。既有东亚第一之智育与体育,必有东亚第一之自治团,以成东亚第一之德育。有其名必有其实,修其外必养其内。今日清华三育之形式备矣,今后清华三育之精神,吾辈之责,更千百倍于往昔者也。"

在罗隆基看来,三育乃是清华精神所在,他把清华图书馆称之为东亚第一图书馆,认为该馆的建成必能培养出有第一流智慧的学者。以此可见,那个时代的学者把图书馆看得何等之重。

1928 年,学校改名为国立清华大学,图书馆经费大为充裕,馆藏迅速增加,馆舍不敷使用,于是在 1930 年 3 月开始扩建馆舍。此次设计出自清华 1921 级校友杨廷宝,他的设计与旧馆完美衔接,被誉为天衣无缝的杰作。扩建完工后,馆舍面积增加到 7700 平方米,库存容量达 30 万册,阅读座位有 700 余席。杨廷宝在设计上将新楼与旧馆以垂直方式布置,新楼的主体部分为四层高,他用两个八角形的小过厅和两个八角形楼梯间形成新楼与旧楼间的连接和过渡。

1991 年 9 月,图书馆又落成了第三期,三期命名为逸夫馆,这次扩建乃是由清华建筑学院教授关肇邺院士所设计的。三期设计仍然保持与老建筑基调上的协调,新馆舍面积是老馆的三倍,为了避免新馆对老馆造成压抑感,关先生在设计时对新馆的入口做了相应的调整,可见这些老先生会用自己的方式来表达对前人的尊重。

这些年来我去过多次清华图书馆,有时是陪着朋友参观,有时是到图书馆请教刘蔷老师。2015 年 11 月 10 日,此次前来清华图书馆拍照,事先跟刘蔷老师做了预约,来的这一天赶上了北京难得的秋雨,而清华更改了校内的行车路线,刘蔷老师以她那惯有的细心给我绘制了一幅行进路线图。我将这张图打印出来,持此开车入校,我以素有的时空掌控感,自信地开行在清华校园之内,却在遇到几个单行线之后,很快走入了迷途。刘蔷接到我的电话后,在某个路口等候我的到来。冰凉的秋雨让校园中的道路披满了落叶,远远地看到刘老师站在蒙蒙细雨之中,颇有"落花人独立,微雨燕双飞"的画面感。

清华图书馆的三期名叫逸夫馆,看来也是邵逸夫老先生捐资而建。此馆的入口处用红砖砌成了一个高高的拱门,那种纤细之感,我总担心它会塌下来。刘蔷劝我,要对她们校的设计水准有信心。此馆的外观非常现代化,但馆内还是国内三十年前所流行的简约装饰方式,无论是天花板还是地板,都有着当时最流行的痕迹。一楼大堂的左侧有个较大的书库,里面以开架的形式陈列着大量的平装书。刘蔷告诉我,这里的书可以让相关的研究人员随意翻看。我自己写书最为费神的事情之一,是要不断地去买各种资料书,有时是到各种实体书店,有时是在网上,因此每到图书馆,都会怀疑自己的搜集资料的方式是否太过蠢笨。不知道为什么,跟图书馆打交道这么多年,我依然未曾学会利用这种便利。

刘蔷告诉我,进入书库看古籍需要得到领导的批准。于是,我先跟她前往办公室去申请。我在她的办公室区域看到墙上挂着一个铜牌,上书"清华大学科学技术史暨古文献研究所"。刘老师的办公桌上以及沙发的四围堆满了成摞的书,她告诉我,再过几个月,她们就要迁入新馆,所以现在开始整理自己的用具。沙发的后墙上悬挂着一幅武梁祠拓片,拓片的下方还放着一张雕弓,这种组合颇具穿越感。我正想提问,猛然想到这个研究所不止研究古文献,还要研究科技史,但雕弓是否属于科技史的研究范畴? 请恕我孤陋,无从判断。

刘蔷说,图书馆的四期已经建好,本馆所藏的特藏古籍也正在等待迁入。她对本馆的外观设计,尤其是前三期有那么长的时间跨度,却能毫无

斧凿之痕地融为一个整体颇为自豪，用刘蔷的话来说：这种结合特别完美。她说到"完美"二字时，特别加重了语气，我点头附和。

刘蔷老师特别细心，她为了让我能够对该馆有着准确的了解，特意给我准备了三份资料。我在翻看这些资料之时，该馆的蒋耘中书记走了进来，刘蔷介绍之后，由书记在批件上签字，然后我们一同前往善本书库。其实走进刘蔷的办公室之前，我们已经从善本库的侧墙路过，当时我就觉得奇怪，因为这个书库的外墙也是用红砖砌就，在四白落地的现代化图书馆内砌起一堵红墙，让我怀疑这是进行施工改造时临时砌起的围挡。我的猜测让刘蔷老师对我的审美水准产生了强烈的怀疑，好在进入书库之后看到了那么多的善本，我有如老鼠掉进了米缸里，瞬间眼睛放亮，口中不停地赞叹所见，才遮掩过刘蔷老师对我审美情趣的奚落。

该馆的善本库也是将金属集成架密密地排列在一起，地上铺就的几层导轨，显示着这些集成柜早年的设计风格。刘蔷说，此馆所藏的古籍不分普善，但是有着独特的分类方式，是按甲乙丙丁戊己庚辛分为八个大类，故名"八大类分类法"。此种分类方式我在他馆从未见到过。打开集成架，可以看到这里所有的古籍全部配上了公共图书馆所特有的插套，这种插套的好处是可以像洋装书一样，立起来摆放，抽取某书时，不用将上面的部分再搬下来。清华图书馆的每一个插套在下方都留有一指宽的探视孔，刘蔷说，这种做法有很多的便利，因为不用将插套拉开即可看到里面的序号是否排错。但我更觉得这种做法是为了防止丢书，因为我曾在其他馆看到过某些整齐的插套拉开之后，有些书已经不在原处了。刘蔷说，这种插套的制作成本要比封口的那种贵许多，但馆里为了不让古籍出错，所以制作成了这种制式。她指给我看一排排的探视孔，探视孔的下方显现着书根序号。

在正常情况下，古籍主要是平放，因此书根会写在每册书的包角之上，然清华图书馆的书竖起排列，故而这里所有的书根全是写在书籍的下脚。这倒是一种独特的书写方式，至少只有公共图书馆，或者缩小范围来说，只有为数很少的图书馆，书根才会是这种书写方式。在这里，我没有说绝对话，因为国内的公共图书馆近千家，而我所访过者，还不足十分之一，当然不能排除其他的公共图书馆也有像这样在特殊位置书写书根的情况。但我还是觉得这种书写方式有着防盗功能，果真，我在一排书架上看到了某一函书没有写上书根。我本想以此来证实我的判断，刘蔷却笑着告诉我，这一行书插反了。调过来再看，书根又按照序号排在了那里。

清华的这些插套，每一函的书脊上都书写着书名、作者，以及每一函的函号，我大约看了一遍，计有三种字体，每种字体都写得规整漂亮。这是清华图书馆几代馆员分别书写的，刘蔷说，看上去略新些的字迹几乎全是出自一位老先生之手。蒋书记说，老先生是历史系一位老师的长辈，义务为图书馆古籍书写函套，直到近90岁高龄。某次出门时，老先生偶然在台阶上摔了一跤，馆里担心老先生的身体状况，就不敢再请他接着来工作。我问刘蔷，这些函套老先生都写完了吗？她说，没有。于是指给我看，果真，在另一排书架上看到了用电脑打印在纸上的字迹。将这些打印的书名贴在书套上，再跟原有的插套摆放在一起，内在的韵味高下立判。我在插套的顶端，还看到钤盖有"善本"字样的长条章，由此可见，这里是按书的类别进行集中摆放，只是将善本做出了标注。还有些书，不是用布面的插套，而是用南方所惯用的木夹板，可能是为了便于书写书根。这些木夹板的侧面也堵上了一块木条，上面同样写有书名等信息，只是这些木夹板的下方没有留出孔洞，不知道为什么，未将此做出统一的设计。

在此书库的顶头位置，单独摆放着一个旧木箱，打开一看，是完整的一部《通鉴纪事本末》。刘蔷告诉我，这是本馆所藏最大的一部宋版书，但可惜是递修本。于是我拿出一函放在桌子上欣赏，此本乃是宋宝祐五年（1257）赵氏刻大字本。该书的零本偶然会出现在拍场之上，虽然按照传统的观念，大字本不如小字本珍罕，但这样完整的，仅仅是我所看到过的第二部。细翻该书内页，里面有不少的宋刻原版，尤其本书的第一函封面函套上，贴有一张赠书简，上面写着"己丑清华返校节，己未级同学购丁宝桢旧藏宋刻《通鉴纪事本末》，敬献母校，以为毕业三十年纪念"。毕业生在校庆的时候，购买一部宋版书赠送给母校，这种大手笔真让我感叹。

我所看的第二部书是《唐翰林李太白诗集》，这是一部元刻本，然该版本我却未曾见到过著录，堪称海内孤本。该书的首页钤有多方藏印，扉页上还写着叶昌炽和缪荃孙的观款，细看章文，有王同愈、傅增湘等多位大家之名，确实流传有绪。关于该书的价值，刘蔷给我指出多处该书的独特点，她告诉我，该书是李白诗集版本系统中的一个重要环节，且在分类和编排顺序上，跟宋蜀刻本相同，由此可知，她对该书做了仔细的研究。

■ 开架阅览室　■ 集成书柜展开后的情形

《类编标注文公先生经济文衡》，元泰定元年（1324）梅溪书院刻本。刘蔷告诉我，该书的作者滕珙是朱熹的弟子，滕珙将朱熹的一些著作分门别类，又断以己意，然后编成此书。该书所收内容较为宽泛，因此成为研究朱子思想的重要著作。然该书目录之后有着长方形的牌记，内刻"时景定甲子春刊于梅溪书院"，而"景定"为宋代年号。刘蔷说，这是书商作伪，牌记原为"泰定"，书商将"泰"字剜掉，而后改为"景"字，这样就将该书由元版升格为宋版，然后在剜改之处又钤了几方章，以此来掩饰痕迹。细看之下，剜改的手段果真高明，然所钤的三方模模糊糊的印章，恰恰因为位置不对，反而让人起疑。刘蔷说，清华藏有 19 部元刻本，此为其一，虽然有过剜改，但并不影响该书的价值。

刘蔷知道我对戴震一向崇拜，于是今日特地拿出一份戴震的手稿让我开眼。该书为戴震所撰《续方言》，乃是刘半农在 1928 年购于琉璃厂书肆。细翻之下，虽然仅十几页，然能够得见大师级人物的稿本，还是让我颇感激动。看来，崇拜戴震的不止我一人。该书后面钤有多位大名家的观款，除了钱玄同，另外还有章太炎、胡适、傅斯年、陈垣、邓之诚、庄严、马衡、蒋梦麟、顾颉刚等等，一眼望去，全是一流的大人物。藏书这么多年，戴震的稿本我至今未曾得到，这可真是一个大遗憾。好在我藏有乾隆时人所抄录的戴震关于《水经注》的校例，从重要性角度来说，因为这个校例关涉戴震的英名，所以重要度不输这部手稿《续方言》。想到这一层，心下也有了些许的安慰。

因为说到了《水经注》，所以刘蔷马上给我拿出了一部。此书的版本虽然不是赵一清的初刻本，而是清光绪六年（1880）张氏花雨楼的重刊本，但刘蔷说，此书内有着俞曲园的大量批注，极有价值，因为俞曲园没有延续清初以来对《水经注》的研究，即集中在校勘与著书方面，而是关注于地理方面的古今变迁，所以刘蔷认为，俞樾的这部批校本拓展了郦学的研究内容，并且规避了考据家们不务实际的流弊。她的这个说法令我不爽，因为我对乾嘉朴学考证派有着不辨良窳的偏爱。我本想对此予以回护，但转念思之，在这里要多看书，少废话，于是就把多嘴的毛病忍了下去。

《周易阐理》，清康熙间剡藻堂抄本。剡藻堂是何人的堂号，我未曾听闻过。该书的首页上钤盖着翰林院的大印，由此可知，该书为《四库全书》的进呈本之一。刘蔷说，此书列入了《四库全书存目》，且书后有光绪年间

"桂芬"的跋语，可惜的是，这个桂芬不姓冯。虽然如此，刘蔷介绍说，此篇跋语很重要，因为里面涉及翰林院所存《四库全书》进呈底本在庚子事变时散失的事情，这段史实在目录版本学上也是一个重要的问题。

《（光绪）大婚典礼红档》，清光绪十五年（1889）内府写本。此部书有76册之多，装潢得颇为漂亮，摆在一起很有气势。前些年，嘉德曾上拍了《同治大婚典礼档》，从装帧形式及外观看，与此颇为相像。《同治大婚典礼档》被书友赵平兄所得，而今在这里又看到了《光绪档》，不知道宫中所存的这些底档，是在何时以何种方式散失了出来。

《十翼后录》是清黄以周的手稿，黄以周也是我所关注的清代学者，他的手稿我至今一部未得，仅有一通手札在我手中，当然比起清华所藏的这一部手稿，价值就差得太远了。黄以周所撰的《礼书通故》有百卷之多，该书至今仍较易得，可惜藏界对其重视度不够，至今价钱仍较低廉，但《礼书通故》的手稿在哪里，我却未曾了解到，而今看到黄以周的《十翼后录》，虽然是其研究《周易》的著作，而非礼学，但同样也是一部难得的珍籍。

《御制大诰》《大诰武臣》，明洪武十八年（1385）内府刻本。该书当年是通行于天下的官书，发行量一定很大，并且各地也有众多的翻刻本，然不知什么原因，此书在后世流传并不多。可能跟朱元璋离世之后，他所制定的酷刑被禁止有较大的关联。刘蔷告诉我，她们馆藏的这部《御制大诰》跟其他馆所藏均不同，所以同样是一部海内孤本。

《尊古斋金石集》，集内所收为各种金文的拓片，刘蔷告诉我，这是该书出版的底本。翻看之下，里面所收极其丰富。而今金石拓片大热于市场，如果让那些藏家看到清华藏有如此多的拓片，不知会有着怎样的欣羡，当然，我翻看之后也同样是欣羡不已。

《皇华集》是朝鲜的铜活字本。以往我对这类铜活字本，重点是关注中国人的典籍，这部《皇华集》却是朝鲜人金安老等人所辑，内容是明朝使臣在出使朝鲜时所创作的诗文。该集是朝鲜国王下令所收集，所以将其命名为《皇华集》。这样说来，该书虽然是朝鲜人所编，但仍然是中国人的作品。刘蔷介绍说，馆内藏有《皇华集》三种不同的版本，而以此本为最早。

约十年前，我在琉璃厂遇到了刘蔷老师，她讲到了清华馆藏中有一批雍正铜活字本的《古今图书集成》，她说此本颇为奇怪，因为书中有大量

的描润，经研究，这部书就是当年上海同文书局影印本的底本，后来因为失火，使得这套底本烧掉了许多，残余的部分，也同样是破破烂烂。当年我对同文书局极其感兴趣，于是向她仔细请教了该书的流传情况，而后还专门到她们馆细看了这些焚余之物。再后来，刘蔷找了多个单位共同将这套残损的《古今图书集成》修补了出来，成为校庆展览中的亮点。而今来其馆中，我方知当时这部书并没有全部修整出来，少量无法成页的残页、焚余书的遗迹单独保存，修复好的部分，则全部装在了绛红色的函套之内，一眼望去，蔚为壮观。

就我所见的古籍，除了婚庆之书，少有用红色者，毕竟书籍对火唯恐避之不及，然刘蔷告诉我，这些书做成绛红色的函套是有意而为之，以此来喻示这批珍籍曾经历过六丁之灾。她说，清华馆藏之书不只是《古今图书集成》受过火灾，1937年全面抗战爆发，馆中挑选出6600多种善本，总计12000多册，辗转多地，最后存放了重庆的北碚，1940年时遭到日本飞机的轰炸，随军抢救，仅得残书2000余册，而这些书，她们馆在建馆九十周年之时，也予以了整修。我看到这些残书零叶，又看到修复出来之书，心痛之余也同时感念：正是因为有着像刘蔷这样的愿意做事的图书馆人，才使得这些残破之本重生。

而后刘蔷又给我看了一些馆藏的彝文古籍，她向我讲述着这些古籍的来由，我对这些完全外行，既看不出内容，也不了解价值，只能听她给我传道解惑。

看完这些珍籍之后，我们又来到了古籍的大库房，在这里看到了许多难得一见之书。虽然清华图书馆所藏古籍经历了那么多的劫难，但看到这里依然珍藏着如此多的典籍，可见这么多年来，清华一直在致力于传统典籍的收藏和整理。

而后，刘蔷带我来到了图书馆的一期，楼内的结构，尤其是大厅部分，仍然显现着当年的辉煌。此楼建于1919年，虽然有着百余年的历史，但阅览大厅很是敞亮，其中有一间很大的阅览室里面摆放着一张长条桌，旧木桌上放着一个说明牌，上面写着当年曹禺就是在这张桌上写出了他的代表作《雷雨》。

曹禺原名万家宝，他是清华毕业生，1933年暑假期间，23岁的曹禺就是在这里写出了《雷雨》。当年他在此阅览室搞创作时，是固定地坐在一个座位上,关于他所坐的位置有不同的说法,曹禺在《"水木清华"与〈雷雨〉》一文中自道:"我像个在比赛前的运动员,那样的兴奋,从清晨钻进图书馆,坐在杂志室一个固定的位置上,一直写到夜晚十时闭馆的时候,才快快走出。"

但是当年陪他一起到图书馆上自习的女友郑秀同学所说的位置与此说法有差异:"(1933 年)6 月初暑假开始了,在图书馆西文阅览室大厅的东北边,靠近借书台的长桌的一端对面两个座位是我们固定的座椅。"(郑秀《〈雷雨〉在这里诞生》)

二人谁的记忆更准确呢?为此,清华图书馆的何玉老师做了专门考证,何老师在《曹禺写〈雷雨〉的座位考证》一文中做了相应梳理,发现当年的西文阅览室因为地方不够用,改为了杂志阅览室,所以曹禺和郑秀的所言都不算错。看来今日阅览室内的那张旧木桌应该就是曹禺当年的写作处。

阅览室两侧的墙上还有一些固定书架,其中有几个书架上写明,里面所摆放的书是清华的名师著作专架,其中有王国维、梁启超、陈寅恪、赵元任清华四大师的著作专藏,真可谓大师汇聚之地。这里的气场之大,压得我大气都不敢喘。

其实我觉得阅览室内还应当张挂一些本校图书馆馆长的照片或者画像,由此让读者们记住,正是这些人的努力,才有了这样好的阅读环境。比如洪有丰先生,他毕业于金陵大学文学院,1919 年至 1921 年间前往美国纽约州立大学图书馆学校学习,获得了图书馆学士学位。留美期间,他在美国国会图书馆从事中文编目工作,回国后在 1924 年成立南京图书馆协会,并且担任会长。20 世纪 30 年代,他曾两次出任国立清华大学图书馆主任。

洪有丰对藏书事颇有研究,他曾写过《清代藏书家考》,对于清华古籍收藏作出过贡献,韦庆媛在《洪有丰在清华大学图书馆》一文中写道:"1929 年 4 月罗家伦回杭州省亲,得知杭州藏书家杨氏拟出售全部家藏。4 月 28 日,罗家伦电告学校评议会,主张购买。教务主任吴之椿与评议会成员商议,请洪有丰亲往接洽办理。5 月 2 日洪有丰南下,晤杨氏主人。他详细查看杨氏提供的六本书目,其中有宋、元、明、清刊本、日本刊本、精抄本、稿本、名人批校本以及四库全书五册,总计 42653 册,索价 4 万元,洪

■ 楼梯也是当年的原物

有丰深知其价值,决定全数购买。经一再磋商,定为总价 3.4 万元,点收时有书目所未载者,计 4893 册,杨氏全行赠送,总计 47546 册。"

韦庆媛还写过一篇《学者馆长朱自清》,该文讲述的是 1935 年 9 月至 1936 年 9 月,朱自清任清华图书馆主任(馆长)期间对该馆发展起到的推动作用。文中谈到,当时是梅贻琦聘请朱自清任此职,但其本人并不情愿,朱自清在 1935 年 9 月 10 日的日记中写道:"请求免去图书馆主任一职,以其妨碍研究计划也。"那时的学者把学术研究看得很重,不愿意去做官搞行政,但因原主任洪有丰第二次离任,朱自清只能临危受命。

朱自清任馆长期间,日军一再觊觎中国华北领土,南京国民政府意识到危险,于是教育部密电北大、清华等几所重要学校,要他们把重要的图书器具等秘密地寄存到安全地点。韦庆媛在文中写道中:"在朱自清的主持下,图书馆开始紧张的挑选贵重书刊装箱工作。装箱是在秘密状态下进行的,为了避人耳目,均安排在晚上或假日。1935 年 11 月 19 日晚,朱自清带领馆员开始包装书籍。11 月 23、24 日是星期六和星期日,朱自清与馆员们一起,放弃假日休息,加班加点,选书装箱。至 11 月 28 日晚送走 352 箱。后来又陆续南运了一些书籍,共 400 多箱。此均为中西文善本、地志及各系需用之书,都是极有价值的珍本。"

因为图书馆工作琐碎而繁重,影响到了朱自清的健康,1936 年 8 月,他向梅贻琦校长提出辞去图书馆主任一职。一个月后由外文系教授钱稻孙接任。

正是在朱自清的努力下,清华古籍得到了妥善保存。如果该馆能够在阅览室内挂上他们的照片,再配一段他们为本馆图书建设所作出贡献的介绍文字,将会让学子们记起这些前辈们所做出的业绩。

刘蔷又带我看了这里的西洋书库。这个书库的大门很是特别,第一眼望上去就有着戒备森严的神秘感。走入库内,这里所显现出的阵势,岂止是"宏大"二字。眼前所见书架均是金属涂黑漆,刘蔷说,这些书架完全是美国的制式。书库有四层楼之高,而令人奇怪者,是每一层的地板都是用的磨砂玻璃。我本以为,这样的摩登方式是近些年的新潮之物,原来在近百年之前已然时兴。我细看每排书架的结构,注意到这些书架的侧板全部用的是铸铁,隔板用的则是熟铁。可能是为了防火,楼板上层的电线全部穿管。从布局看,制作得合理而简洁,尤其那一排排的精装本望过去,那就是天堂的模样。

　　走出清华图书馆，时已近晚，雨也停歇。图书馆门前的两棵树，一棵是银杏，还有一棵我不知道那是什么树。银杏树叶已是一片金黄，旁边的树还开着红花。这一红一黄，搭配上周围的绿色，完美地诠释出"美是和谐"这个亘古不变的真理。我的微笑被刘蔷看在了眼里，她马上说，这里的一切太美了。我突然想到了一点不完美，那就是，在这新馆与旧馆之间，转来转去，我却未曾看到图书馆的匾额。刘蔷马上告诉我，那个匾额就在我停车的地方，因为当时有一辆车停在了匾额之前，所以我未曾发现。

　　说话间，我们来到了停车处，那辆车依然停在旁边。我在拍图书馆的匾额之时，方注意到，在匾额的右下方，还以示意图的方式呈现出了清华图书馆三期合建在一起的平面形象。我站在那里端详一番，突然觉得这些楼组合成了手枪扳机的部件的样子，但这个手枪指的是民国年间最为时髦的盒子炮，不知道这种组合是否有着别样的寓意。但这样的解读肯定不能令刘蔷老师满意，于是我再次忍住了多嘴的毛病。

天津师范大学图书馆

体量巨大，专室呈珍

因为工作原因，我曾在天津住过几年，虽然仅是短短的几年，却搬了三次家，其中有一段时间住在了天津的围堤道附近，这个地点距天津的古文化街并不近，但因为痴迷于买古书，我的业余时间基本消耗在了这条仿古街上。某天，在古籍书店内遇到了两位老先生，店员跟我介绍说其中一位是天津师范大学（以下简称"天师大"）的方教授。方教授是典型的传统知识分子，深深地吸引着我，而后的几年跟他的交往就渐渐多了起来。

应方先生之邀，某天下午我来到方先生的府上，在这里欣赏到了几十部古籍善本。听着方先生的讲解，翻看着他的珍藏之物，那份销魂之感至今让我难忘，而那一次，也是我第一次走入天师大的校园。此后不久我回到了北京，跟方先生见面的机会变得很少，偶尔在拍卖预展上与他碰个面，也都因为彼此忙着看拍品，无法坐下来静静地聊聊书，更何况拍场之外大家是朋友，进了拍场就变成了潜在的竞争对手，所以在预展中一直看着别人翻书，其实是颇不礼貌的一种行为。这种彼此间的心照不宣，也无法让大家坦诚地坐在一起交流。

近几年不知什么原因在拍场上很少能遇到老先生了，而方先生的公子却继承父业，我时不时地能在拍场上与他见面，但因为与他不熟，每次见面也仅仅是打个招呼，而方先生的近况我也少听书友们聊起。

2016 年 4 月 21 日，受古籍保护中心之邀，我前往天师大举办一场讲座，在高铁站出口见到两位前来接我的老师时，我首先问到了方先生的近况，两位老师问我方教授的大名，这让我顿时语噎。与方先生交往了近二十年，我却从未问过他的大名是哪几个字。其实这种状况在书友之间并非个案，与很多书友交往了多年，彼此间都不知道对方的正式称呼是什么，通常情况下都是称呼对方的姓氏加尊称，还有不少人是直接称呼绰号。

这两位老师均为图书馆的工作人员，一位是李艳蕊，另一位是乔玉红。她们两人都很有耐性，一路上给我讲解着学校这些年的变化，因为进入天师大校区后，我说这里跟我当年来的地方完全不是一处。我印象中的天师大校区面积并不是很大，而今我眼前所见，是中国大城市中少有的面积巨大的校园。我看见了大片大片的湖泊，而这里的教学楼、宿舍等设施，看上去更像自然风景中的点缀物，这种感觉我只在澳大利亚和美国的几所大学内看到过，我的连声赞叹肯定让这两位老师暗笑我没见过世面。但这两位老师特别有涵养，她们只是微笑，并且向我讲解着校区的来由以及规划的理念等等。能有这样的理念,说明人们的观念确实在渐渐地转变,而我同时也从她们口中了解到,自己当年所去的围堤道校区只是天师大的一部分,而今校本部已经迁移到了这里。如此说来,我对天师大的记忆已经停格在了十几年前的分校,按照哲学家的说法,那只是影子的影子。

关于天师大图书馆的沿革史,当然与该校的历史有着密切的关系,天津市图书馆志编修委员会编著的《天津市图书馆志》中称:"天津师范大学图书馆建于 1958 年。其前身是天津师范学院图书馆,由原天津市教师进修学院图书馆和天津市工农速成中学图书馆合并而成。合并初期,藏书近 5 万册,占用非独立馆舍 200 至 400 平方米,工作人员 6 至 10 人,馆址在六里台原天津市工农速成中学内。"

此乃该校最初的状况,关于之后的演变,此书中写道:"1959 年院系调整,天津师范学院划归河北省辖属。天津市组建成立天津师范专科学校(校址在八里台),原天津师范学院图书馆划归天津师范专科学校,随学校迁往八里台,称天津师范专科学校图书馆。馆址设在南教学楼一层,占教室 4 间约 700 平方米。其建制隶属于校长办公室。校长任子庸高度重视图书馆的建设,提出'积极采访,保质保量'的工作口号。建馆初期,大力采购书刊,至 1959 年底,馆藏图书已达 21 万册。"

因为中环线的修建,天津八里台地区成为交通枢纽,那座立交桥不仅体量庞大,还分为几层,最下层的花园成为烧烤胜地,车从上面经过,能够闻到烤串特有的烟叶香味,我有几次忍不住转到桥下去撸串,但那时并不了解天津师范学院曾在这里有个旧校区。

后来该校有几次更名,又接收了其他院校的书,使得其藏书量有较大增加:"1960 年 5 月,天津师范专科学校更名为天津师范学院,图书馆随之改称天津师范学院图书馆。工作人员增至 16 人,馆舍面积扩大到 900 平方米。增设学生阅览室一间,座位 72 个,放置现刊 130 余种,参考书 4000 册。1961 年接收了已撤销筹建的渤海大学 2 万余册图书。1962 年河北大学地理系并入天津师范学院,有关地理类专业书刊随之调入馆内。1965 年学校受教育部委托接收越南留学生,图书馆即购进部分越文图书。至年底,馆舍面积为 2000 平方米,工作人员 27 人,藏书 46.9 万册。"

此后的天师大图书馆分为南北两院,以南院为总馆,北院为分馆。当时总馆共有四层楼,一层为文科借阅处,二层为理科和外文书借阅处,三层

■ 图书馆外观

为报刊借阅处和学生自习室,四层是特藏书库和办公室。当年该馆的建筑结构颇为奇特:"总馆后部是一座悬挂结构的书库,用较细的钢筋代替钢柱或混凝土板柱,隔层板和书斗都挂在钢筋上,共六层,这种书库比其它结构书库有省工料、造价低、利用面积大、采光通风好等优点,可存放图书 80 万册。"

那时南北两馆共有藏书 120 余万册,之后该馆的藏书数量迅速增加,按照 2011 年版《中国高等学校图书馆大全》中的所言,该馆的总藏书量已达 280 万册,其中古籍部分给出的数据是:"古籍图书是图书馆的重点藏书,涵盖经史子集各门类,以文史类文献为主,常用古籍基本齐全。目前,图书馆收藏的旧平装书有 7000 多种、2.7 万余册;古籍线装书 1 万余种、12 万余册,其中善本书 706 种、7454 册,有 278 种被列入《中国古籍善本书目》。"

该馆所藏古籍从数量上看并不庞大,却有其特色在,于宝华在《天津师范大学图书馆馆藏线装古籍概述》一文中说:"我馆古籍收藏的规模虽仅为 12 万册,但图书种类多达一万余种,常用古籍基本齐全。围绕中文、历史等传统文化学科读者的实际需求,史部与集部书较占优势。具体而言,史部的地方志,集部的小说、别集,以及有关金石文字方面的图书是收藏的重点。为了提高文献满足率,对各种大型类书、丛书,也尽量收藏。"

此文概括性地介绍了该馆的特色馆藏,其中提到了古算学书,这是因为天师大数学系是中国古算史硕士研究生专业设置单位;同时因为此乃师范大学,所以此馆颇为重视搜集古代教育方面的典籍,故馆藏童蒙教材、家规、家训较多。

就地方性而论,几乎各地图书馆都会注重搜集本地的乡邦文献,天师大馆也是如此。天津虽然建城时间较晚,但是从明永乐年间天津建卫以来,随着军事地位的提升和南北漕运的发展,很多文人都会在天津落脚,比如明代的李东阳、何景明,清代朱彝尊、邵长蘅等人都先后寓居天津。之后,天津刻书渐趋发达,于宝华在文中总结说:"清末民初,天津刻书事业十分发达。徐世昌退耕堂和金钺致远堂是著名的私人刻书塾堂。文美斋则是一座享誉全国的刻售图书的书坊。徐世昌所刻《新元史》《晚晴簃诗汇》,金钺所刻《屏庐丛书》《王仁安集》,卷帙宏大。文美斋所刻《百花诗笺谱》《文美斋诗笺谱》则是当之无愧的时代版刻印刷工艺的代表作。"

天师大新校区的图书馆体量之大，超乎了我的想象。站在巨大的广场上望过去，这座大楼前方的高台阶有着人民大会堂的气势。我在这里见到了图书馆的党委书记接励，这个姓氏我第一次听到，以至于我都担心自己是否听错，特地向陪同我来的老师进行了确认。我在这里还见到了副馆长耿华老师。寒暄之后，她们把我带进了图书馆内。我边参观边听她们介绍着馆里的情形，他们告诉我说，以面积论，该馆可能是中国高校图书馆中最大的一家。

国内的公共图书馆究竟哪一家体量最大？我查到了不同的说法，而天师大图书馆为最大馆也是说法之一，但可惜我找不到权威的结论。但从体量来说，这个图书馆的确是面积巨大。我在这里首先参观了几个阅览室，每个阅览室内几乎都是一排排的书架，而旁边的写字桌上也丝毫看不出拥挤，这样舒适的环境真让人羡慕。

而后我们参观了该馆的古籍修复室，接励书记说从 2014 年开始，天师大馆成为全国重点古籍保护单位，并且是第一批国家古籍保护人才培训基地，从 2015 年开始正式开办了古籍保护方面的硕士专业，遗憾的是我来到学校的时间已是近午，修复室的师生们已经离去，我无法欣赏到他们精湛的技艺。我在这里见到了特藏部主任付莉老师，她向我讲解着这里的修复理念。我在桌子上看到了一些奇特的修复材料和工具，我的好奇让众位老师笑了起来，原来这几个小物件是她们发明的针插。付莉主任解释说，在实际的操作过程中，她们不断地对一些小的地方进行摸索式修订，有些小发明看上去并不高大上，但在使用的过程中却颇为便利。

参观完修复室，我们转而进入了特藏品展室。天师大的特展室面积也同样不小，沿墙的四面摆放着几十个红木书架，里面放满了善本书。在中厅的位置，玻璃展柜摆成了 U 字形，橱内展放着本馆的一些珍本书。我在这里看到的第一部，就是海源阁旧藏的《韦苏州集》。我对这部书大感兴趣，是因为这部书在历史上有不少的争论，有人认定这是一部宋版中的精品，但黄永年先生认为这是明翻宋本。前一度，我在杭州遇到了成都的张启政先生，他向我出示的几部书中也有该书。张先生找到了很多依据，以证此书确实是宋刻本，其证据之一似乎就是《嘉业堂善本书影》。且不管这种争论结果如何，能在这里看到海源阁旧藏的该书，我还是有些小兴奋。付莉主任向我简述了此书的来由，让我初步了解了天师大所藏之书原来有多个源头。

《宋书》为宋刻元明递修本，翻看内页，虽然也有不少的补版，但从刷页上来说，宋版所刷者不在少数。如此推算起来，这部书的刷印时间最晚也是清初。对于这样的三朝本，已经是不错的结果。

《朱子抄》是典型的嘉靖白棉纸，细翻内页，颇为初印，然细翻其序言页，则发现序言末的时间落款已被挖去，看来书商当年是想以此来冒充宋版。虽然如此，这么漂亮的嘉靖本确实也不易得。

《历代帝王像真迹》乃是一册新裱的册页装，按照说明牌上的标示，这些像绘于清乾隆年间，里面共有40幅画像，所绘帝王上起尧舜，终至乾隆，可能这就是该绘本断代的依据。

《梦溪笔谈》明刻本，该书虽然是刊刻于明中后期，但是流传并不多见。而尤为难得者，是此书卷尾有这样一段跋语："宣统庚戌仲夏，假武进董氏所藏乾道扬州本校勘一过，原书自十五卷至二十卷有明初补板，余则宋刻也。国维记。"对于该书的著录，该校特别严谨，铭牌上写着"题有国维校识等朱笔文字"。付主任说因为他们不能确认这几个字是否出自王国维先生之手，所以他们在著录时只能写成这样。对于王国维的墨迹，因为我一向较为留意，且藏有几件他的题跋之书和碑帖，因此我自认为对王国维的字特别有把握，故而十分肯定地告诉他们这就是王国维的亲笔，并且好为人师地向几位老师讲解着王国维写字的特点。

佛经类的书，该馆也藏有不少，较为稀见者，有明万历十五年（1587）皇太后刊刻的《大方广佛华严经》。此经的内容上虽然流传较广，但皇太后所刊之经颇为难得，该馆所藏的这一部虽然品相略差，但从页面上来看却颇为初印。

《西山先生真文忠公文章正宗》，这也是一部典型的明嘉靖本，该书的难得之处是钤有"果亲王府图书记"。果亲王当年究竟藏有多少善本，因为没有目录流传，故难知其详，就目前所见，凡是钤有该章之书，大多都较为精善。我曾在深圳图书馆看到了果亲王府抄本，其所用开化纸绝属上乘。而《文章正宗》一书内，每段有一些朱批，不知是不是出自果亲王之手。

天师大图书馆还藏有一些碑帖，其中较为难得者有《初拓毛公鼎》，裱为了一本册页，前面的题款出自金石家吴廷康之手，右侧则钤有陈介祺的

正在修整的书页 ＝ 溜口

藏印，内附毛公鼎器物颖拓，后面是铭文的剪条裱本，接下来则是器物释文，而后面还有多家跋语。这册裱本的每一页几乎都有陈介祺的不同藏印，这些印章颇为精审，一眼望去即能知道是陈介祺之原印，故该本出自陈家无疑。付主任笑着说确实如此，因为这册拓本正是陈介祺后人所捐赠。能得到名家之后的捐赠，真是令人羡慕。

《御制耕织图》也是一册旧册页装，难得之处是每幅图上面的御题，所钤均为朱印。该图所常见者，大多为跟御题一同刷印下来的墨印，故而版本界流行的说法是：钤盖朱印者为宫内的原版，而墨印者则为翻刻。但是对于这个认定，而今有的学者予以反驳，认为墨印者才是宫内真正的初刻初印之本。究竟事实如何，也只能等专家们以后达成共识。但从市面流传的情况看，朱色钤盖的御题，还是比墨色者要少许多，仅此即可知，该书颇为难得。

《浮溪文粹》是一部流传少见的明嘉靖刻本。《大清文宗实录》，也同样难得，该书当年仅有两部写本，一种名为大绫本，一种为小绫本，天师大所存的这一册则为后者。这样的书每样仅存一册，能够得到，已经是天壤间的万幸了。

《昌黎先生集》是明代翻刻本中的名品，天师大的这一部则是其中较为初印之品，尤为难得者是该书的卷首钤有清初大藏书家季振宜的几方大藏印。当年季氏旧藏在其身后辗转流入了宫内，故他的旧藏在市面上一直不多见。

《御选唐宋诗醇》，此书为难得的活字套印本。关于该书，业内一直将其视为套印本而非活字，而我在湖南图书馆看到了该书的初印本，确认其为活字套印。这部书的时代虽然是清中晚期，却颇为少见，天师大能有这么一部，并且作为特殊之本予以展览，可见这里的版本鉴定水平确实不低。

《吕氏春秋》明初刻本，这是一部典型的善本，在前人的著录中多有提及。此外，在我这里还看到了十几种难得之书，由此可见，该馆的古籍收藏水准确实不低，只是业界少有人留意而已。

正在看书期间，时任该馆馆长的顾钢老师来到了特藏室。等我看完这些特藏之品，顾馆长请工作人员打开古籍库让我参观。这里的古籍库依然很敞亮，一排排的红木书架，展眼望去很是壮观，里面插满了线装书。但接励书记仍称，因为面积有限，所以很多书无法做到细致分类。我脱口而出："你们馆已经号称是中国第一大馆了，如果还要说小，那让我等情何以堪啊！"众人闻言，大笑了起来。

下午的讲座地点也同样在图书馆内。顾钢馆长告诉我，讲座中心本是图书馆的一部分，但现在划归了其他部门，所以他们在里面办讲座也要向学校的有关部门去申请。这个讲座中心也确实设计得颇为正规，我的两个半小时的讲座，用官方的语言来表述，当然会说成"举办得很是成功"。我还是不要在这里王婆卖瓜了吧。总之，这趟天师大之行给我留下了很好的印象，我不但看到了这样一座美丽的大学图书馆，同时还欣赏到了那么多的善本书，对于一位爱书人来说，这样的行程已经是最高的享受。

武汉大学图书馆

枝繁叶茂，源远流长

武汉大学的创立可以追溯到自强学堂时期，因此该校被视为中国近代最早建立的国立大学之一。

清光绪十五年（1889），张之洞调补湖广总督，此后他几乎把全部精力用在了当地的实业建设上，在此期间，他筹建了亚洲第一家大型钢铁联合企业——汉阳炼铁厂，同时还开办了湖北枪炮厂，开采大冶、鹤峰的钢铁矿等，这些新式工业需要大批新式人才，故他萌发了开办新式学堂的想法。

张之洞首先开办了两湖书院，此书院与旧式书院不同，因为该书院内除了设有经学、史学等传统学科外，还加入了算学、经济学等经世致用之学。办学需要资金，以往书院经费来自盐务捐款，但因那时湖北连年水旱灾害，这个捐款渠道已近枯竭，于是张之洞从湖南、湖北茶叶厘捐中筹取费用。

汉口贸易中茶叶是大宗商品，每年茶叶的贸易额达一千余万两，张之洞劝南北茶商每年认厘捐一万两，以此作为修建两湖书院的费用。而两湖书院的学额原本是二百名，为此张之洞特设商籍学额四十名，以此来奖励茶商。

当时茶商对此十分踊跃，茶商子弟报名人数超过了百人，然而正当张之洞面试学生之时，军机处发来一份公文，公文称有人控告张之洞劝茶商输捐，认为这种做法妨碍了当地的正常贸易。皇帝批示说"如果属实，自应裁撤，以恤商困"。

此事搞得张之洞措手不及，当时他的手下有位叫曾广敷的人，此人给张之洞献策："商意在利不在科名。不若即以所定商额改为通商西学，即延请华人之能西学者以训诲之，俾专习各国语言文字，二三年学成之后，南北茶商皆可自专，而仔占之挟制可除，即茶市之利源益广。"

曾广敷认为那些茶商子弟来此学习并不是为了博得功名，他们更多的是想学到先进的经商之道，故建议请来懂西学的老师教这些茶商子弟外语。张之洞认为曾广敷的建议可行，于是他在同年五月十三日给江汉关道去信，提出设立方言商务学堂，他在信中提出："应即于两湖书院外另设学堂，设立方言学、商务学，专习各国语言文字及讲求商务。"

两个月后，张之洞又修改了原本提出的两湖书院和方言商务学堂的计划，他在给铁政局的信中提出："应于铁政局附近选择宽敞爽垲之地，专建算学学堂一区，并将方言、商务两学附列其中，分别延访教习，另行酌定学生额数、章程,以资讲习。各生愿兼习三者听。为愿兼习化学、矿学等事,亦可就铁政局观摩考求。将来博习会通,成效尤大。为此札仰该局即便遵照筹议,将各种学堂规模、章程、定额若干名、经费若干两、需屋若干间,酌拟大略绘图呈候核定,一面即行委员迅速择地估工兴办。"

此后仍有人控告张之洞因为募集捐款之事影响到了商人的利益,致使茶市萧条,张之洞只好将茶捐全部裁撤,另行筹措办学费用。经过三年多的苦心经营,他在武昌终于建立起第一所近现代新式学堂。光绪十九年(1893)十月二十二日,张之洞给皇帝上奏的《设立自强学堂片》中写道:

> 再治术以培植人材为本,经济以通达时务为先,自同治以来,总理各国事务衙门设立同文馆,创开风气,嗣是南北洋及闽粤各省递增设方言馆、格致书院、武备学堂,人才奋兴,成效昭著。湖北地处上游,南北要冲,汉口、宜昌均为通商口岸,洋务日繁,动关大局,造就人才,似不可缓,亟应及时创设学堂,先选两湖人士肄业其中。讲求时务,融贯中西,研精器数,以期教育成材,上备国家任使。臣前奏明建立两湖书院,曾有续设方言商务学堂之议,兹于湖北省城内铁政局之旁,购地鸠工造成学堂一所,名曰自强学堂。

经过两次改名,张之洞所建新式学堂定名为自强学堂,对于该学堂的社会影响力,《清史稿》中称:"查京外学堂,办有成效者,以湖北自强学堂、上海南洋公学为最。"对于该书院的开创性,谢红星主编的《武汉大学校史新编(1893—2013)》中认为:"自强学堂是我国近代教育史上第一所真正由中国人自己创办、自己管理的新式高等专门学堂。此前,中国开办的新学堂、书院虽早、虽多,但大多聘请洋人为总教习,如京师同文馆、船政学堂等。"

自强学堂办有图书室,对此,《姚锡光江鄂日记》中多有记载。当年姚锡光在自强学堂任总稽查,故其能了解一些详情,他在日记中写道:"自算学斋西偏房内移住前边账房对过之东房间……早饭后,王生雅东、杨生寿山、吴生俊卿、杨生佑之来,助余清查本堂所储书籍。本堂书库,藏书颠倒错乱,余乃照书册查收,乃开单另行分类……共得二百四十八种,以穷日之力方能厘为分类清单。照类盘收,尚须明日方能毕事。外尚有大小洋书九十三本……"

从以上记载看，自强学堂已经有了不少的藏书。当时自强学堂设有方言、算学、格致、商务四门，对于此四门课的重要性，张之洞在《设立自强学堂片》中说："方言学习泰西语言文字，为驭外之要领；格致兼通化学、重学、电学、光学等事，为众学之入门；算学乃制造之根源；商务关富强之大计。"

所谓方言就是外语，当时自强学堂只有方言斋每天上课，其他三斋仅是按月考课，故而只有方言斋的学生最为刻苦。其他三斋的情况令张之洞颇感失望，更何况他那时已经意识到了学习外语的重要性："若非精晓洋文，即不能自读西书；若不能多读西书，即无从会通博采。"（张之洞《札道员蔡锡勇改定自强学堂章程》）于是他在光绪二十二年（1896）七月令蔡锡勇停办格致、商务、算学三门，自强学堂专上方言课。

改制后的自强学堂分为英文、法文、俄文、德文四门，另兼有化学课，此后又增加了日文课。故在光绪二十八年（1902），自强学堂改名为方言学堂。

1913 年方言学堂更名为国立武昌高等师范学校，1923 年改名为国立武昌师范大学，转年更名为国立武昌大学。1926 年，该大学与国立武昌商科大学、湖北省立医科大学、湖北省立法科大学、湖北省立文科大学、私立武昌中华大学等合并为国立武昌中山大学。1928 年，更名为国立武汉大学，1949 年中华人民共和国成立后，更名为武汉大学（以下简称"武大"），此后名称沿用至今。

当年自强学堂及方言学堂的藏书后来转入了武大，2012 年 12 月 8 日《湖北日报》刊登了一篇题为《武大回应：120 年校史依据充分》的报道：

> 1924 年刊印的《国立武昌师范大学同学录》所载《大事记略》，开篇就说："中华民国二年七月，教育部委任贺孝齐在武昌筹办国立高等师范事宜，旋即委充校长，拨武昌旧方言学堂迤西房屋一栋为筹备处。八月，奉湖北都督批饬，拨定武昌军官学校（按：辛亥革命后，黎元洪一度将方言学堂改为武昌军官学校）为本校校址。方言学堂图书和部分教师，一同转入武昌高师。"

以上记述清楚地表明：自强学堂、方言学堂、武昌高师，一脉相承，脉络十分清晰。

这段话明确表明图书的继承情况。但是有人认为这种说法不成立，吴骁在《校史浮夸二十年，"武大精神"何以立？》一文中予以了反驳，他核查了 1924 年《国立武昌师范大学同学录》中的《大事记略》一文，发现文中没有"方言学堂图书和部分教师，一同转入武昌高师"这句话。究竟情况如何，只能等发掘出更多的原始史料了。但是当年张之洞所办的自强学堂确实影响深远，原武大校长刘道玉在《从大学的起源看西方教育的精髓》一文中讲到了洋务运动时期总共开办了新式学堂 100 多所，但："只有少数几所演变为近代的大学，如北京大学、武汉大学、天津大学、上海交通大学等。"

但是武大在中国现代图书馆建设中有着举足轻重的地位，这是因为武大图书馆学系的前身乃是"私立武昌文华图书馆学专科学校"，该校简称文华图专，由美国图书馆专家韦棣华女士创办。

韦棣华是美国里奇蒙德纪念图书馆首任馆长，1899 年，韦棣华前往武昌来寻找在中国传教的弟弟韦德生，此后她留在了武昌，并先后创办了文华图专和我国第一所实行开架借书的公共图书馆——文华公书林。

关于文华图专和文华公书林之间的关系，《湖北私立武昌文华图书馆学专科学校一览》中称："本校自创办迄今，即与文华公书林有最密切之关系。一则在历史演进上，本校创办人韦女士即以创办文华公书林为伊在华图书馆事业中之第一事功；一则文华公书林与本校历年来在种种图书馆运动，图书馆作业上实共同努力；一则本校与文华公书林之经营与管理向未多所区别……一则本校除备置图书馆专藏及其他教学设备外，文华公书林之中英书藏等项向亦即为本校训练主要设备之一部分；本校与文华公书林固自为一体……"

全面抗战爆发后，1938 年文华图专接到西迁的命令，文华公书林的藏书分散三处，其中有一部分留在武昌，现存于武大信息管理学院图书分馆内，这是因为全国院系调整时，文华图专并入了武大。1953 年，文华图专搬迁到珞珈山下，成为武大图书馆学专修科。1956 年，成立图书馆学系，1984 年，建立图书馆情报学院。中国有不少的目录版本学专家都毕业于此校，站在这个角度而言，武大对中国目录版本学确实有很大的贡献。

正因为这个原因，我来到武汉，武大图书馆成了我的必访地之一。2015 年 6 月 19 日，我再次来到武汉寻访，本次的武汉寻访，得到了当地藏书家陈琦先生的大力帮助。当我提出要去武大图书馆时，他说在此馆有很好的朋友，前往参观当然没有问题。于是就在这天的早晨，他开车带我前往此校。

开车行驶在校园内，到处都是绿荫如盖，真是一所美丽的大学。每年到春季时，我都能看到市民涌入校园内看樱花的新闻，可惜我来的不是樱花季节，未能与赏花人挤在这里凑热闹。我曾看到报道，泰康人寿的董事长陈东升先生在武大校园内捐建了一所美术馆。那个馆的基础建设花了1.2亿人民币，第一期陈先生又捐了三千多万元的展品。陈东升先生同时也是嘉德拍卖公司的创始人，因为这个缘由，我跟他也相识有年，我去武汉之前，告诉他自己将会前往他的母校，问他捐建的美术馆是否开放。陈先生说没问题，即使不开放，他也会安排人带我去参观。在学校新图书馆的侧边，远远地就看到了陈先生捐建的美术馆。美术馆的外形颇为前卫，美术馆的奇特与图书馆的端庄并列在一起，这种反差顿时让我想到了卢浮宫门前贝聿铭建造的那座金字塔。

图书馆的外形设计很有中华人民共和国成立十周年时十大建筑的痕迹，门前的立柱与回廊有些像改造前的中国历史博物馆。进入大堂，景色为之一换，里面的装修风格则顿时显现出了现代化的气息，我特别喜欢入口处一整面墙上绘制的那棵枝繁叶茂的大树，这不仅是个美丽的装饰，更重要者，它应当表现着学校悠久的历史，以及这所学校给社会创造出的有用人才，因此，以我的眼光来看，这棵参天大树正是武大，或者说武大图书馆社会价值的暗喻。

在大厅里，我看到在一根立柱之前摆着两个玻璃书橱，书橱里插满了当下的平装书。书橱的顶上挂着一块牌子，上面写着"武汉公益性图书漂流点"。图书漂流，我本以为只是国外的一种趣味形式，重在人跟人之间的善意交流，而并非一种真正的读书之道。我不知道自己的这个理解是不是太过偏颇，然而这种形式竟然传导到了大学图书馆内，让我觉得很是新鲜。

图书馆大堂门前有安检用的闸机，以此来保证学生们的安全，闸机里面是很大的读书广场，看到那么多的学生坐在书桌前读书，我总有一种说不出的欣慰。社会上不断地报道，现在的读书人群在逐渐减少，每当看到这种消息，我心中总会多一分落寞。虽然我也知道，在学校图书馆里读书，也许只是为了应付考试，即便如此，只要喜欢读书，总比对书籍产生厌恶

要好很多。图书馆借阅处写明为"总服务台"，这个服务台是长长的一排，服务台上面有一块巨大的铜雕，这种形式让我想到了五星级酒店的大堂。各种元素的组合，使这座现代化的读书场所形成了一种既和谐又矛盾的统一，也许这正是一种思想精神所在。

图书馆的安检确实是很严，陈琦和我没有入门卡，他先到前台跟工作人员说明来意，这位工作人员很认真地了解情况之后，用电话跟相关人员进行了确认，然后才放我们入内。陈琦带着我轻车熟路地穿行在这座大楼里面，看得出他应当是这里的常客。走入二楼过道，我在一个转弯处看到了现代化的翻拍台。我自己的翻拍还是用比较传统的方式在进行，每到图书馆里看到不断更新的各种先进设备，总会顿生羡慕，可惜科技这东西也太过坑人，它不只是让使用者费钱地不停往下追，更让我头疼的问题，是要不断地学习这些新装备的使用方法。

前往图书馆善本部的路上要穿过一条又长又深的走廊，走廊的两边摆着两排桌椅，仍然坐满了在读书写作的学子。在走廊的尽头还看到了自动还书机，这也是人性化的设备，这让读者看完书之后，就近交还，不必跑到服务台去办手续了。现在的各种设施越来越健全，这些健全的设备给读书人提供了很多的便利，唯一可惜的是，不论怎样便利，读书这件事本身，却没有丝毫的长进。几千年前，古人也是一个字一个字地读书，到了所谓后现代的今天，也还需要把书一个字一个字地读，如果有谁能发明一种机器，一瞬间把海量的知识复制到大脑里，那才是真正革命性的变化，真盼着自己在有生之年能够赶上这一天。

善本阅览室的面积也很大，装修风格跟整个大楼浑然一体，不知道算不算家装中的"简欧"风格。入口处制作了一个巨大的博古架，将门外与门里隔出了虚拟的两个区域。博古架的正中，设计成了拱形的月亮门，这一组设计，顿时间把这里的氛围修饰出了古意。陈琦先向我介绍善本部主任周荣老师。周老师为人很热情，先请我坐下来喝杯茶，然后向我介绍善本部的谢泉和吴芹芳两位老师。吴老师称，她特别喜欢看芷兰斋微信公众号。我告诉她，那个公众号主要是为了普及做书文化，写得很浅，让她这样的专家来读，显然不合适。但吴老师说，她喜欢读这些微信，主要是觉得有趣。她还说，曾经发现了某篇文章的一个错误，很想告诉我，可是微信公众号却没有回复功能。还没等我开口，旁边的谢泉老师告诉她，微信公众号可以回复。我们坐在那里,竟然讨论起了微信公众号的交流功能。

我向周荣主任讲明了自己的来意,他告诉我陈琦先生已经和他做了相应的说明,他欢迎我的到来,于是请我进书库内拍照。书库的大门竟然就在阅览室的旁边,从外观看,并不能知道仓库重地就在这里,然而门楣上的"气体保护区"警示牌,却是各地古籍善本库的标准配备。

进入书库内,眼前所见是一排排整齐的樟木书橱,这些书橱全是封闭的木门,从外观上难以看出里面的藏书情况。在入口的位置,放着一组半百衲本《二十四史》的旧书箱,其中还有两个零散的旧木箱,是盛放《古今图书集成》的。看来这些旧书箱无法放进新做的樟木橱内,也许是为了装饰,摆在了入口的位置。我请谢泉老师打开几个书橱让我们观看,因为从书橱的外观来看,在上下柜连接处,贴有标着阿拉伯数字的纸条,但并不能知道里面盛放的是哪些古籍。其中有几箱的标签在阿拉伯数字之后还写有"湖南""湖北"等字样,我感觉这应当是地方志,于是打开一橱观看,果真如我猜测。

跟一些公共图书馆一样,武大图书馆善本部的书也全部做了插套,这种插套利于书籍竖式摆放,但在拍照时缺乏观瞻性,当然图书馆做这些书套更多的是为了书籍的保护与取放方便,而非为了我等便于拍照。连续打开几个书橱之后,终于在某橱内看到了可以看到书根的普通书套。

参观完书库,我们接着去参观古籍修复室。修复室内有两位老师正在修书,周主任向我介绍了修复专家丁丽萍老师。我在修复室内看到了一兜很薄的皮纸,用手试了试,感觉质量很好。这种质量很好的修复纸,今天不容易找到。丁老师很认真地向我讲解这种纸在使用时的优与劣。我更为好奇者,是丁老师正在修着一本外文洋装书。这种书我一直听朋友讲较为难修,因为中国传统古籍大多是单面印刷,如果有破损,则可在书页的后面修补,这不会影响到正面的文字,但洋装书是正反面印字,补任何一面,都会影响另一面的使用和阅读,正因为如此,我觉得修复洋装书是更为精湛的一种技艺。丁老师笑着跟我说,修洋装书确实比修线装书要复杂一些,但也没我想象的那么难。说话间,她站起身来拿过一张书页,向我讲解着如何能把书页修复好,还不会影响到今后的使用与阅读。

参观完修复室之后,我提出希望能看一些馆藏的善本。周主任跟吴老师就到库中挑选一些出来请我欣赏,我所看到的第一部书,是元刻本的

= 一丝不苟地操作　　= 修补洋装书

《新编西方子明堂灸经》。这部书刊刻得颇为漂亮，字体及刊刻风格是典型的明刻明印之本，书内还有一些人形示意图，也比同类医书刊刻得更为精细规整。近几年我看到陈琦先生把活字本医书作为专题收藏，还写了多篇提要文章，想来他对医书的价值有着更为深切的了解。果然他告诉我这部元刻本医书十分稀见难得，唯一遗憾的是这部书不是活字本。

还有一部书引起了我的兴趣，这册书的封面题写为"元刻博古图录"，内页卷首首行则刊刻着"至大重修宣和博古图录"。此书从刊刻风格上看，应该是明嘉靖翻刻元刻本，我没有带着工具书，无法确认该书的版本。我感兴趣的地方是，这部书每册第一页所钤盖的那几方大印，它们正是潞王府特有的藏书印形式。巧合的是，我在寻访前几天刚刚写完《潞王府崇本书楼》一文，里面就谈到了这方印的特殊之处，同时也提到了傅增湘对于这方印的评价。吴芹芳老师听到了我的讲述很高兴，我们开始讨论业界对于这方印的不同看法，我也讲到了自己的那篇寻访之文，可惜没有带在手头，无法向她展示。

在这里我还看到了一部明万历本的《水经注》，此书前有长沙藏书家王礼培的题记，题记中说明了该书中的绿笔、蓝笔和紫笔批校分别是过录于哪一位专家，能够汇集这么多专家对《水经注》的研究成果，这真是一部难得之本。王礼培的藏书楼遗址，我在十年前曾经去长沙探访过，他的旧藏在市面上流传较少，我自己也仅藏有一部，今日在这里看到了王礼培这等满批满跋之物，本能地会有一种亲切。

旧抄本《括地志》，也是一部难得之书，该书流传较少，武大图书馆藏的这一部上面还有着一系列名人的递藏痕迹，最早的几方钤章是倪模的，只是无法确定这是不是倪模的抄本，因为他的抄书流传颇为稀见。

还有一部《文选颜鲍谢诗评》，乃是周贞亮抄本，周贞亮是著名的藏书家，他的书种楼旧藏当年有数万卷之多。周贞亮原本在北京的辅仁大学当教授，1931 年前往武大任教，讲授的课程正是"文选学"，此外他也讲授目录学。眼前看到的这部书，正是《文选学》的著名版本之一，此书是周贞亮从《四库全书》抄录出来的，可见该书中有他所需要的有用材料，当然是重要的珍藏之物。我记得周贞亮回到武大后，刚过了两年就去世了，那他的书是不是都归了武大了呢？吴老师告诉我，周贞亮的藏书确实有不少都藏在武大。她看我对周贞亮感兴趣，于是向我讲起了有哪些在校老师捐书给本校的故事。

接着我又看到了一部《读史方舆纪要》,此书也是王礼培旧藏,该书的特别之处是前序言跟后正文是用不同的纸张刷印的,且题款处均为空白。吴老师告诉我,该书只是一部印样,未曾见到过出版物。可见,这也是一件难得之本。

周主任说,他们馆藏有一部《诸佛世尊如来菩萨尊者名称歌曲》。关于这部书的版本,相关专家有不同争议,他也想听听我的意见。我告诉他,这部书自己曾经看到过三部,但每一部的厚薄跟存数都有挺大的区别。这部书最有意思的地方是不分卷数,按照页码,一排到底。然此书的页码,好像超过了三百页。周主任说确实如此,他把这部书拿了出来,我看到该书已经分为了八册,而我以往所见者,均合并为一册,因为无法分卷。翻看此书,从开本上讲,武大图书馆藏的这一部,天头地脚裁剪得很窄,然从所存页数上看,似乎又比其他藏本要多一些,但还需仔细地核对。

我在武大还看到了一些其他的善本,善本部的几位老师都能对自己的馆藏说得很明白,由此可见,他们对自己的书确实做过仔细认真的研究,而他们对书的热爱程度,从他们取书时的小心谨慎就能够看出来。我向陈琦先生感叹自己的所见,赞叹他们能把工作与兴趣结合得如此完美,陈兄听我所言,瞥了我一眼说:"当年我在图书馆工作时,也是这样全身心投入啊,这有什么奇怪的。"

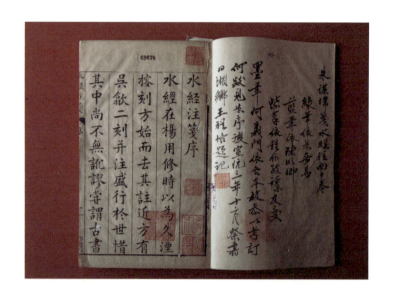

■ 王礼培批校《水经注》　■ 《读史方舆纪要》　■ 《诸佛世尊如来菩萨尊者名称歌曲》

中山大学图书馆

孙文创校，大师专藏

中山大学（以下简称"中大"）由孙中山创建，该校与黄埔军校一文一武，共同扮演着为国民革命输送人才的重要角色。孙中山在 1923 年 12 月 21 日应岭南大学邀请，在该校作了《学生要立志做大事不可做大官》的演讲，孙中山首先夸赞了岭南大学的规模："和其余的学校比较起来，不但是在广东可以说是第一，就是在中国西南各省，也可算是独一无二。"

但是孙中山说岭南大学是美国人办的，为什么中国人不能创办自己的大学呢？因为只有大学才能使中国转弱为强，化贫为富，同时他认为要成就革命事业，"不是一个人单独能够做成功的，必须要有很多的人才，大家同心做去，那才容易。要有很多的人才，那么，造就人才的好学校，不可只有一个岭南大学。广东省必要几十个岭南大学，中国必要几百个岭南大学，造成几十万或几百万好学生，那才于中国有大利益"。

1924 年 1 月 24 日，孙中山下令筹办陆军军官学校，该校创办于广州市郊黄埔的广东陆军学校旧址，故称为黄埔军校。是年 2 月 4 日，孙中山以大元帅名义发布两道命令，其中之一是："着将国立高等师范、广东法科大学、广东农业专门学校合并，改为国立广东大学。"

可见新成立的国立广东大学是由其他三所学校合并而成的，孙中山下的第二道命令则是派邹鲁为国立广东大学筹备主任。对于创办此校的原因，孙中山在《给杨庶堪等的训令》中写道："故国家设立大学，实振兴教育之总键，陶冶人才之巨炉。东西各国莫不注重大学，其在该本国无论已，即近来在吾国设立者，几无不接踵而起，所以不惜竞投巨资，莫非为国家奠定基础。我大元帅有鉴及此，将本省高师、法大、农专三校合并，改为国立广东大学。"

创办学校需要有经费，邹鲁为此费了不少心思，他首先动员学生们上街去募捐，冯双编著的《邹鲁年谱》中载当年 7 月 3 日之事："上午 10 时，所有原国立广东高师、附中、附小、华侨班等学生齐集原高师大礼堂，由先生进行募捐指导。指导结束后，随即发给襟章、旗帜等物，分队出发，每队约十余人，携带捐册一本，夹袋一个，沿门进行募捐。是日，廖仲恺、伍朝枢等要人都捐了 100 元，成绩较好。"

这些钱显然是杯水车薪，于是邹鲁想到了争取庚子赔款，他在第四十次中央会议中以国民党中央青年部长身份向执委会会议递交提案《中国国民党对于各国退还赔款宣言草案》，提案经修正通过："各国庚子赔款，定为教育经费,系吾党政纲。争庚子赔款一部为广东大学经费,系本会之决议案。现各国庚子赔款已陆续决定退回,军阀群思染指,……吾党亟宜本政纲决议,对内对外,严重宣言,一以打消军阀之阴谋,一以发皇吾党之主张。"

为此,邹鲁争取到庚子赔款二十余万元,国立广东大学用这笔钱从国内买书,从国外买仪器。

为了能使国立广东大学由专家来管理,邹鲁致函国民党中央执行委员会,请求设立国民党国立广东大学委员会。他在函中写道:"吾党目前要务:一宣传党义,二养成党才。去年(1923),总理命鲁任高师,随合并法大、高师、农专三校为国立广东大学,悉本此旨。鲁受任以来,兢兢遵此进行,刻国立广东大学已告成立,对于宣传党义、养成党才,非得群策群力不为功。拟请本会设立国立广东大学委员会,以定校内教育方针及进行大计,俾鲁遵行,庶国立广东大学成为党之大学。是否有当,即请公决。"

1925年3月12日,孙中山逝世于北京,转年初,戴季陶担任该校校长,聘请朱家骅任国立广东大学地质系主任,而后又建立大学委员会,聘朱家骅为筹备委员。1926年8月17日,国立广东大学改名为国立中山大学,以此纪念孙中山。之后朱家骅任代理校务委员长,因为戴季陶忙于政务,故中大校务由朱家骅主持,前后大约三年。

朱家骅很重视中大图书馆的建设,为此,他向当时的国民党广州政治分会提出了庞大的图书馆扩充计划,他在说明中称:

> 立国天地间,必保持其文献,非但供行政之参考,亦以资学问之研究也。不幸中国政府及私家自来不注意于史料之搜集与保存,凡一时认为不需用者,及与学术界之正统思想不密合者,举付一炬,遂至三千年来仅有畸形之史,而失去若千万件正确之史料,思之痛心。国立中山大学图书馆有鉴于此,设立社会文化部,中国革命历年出版物收藏部,及中国近代外交史史料部,广收近代材料,以供众览,俾国民咸晓然于国际地位与国内利弊,唤起其革命工作之责任心。至于过去历史及民间材料,虽似与现代政治无直接关系,而欲了解社会现象之积因及国民思想之症结。此等文件实占有极重要之地位,不得不由若干专门家作专精之研究,以完成根本之革命事业。故国立中山大学对于旧书籍、

旧档案及家谱民族材料等一律收集。

朱家骅在计划中提出：通令各署机关和各市乡之社会团体，凡不需要的文件和印刷品都一律送到中大永久保存，同时通令各县县长征集家谱、族谱。可见朱家骅对于图书馆的建设，其着眼点主要在保留史料，而非古籍善本。他的这种观念在以后的中大图书馆发展史上得到了完美贯彻，此后顾颉刚等人为该馆购书，也体现了这种特色。

1927 年 4 月 17 日，顾颉刚任职于中大，但因厦门大学国学研究院风波，鲁迅听闻到顾颉刚也来中大任教时，对外声称只要顾颉刚来此校他就辞职。当时傅斯年任中大文学院院长，听闻到鲁迅所言后，声称如果不让顾颉刚来就职，他就辞职。朱家骅只好从中调停，他同意鲁迅请假离校，另外派顾颉刚到各地去为中大图书馆购书。为此，顾颉刚写出了《购求中国图书计划书》。

顾颉刚在这篇长文中首先称："以前人收集图书，目光所注，至为狭隘。例如西汉《七略》不收当代律令，清代《四库》不收释、道二藏及府县志等。他们只是一个'圣道'和'古文'的传统的观念，以为惟有宣传古代的道德、政治、文学的书是有价值的，于是不赅不备的'经、史、子、集'四名就笼罩了书籍的全体，大家觉得必要合于经史子集中的某一类的方有被收藏的资格（至多也只有因版本的古而收藏些小说、戏本之类）。私人的书斋是这般，公家的图书馆也是这般。学者看得见的，无论到哪里，总是这几部书，即使版本上有些不同。这种正统正宗的观念，现在是应该打破的了！"

从这段话可以看出顾颉刚收书的主要着眼点是历史文献而非善本类的古董，所以他认为："我们只要能够用了材料的观念去看图书，能够用了搜集材料的观念去看图书馆的事业，我们现在真不知道有多少新的工作可做。"为什么传统文献于那个时代意义不大呢？顾颉刚认为："以前人看图书是载圣人之道的，读书是要学做圣人，至下也是文人，所以藏书的目的是要劝人取它作道德和文章的标准的。"

为此，他提出新的图书馆观念："现在我们的目的是在增进知识了，我们要把记载自然界和社会的材料一齐收来，无论什么东西，只要我们认为是一种材料就可以收下，不但要好的，并且要坏的。这没有什么奇怪，研究动植物的人,不但要采集翠鸟奇花,并且要采集毒蛇恶草,态度正和我们一样。所以然之故,只为不把这些材料作为崇拜的偶像,也不把这些材料作为抚弄的玩物,而只要把它作为知识的对象,使得普通人可以得到常识,专门家也可以致力研究。这一个态度的改变,是从恹恹无生气的,和民众不发生关系的图书馆改作活泼泼的,供给许多材料来解决现代发生的各种问题的图书馆的大关键。"

顾颉刚在计划书中详列了十六类要购求的史料,比如档案、地方志、家族志、账簿、迷信书等等。当时的中大图书馆主任杜定友读到计划书后,写了篇《书后》:"我拜读了顾先生的《购求中国图书计划书》之后,心中十二分的佩服。他这《计划书》的篇幅,虽是很短,但是含义甚深,计划周密。所要说的,都说过了。我对于他的计划,不敢赞一辞。他拟的十六大类,已经把所有的材料,包括殆尽,更不容有所添减。我只是以图书馆学的眼光,来读这篇文章,觉得它非常的有价值、有意义,值得我们图书馆学的人注意。"

顾颉刚得到购书任务后十分高兴,他在给胡适的信中写道:"广州中大经费甚充足而书籍颇少,现派我任购书之事,到京沪收买旧书,九月中仍回粤。这件事是我极高兴做的,因为借此可以收得许多材料。我买书的计划,除普通书外,要收地方志、家谱、档案、科举书、迷信书、唱本、戏本、报纸等。"(《胡适来往书信选》)

1927 年 5 月 17 日,顾颉刚离开广州北上,顾潮在《顾颉刚年谱》中写到了当时购书的盛况:"杭州、苏州、上海、绍兴、宁波、嘉兴、南京、松江各地的书估和旧家都纷纷来接洽,使我户限为穿。"各地书商听说顾颉刚大批购书,纷纷前来接洽。

一位爱书人尽管是给公家买书,也是令自己兴奋不已的事情。对于顾颉刚所买之书的情况,《国立中山大学语言历史学研究所周刊》1927 年第 1 卷第 3 期中写道:"本校教授顾颉刚先生于本年五月赴沪杭苏等处,采购图书,历时五月,宁波、绍兴、松江、嘉兴各地藏书家,亦均闻风而至,争相售让。总计购得书籍约十二万册,计丛书约一百五十种,地方志约六百种,科举书约六百种,家谱约五十种,考古学书约二百五十种,近代史料约八百种,民间文艺约五百种,民众迷信约四百种,又碑帖约三万张。……其他档案如《漕运议》《清末豫算案》,旧报如《时务报》《昌言报》《知新报》《谕折汇存》，及《申报》十五年等……"

如果以数量论，以上所列与其他馆藏相比，似乎并无惊人处，但若跟当时其他同类馆藏做比较，就能看出所增数量是何等之大。殷开在《购书与整理：中山大学图书馆的初期发展与问题》一文中转引了1928年《国立中山大学图书馆概览》中给出的数量："计未改组以前，中文书只有45706册，西文书3799册。"殷开接着写道："到1936年时，国立中山大学图书馆藏书计有271862册，在高校图书馆中仅次于私立燕京大学的285083册和国立清华大学的279363册。"

此后经过四个多月的购买，总计花费了56000余元，顾颉刚为中大购到了12万册图书，其中有3万多张碑帖，这批碑帖使得中大图书馆成为全国碑帖最多的专藏馆之一。该批碑帖最早整理于1928年初，当时只是做了简单的登记，修复了一些破损的碑帖，但大多数碑帖未能得到有效的保护。直到2000年，在时任该馆馆长程焕文先生的努力下，图书馆争取到了一笔经费，这批碑帖方得以修复。程馆长在《清代版刻图录初编》的序言中写道："特别是在巡查善本书库时，看到1927年顾颉刚先生从江浙采购的3万多件碑帖拓片堆放在几个大书柜内，70年来无人整理，还有半书柜的碑帖拓片因为在抗战迁徙各地途中被雨淋过后早已霉变板结，成为一块又一块难以揭开的黑砖头，伤心的泪水不由自主地夺眶而出，深感愧对先人，愧对历史，愧对文化！"

对于后来的情况，程馆长在序言中写道："2000年，在美国岭南基金会主席牟锐（Douglas P. Murray）博士率董事会成员来中山大学例行访问时，我几乎是声泪俱下地陈述抢救和整理馆藏碑帖拓片的迫切性和重要性，用个人的历史情感和文化情怀深深地打动了基金会的各位董事。于是，美国岭南基金会毫不犹豫地接受了我的建议，同意捐款15万美元支持图书馆的碑帖拓片抢救与整理工作计划。那时，一美元可兑换八块多人民币，解付兑换后我获得了100多万人民币的专项经费支持，这在当时可不是个小数，大致相当于图书馆一年经费预算的一半。有了这笔美国捐赠款，我自然可以按照自己的想法去做点自己想做的事。事实上，这笔捐赠款在近二十年间一直发挥着'种子'基金的作用。"

关于该馆延续顾颉刚重视史料的观念，程焕文在《中山大学的民间历史文献与现代中国学术传统》一文中谈到了近些年该馆继续购买史料的情况："在历史文献收集上,通过多种途径,先后收集了一批贵州水书、徽州文书、潮汕侨批、碑帖拓片以及西文古籍。2006年,程焕文在随人类学系周大鸣主任率领的田野调查团队赴黔南水族考察后,特向学校申请,获批60万元的水书购买专款,其后分3批从私人手中购得贵州水书2000多册,成为贵州以外公藏机构收藏水书较多的图书馆之一。自2010年起,在黄达人、许宁生、罗俊3任校长,许家瑞、李善民两位副校长,陈春声、刘志伟、程美宝3位教授大力支持下,程焕文、林明、张琦、王蕾等图书馆同仁多次赴黄山收集徽州文书,累计使用专项经费购得徽州文书40余万册件,迅速使中山大学的徽州文书藏量超过目前已知公共机构藏量50%。在最近10年间,图书馆通过与广东省博物馆、丹霞山管理委员会合作,捶拓了丹霞山区域的全部摩崖石刻,获得了全套丹霞山石刻拓片,亦通过零星购买收集潮汕侨批1000余件。此外,通过专项经费从欧美购买了16—19世纪西文古籍、手稿等约4万册件,成为国内收藏西文古籍最多的图书馆之一。"

2012年11月10日,沈津先生在中大组织了第一届国际目录学学术研讨会,我在那场会议上结识了多位师友,听到了许多专家的高论,可谓收获满满。那场会议的其中一个内容就是参观中大图书馆,可能是为了让这次会议更加出彩,沈津先生特邀藏书家励双杰先生在此馆搞了一个小型的家谱展。这个展览虽然只展出了家谱二三十部,但部部都有特色,不仅是形式上的最大与最小,更重要的是,励先生能讲出每部家谱的精彩之处。

中大图书馆所藏的善本古籍似乎并没有锁入安全的宝库之中,而是放在读者可以接触的半开放式格局中。一排排书架整齐地排列在大厅里,沿窗的一侧则是工作人员的办公场所,自由地穿行在这些古籍书架之中,多了许多的自由,但也少了一些崇敬感。

关于该馆的图书分类方式,蔡莉静、鄂丽君主编的《现代图书馆特色资源建设》中谈到中大图书馆时列出了六个专室,首先是校史文献室,里面收藏的是1952年院系调整前中大和岭南大学的各种书。聚珍厅专门收藏该馆的善本,对其所藏数量,书中给出的数据是:"'聚珍厅'收藏中文善本3996种、45382册;朝鲜本198种,日本本279种,越南本3种;西文善本7533册;碑帖38161件。中文善本书以元刻本年代最早,明刻本最精,

以广东地方文献及抄本戏曲为特色,另有不少珍贵稿本和名家批校题跋本。"

　　除了中文善本外,该馆还有大量的西文珍本,对于这些书的来源,谢小燕在《中国研究之西文古籍述略——以中山大学图书馆馆藏为例》一文中给出如下综述:"中山大学图书馆拥有丰富的西文古籍资源,馆藏 4 万余册,语种繁多、涉及的内容广泛、装帧多样,具有极高的学术价值和收藏价值。其中,1 万余册珍藏在总馆特藏部,其主体源于岭南大学图书馆,岭南大学前身是美国长老会传教士创办的格致书院,比较重视西文学术专藏的建设,其西文古籍主要来自多方购买和赠送。其余西文古籍分布在东校园图书馆和珠海校园图书馆,大部分来源于捐赠,如 2004 年哈佛大学哈佛学院下属的喜乐斯图书馆赠送 15 万册珍贵图书;2012 年美国友人将明史和中西文化交流史研究专家陈纶绪的近 3 万册西文藏书捐赠给中山大学图书馆;2015 年,美国加州大学洛杉矶分校（University of California, Los Angeles, UCLA）捐赠 9 万余册人文社会科学图书,入藏中山大学珠海校园图书馆。这些大宗的西文图书中包含一些 20 世纪前的珍本,包括'喜乐斯专藏'7600 余种 1.7 万册、'陈纶绪司铎专藏'1000 余种 1400 余册、'旧外文专藏' 4000 余种 6000 余册、UCLA 专藏 1800 余册。总馆岭南大学旧藏包括从 17 世纪到 20 世纪中叶的英文、德文、法文、拉丁文等语种的文献,其中以与中国相关的文献最有特色。"

　　此馆还有民国珍藏馆,对于该专馆的藏书情况,《现代图书馆特色资源建设》中说:"收藏 1952 年前岭南大学和中山大学所藏民国时期中文图书近 10 万册,期刊 17 余万册,报纸约 3000 册,基本涵盖了 1952 年之前的出版物。该库室闭架阅览,不外借。"

　　除此之外还有多个藏书纪念室,这些纪念室处在书库的另一侧,均为半独立专区,我看到有商衍鎏和商承祚合并在一起的纪念室,此室的全称是"商衍鎏探花、商承祚教授纪念室"。按照介绍牌上所写,2002 年商承祚教授后人在这里设立了纪念室,将他们收藏的 4200 余册典籍捐献于此。

　　商衍鎏是清光绪三十年（1904）甲辰科的探花,他的书捐献于此,其中有一番渊源。商承祚在《我的父亲商衍鎏》一文中写道:"我父商衍鎏,字藻亭,号又章、冕臣,晚年自称康乐老人,缘于 1956 年迁居广州中山大学,是地乃旧名康乐村。"此文中没有谈到商衍鎏个人藏书的情况,然提到了与书有关之事："1912 年德国汉堡大学派员来华为该校东亚系招聘汉文教师，我父鉴于当时国内军阀混战，局势很乱，决定应聘出国。汉堡大学董事会对这项工作很重视，专门拨出两万马克，由我父与另一德国教师编制采购中文书目，并以我父的名义向国内订购图书，这是第一次大战前德国购得了这批很有价值的中国图书，成为扩展汉堡大学汉语系基础的里程碑。目前拥有八万余册藏书的汉堡大学中国语言与文化系图书馆，已成为现今德国规模最大和最著名的图书馆。"

商承祚乃是罗振玉的关门弟子，他的才学在年轻时就崭露头角，比如 1923 年商承祚 21 岁时就出版了处女作《殷墟文字类编》，该书乃是中国第一部较为完备的甲骨文字典，王国维在本书的序中夸赞说："如锡永此书，可以传世矣！"此后商承祚在东南大学、北京师范大学和金陵大学任教，1948 年回到故乡广东，被聘为国立中山大学文学院语言学系教授。之后的几十年，商承祚及其后人向广东、湖南、江苏等多地博物馆捐献藏品，深圳特区建成后，他仅捐给深圳博物馆的文物就达五百多件，其中之一乃是唐人写经，由此可窥其藏书质量之高。

在这个展区内，摆放着商承祚的半身雕塑像，背后的展板上有多幅放大了的商承祚生平照片。我很好奇商氏捐了哪些书给中大，因为不好意思打开书橱，只能隔着玻璃向里张望，然没能看到我想看的善本。现在市面上时常能看到商承祚题跋的青铜拓片，如果在这个展室内能够悬挂一两幅，定能增添许多的古意。

与商氏纪念室相对的一侧是梁方仲教授的纪念室。梁先生乃著名的历史学家和经济学家，他所撰的《明代鱼鳞图册考》《明代两税税目》等一直受到史学界重视。1949 年 3 月，梁方仲被聘为岭南大学经济系主任，写成了《明代黄册考》《明代一条鞭法的论战》等文，1952 年任中大教授。他的藏书事迹我未查到史料，于是进入纪念室探看一番，但只在书橱内看到了一些旧平装书。他研究了明代的鱼鳞册等书，想来应当有不少这类藏品，可惜纪念室内没有展示。

论名气而言，以上这三位当然超不过陈寅恪，中大馆里当然有他的纪念室。在这个展区内，悬挂了许多陈先生不同时期的照片，我已习惯看他那坚毅面容的照片，而在这里，我看到了一幅 1965 年冬陈寅恪晚年的照片，照片中的形象跟我记忆中的形象差距较大，我凝视着他晚年的面容，瞬间

商衍鎏、商承祚纪念室　　梁方仲纪念室　　陈寅恪纪念室

心里生起了一种悲凉之感。

为了做学问，陈寅恪广泛搜集书籍，吴宓在日记中写道："哈佛中国学生，读书最多者，当推陈寅恪及其表弟俞君大维，两君读书多，而购书亦多。到此不及半载，而新购之书，已充橱盈箱，得数百卷。"

陈寅恪在德国留学时，听说商务印书馆重印日本刻《大藏经》的消息后，给国内的妹妹写信："吾前见中国报纸告白：商务印书馆重印日本刻《大藏经》出售，其预约卷约四五百元。他日恐不易得，即有，恐价亦更贵。不知何处能代我筹借一笔款，为购此书。因我现必须之书甚多，总价约万金。最要者即西藏文正续藏经两部，及日本印中文正续《大藏经》，其他零星字典及西洋类书百种而已。"

关于陈寅恪的藏书情况，因为没有书目留下来，各种资料所载仅是谈一个大致的概念，比如唐均在《陈寅恪先生的外文庋藏》一文中说："北京大学是陈寅恪先生早年工作过的地方，他的很大一部分藏书，早在 20 世纪 30 年代战乱频仍的日子迫近而举家南迁前夕，就已通过不同渠道、或以不同形式留在了北大。"

对于陈寅恪所藏之书的去向问题，蔡振翔在《试论陈寅恪的藏书实践》一文中写道："1949 年陈寅恪到了广州以后，将寄存在北京的书籍暂运上海托他早期的学生蒋天枢代管，并把其中部分书籍卖掉。再把卖掉的钱寄来广州，一方面补贴家用，另一方面在广州又买了一些书籍。陈寅恪在'文化大革命'中逝世以后，他留在广州的书籍全部由中山大学取走。"

该文中还提到："抗日战争时期，陈寅恪在滇越铁路运输中被窃去书籍两木箱，其中有不少中文书籍与古代东方文书籍及拓片、照片，特别是他费了不少心血的《蒙古源流注》《世说新语注》《新五代史注》等，从此均在越南遗失。"

读到这样的记载，总是令人叹息，好在陈先生的旧藏有一部分捐到了中大，方使我辈能够看到他当年的部分藏书。关于他捐给中大的这批书，谭元亨主编的《广州客家文化》一书中称："1969 年，他自知大限将至，嘱咐将他在广州的藏书尽数捐赠给中山大学图书馆。10 月 7 日，陈寅恪以心力衰竭和肠梗阻而不幸逝世，终年 80 岁。"

本次活动除了参观古籍库房和特藏专室外，组织方还带大家去参观古籍修复室，此室门口悬挂的牌匾是"国家级古籍修复中心"。修复中心的

= 商承祚雕像 　= 陈寅恪雕像

■ 一丝不苟的修复过程   ■ 古书修复工作台

面积很大,我感觉占地近千平方米,这是目前我所到过的最大的古籍修复室。里面展示着各种修复工具,这种整齐的排列方式颇有画面感,工作人员则在现场操作着。我做事缺乏耐性,但羡慕别人做事的认真,我站在工作人员身后,仔细地盯着他操作过程中的一举一动,以至于让某个工作人员忽然回头跟我说:"您也来试试?"我说自己可真没有这份耐心,那一刻我又突然想起了一个小笑话:某人在旁边观看别人钓鱼,竟然看了五个多小时,那个钓鱼者忍不住问他:你这么喜欢,要不你也一同来钓?此人回答说:我没有这个耐性。

当天晚上,我们还去参观了陈寅恪故居。他的故居是一所独立的二层小楼,就在中大图书馆的旁边,我在故居内看到了陈先生的雕像,这个雕像的面容正是我所熟悉的那种坚毅和不卑不亢。

苏州大学图书馆

博习宫巷中西，三院并为东吴

苏州大学的前身是东吴大学,东吴大学又是由三家教会书院合并而成的,它们分别是博习书院、宫巷书院和中西书院。这三座书院的实际创建者都是美国基督教监理会。

监理会是美国基督教新教的重要差会之一,其母会属卫斯理宗,1819年成立于纽约。1844年该教会分裂为南北两部分,北方成立美以美会,南方于1846年成立监理会。监理会成立两年后,开始向中国派传教士,但是根据清政府对传教差会的限制,外国人只能居住在贸易码头,活动半径只能限制在半天之内所能行走的距离,因此监理会的传教士无法向上海之外的地区进行传教。

1858年,清政府与列强签订了《天津条约》,1860年,清政府与列强签订了《北京条约》,根据相应条款,传教士可以到中国内地传教,内地中国人也可以信教传教。从1860年开始,监理会也可以在上海以外的其他地方传教了。

最早到中国来的美国监理会传教士是查理斯·泰勒和本杰明·杰肯,两人都来自南卡罗来纳州,他们在上海创立了差会。但由于受到清政府严格的限制,差会的活动没有展开,此后差会又有人员变动。

1860年,林乐知夫妇作为美南监理会派到中国的第四批传教士,来到中国。林乐知1836年出生于乔治亚州的伯克郡,在他出生前父亲就去世了,他出生后几个星期,母亲也离开了人世。他自小由姨父、姨母抚养,姨父、姨母的宗教信仰感染了他,所以他在中学时代就洗礼加入了基督教南美监理会。1858年,林乐知与侯斯顿结婚,侯斯顿毕业于乔治亚州卫斯理女书院,志向就是向外传教。二人结婚后,打算把"福音"传播到非洲去。1858年底,林乐知在参加监理会年会时提出了这个意愿,但主教皮尔斯建议他们到中国去传教,林乐知夫妇接受了这个建议,然后乘了七个月的船来到上海。

外国传教士在中国传教,首先遇到的障碍就是语言,林乐知到上海后,大概用了两年的时间学习汉语。当时他聘请了一个中国人做他的汉语老师,那位老师教他汉语的方法有如中国的童蒙教育,就是从《三字经》教起,而后教他《千字文》。可惜"三百千"还没有学完,林乐知就没钱支付讲课费了,而后只能靠自学。

林乐知到达上海后,很想到上海之外的地方去拓展传教点,他首先考虑了杭州,于是和蓝惠廉牧师乘船前往杭州考察。然此时正赶上太平军占领杭州,因为战乱,城市建筑破坏得很厉害,到处是流离失所之人,林乐知认为此刻不是在杭州设立传教点的好时机,于是二人又乘船返回了上海。

在返程的旅途中,他们意外遇到了太平军的船队。对于这次偶遇,林乐知后来在给姨母的信中有着详细描述,其中一段写道:"大约一共有1200 艘船,六七万人。当太平军乍一看到我们的船时,他们准备抓住我们,接近才发现我们是外国人,于是就大声嚷嚷:'外国佬,外国教友',并不断地大笑着。我们停靠在河堤处大约有两个小时,希望他们快点过去,两个小时过去之后,丝毫没有看出进度的减退和数量的减少……我们乐意,或者说有必要去拜访一下太平军的高级将领,一起去太平军的高级将领那儿聊一会儿,就太平军区域的问题这位将军一一作以解答。"(The Letter from Allen to His Parents. January 6, 1861)

太平军称他们是外国教友,这是因为洪秀全创建的是拜上帝教,至少从表面上说,他们的信仰是一致的。出于这个原因,林乐知开始考虑到南京去传教,因为那时的南京是太平天国的首都(天京)。

1861 年,林乐知和蓝惠廉前往南京去见洪仁玕,洪仁玕接待了他们,临走时,洪仁玕送给林乐知一个银碗作为纪念。此行虽然让林乐知觉得在那里传教不可能,但太平军给他留下的印象却不错。他在给别人的信中写道:"太平军是一支富有献身精神的力量,要不是他们引起西方势力的介入对他们进行剿灭,这股力量是能够推翻清政府的。传教士们应该去劝导太平军们接受他们的信仰,因为越是回避他们,上帝的事业就会搞得越糟糕。"(The Letter from Allen to Talley. May 30, 1861)

在林乐知看来,洪秀全所创的拜上帝教没有正确地理解基督精神,他认为传教士们应当劝导太平军接受真正的信仰,他甚至希望美国的主日学校能够收留一些太平军的子弟,同时他还希望自己能够融入太平军中,但这个愿望未能实现。

林乐知以他的理解分析了中国文化和西方文化各自的特点,他认为中国人吸食鸦片和西方人喜欢喝酒同样是坏习惯,他详细地分析了为什么中西有不同的嗜好,在他看来:"鸦片之性主乎静,静则收敛而心同枯槁;酒之性之乎动,动则发扬而心早昏沉。"林乐知认为中国人好静,西方人好动,所以有了两种不同的坏嗜好："是以东人性近于静,迷于鸦片者恒多,而静中之物,鸦片之累为最深。西人性近于动,迷于酒者恒多,而动中之物,酒之累为最重。"（林乐知《中西关系略论》）

按说传教士前往他国传教,基督教会总要支付各种费用,但林乐知运气不佳,他到中国后不久,美国就发生了南北战争。在这种状况下,总部已经自顾不暇,无力顾及海外传教士,在此后四年多的时间里,林乐知得不到相应的经费。经费的断绝让林乐知被迫自力更生,他开始在上海做生意,据说他经营过煤、米、棉花,还做过保险公司的经纪人。他还把教会的一些财产变卖以充经费,总之,他想尽各种办法让自己坚持了下来。

1864 年,经冯桂芬介绍,林乐知被聘为上海方言馆的英文教习,后来又创办了《教会新报》,这份报纸后改名为《万国公报》,在 19 世纪的中国极有名气。江南制造总局办起了翻译馆后,林乐知受徐寿之聘到那里去译书,这个工作他做了 12 年,这段经历对他而言十分重要,不但让他的汉语水平大幅提高,更为重要的是,让他意识到了教育对中国是何等重要。

1881 年,林乐知辞去了方言馆和翻译馆的职务,在上海创办起了中西书院,并自任院长。在这件事的前后,中国政府向美国派去了一些留学生,但林乐知认为向国外派留学生不如在中国教授这些孩子："中国选派幼童出洋学习而说者以为无益,盖自幼出洋,则中国之规矩礼貌绝无所知,而性情气质亦渐与西人相习不奋,化华人而为西人,故出洋子弟虽亦有学成而返,可为国器者,而其人性情终觉与未出洋者有间不若。"（《书林乐知先生西学课程后》,《万国公报》第 668 卷）

林乐知不赞成中国向美国派遣留学生,认为这些留学生年纪太小,还没有学会中国人应有的规矩传统就出国了,在美国他们学到的都是西方观念,等他们回国时,各种举止都太过西化。在林乐知看来,这是忘了本,可见他已经从内心里接受了中国的文化与传统。

林乐知这个人很有意思,他虽然是百分之百的外国人模样,但他行事特别中国化。他刚到中国的时候,首先是学其他的外国人起一个中西合璧的名字,他最初的名字叫林约翰,后来学习了儒家经典,改名为林乐知,据说"乐知"二字是来自"一物不知,儒者之耻"。渐渐地,他在中国传教有了影响和业绩,被美国的学校授予了荣誉博士,于是他把中国名片的头衔印成了"美国林乐知博士"。但是过了一段时间,可能他发现中国人对"博士"身份没有特别的尊重,又把"博士"改为了"进士",名片上的头衔就成了"美国进士林乐知"。有人奇怪于他的这种头衔,但他认为自己名副其实,因为他在翻译时工作勤奋,朝廷赏给其五品顶戴。

林乐知对此十分骄傲,曾向女儿解释说:"你的爸爸就要成为中国的一达官贵人了,并且还有一勋章,多好的奖赏啊! 这勋章在中国是非常能表明身份和提升地位的,其他国家都没有像中国这样如此重视阶级划分的了。这将会带来非常大的影响。在中国谋个一官半职的将会得到许多特权和巨大的权力和影响,这些都是使我的工作得到尊重和成功所必需的。我可能是基督教里第一个传教士受到这个国家如此礼遇的,并且我希望这将会给我在以后的工作里带来好运。"(The Letter from Allen to Malvina Allen. June 10, 1876)

林乐知能在上海办学校,是符合当时的政策的。1868 年,美国与中国签订了《蒲安臣条约》,条约第七款为:"嗣后中国人欲入美国大小官学,学习各等文艺,须照相待最优国之人民一体优待。美国人欲入中国大小官学,学习各等文艺,亦照相待最优国之人民一体优待。美国人可以在中国按约指准外国人居住地方设立学堂,中国人亦可以在美国一体照办。"

根据此条规定,中国和美国均可到对方国家开办学校,林乐知就是根据这个条款开办了学院。他把创建的书院起名为"中西",这个起名方式代表了他的观念,因为他特别强调中西并重,他曾说过:"舍西法而专事中法不可,舍中法而专重西法亦不可。"他将耶稣与孔子进行了比较,得出的结论竟然是"耶稣心合孔孟"。林乐知认为,儒学最重"仁",《圣经》里虽然没有"仁"字,但《圣经》重"爱","爱即是仁也";儒学重"义",而他认为"耶和华以义为喜"。总之,中国儒家推崇的仁、义、礼、智、信,他都在《圣经》中找到了对应的观念。

他创办中西书院不全是为了传教,同时也想教给中国人知识,所以他的书院中同时教授着中国儒家经典。但是经过一段时间的观察,他发现很多学生来到中西学院还是更愿意学习外语,而后以此谋求工作,这种功利化的学习目的让林乐知颇感失望。

1871 年,中国籍传教士曹子实受到美国监理会的派遣,返回中国,由浙江教会介绍来到苏州传教。曹子实跟美国传教士潘慎文在苏州十全街开办了一所小学,五年之后将这所小学改为了"存养书院"。这个书院是苏州地区最早开办的基督教学校。后来存养书院搬迁到天赐庄时又改名为"博习书院"。

曹子实是浙江秀水人，是一位孤儿，11 岁时在上海得到了传教士蓝惠廉一家的照顾。1859 年，蓝惠廉夫人因健康情况回美休假，带曹子实同行，他在美国受洗，并取名马歇尔。后来蓝惠廉夫人回上海，把曹子实留在美国，请雷大卫医生照顾。1861 年，美国南北战争爆发，雷大卫成为南部联邦军队的军医，曹子实做他的助手，由此学得一些医术，这个经历使得曹子实成为唯一参加过美国南北战争的中国人。战争结束后，在雷大卫母亲的帮助下，曹子实进入美国军校读书，在美国生活十年后，从纽约返回上海。

1896 年，美国传教士孙乐文来到了苏州的宫巷，他在此创办了一所书院，起名为"苏州中西书院"。因为院址在宫巷，所以人们大多称其为"宫巷中西书院"。1899 年，孙乐文向美国监理会提出在苏州创办一所大学，监理会同意了这个设想，于是就将博习书院、宫巷书院、中西书院合并在一起，而后以天赐庄为基础扩大面积，建起了"东吴大学堂"。1900 年 11 月，东吴大学堂报美国田纳西州政府备案，得到注册批准后即成立了董事会，由林乐知出任首任董事长，孙乐文为首任校长。1911 年，首任校长孙乐文去世后，董事会推举上海中西书院院长葛赉恩博士继任此位，同时将上海中西书院的师生一同迁往苏州，并入了东吴大学。

关于校名的来由，林乐知在 1907 年 4 月的《万国公报》上发表过一篇《监理会创立大学堂之历史》，其中写道："建造大学堂之时在西国得有照会，原名在华之中央大学堂（加一中央字者以备他年分设东南西北各院也），但在中国则称为东吴大学堂，若以其地称之，则苏州大学堂。所以称为东吴者，因刘制军函中，有造就东吴人才字样，故题斯名也。"

原来他们给该校起的名称叫"中央大学堂"，后来因为刘制军的一封信，方更名为"东吴大学堂"。这里的刘制军是指刘坤一，清光绪二十五年（1899）十一月十四日，刘坤一在给美国驻上海总领事古纳的回信中写道："蒙寄书三种六本，拜谢。承示贵国进士林乐知拟在苏垣设立书院，为敝处教育人才，与在江宁设立之汇文书院后先济美。东吴士子从此皆是公门桃李矣。苏垣为抚军驻节之所，鹿滋轩中丞以翰苑起家，于中外名儒莫不加礼。适馆授粲，自能宾主交欢也。"（《刘忠诚公遗集·书牍》）

这就是林乐知所说的那封信。刘坤一认为美国在苏州办学可以培养出众多人才,他对此表示欢迎,认为可以培养出大量的东吴士子,于是就有了"东吴大学堂"之名。

建校需要征用大片的土地,在中国人传统观念中,除非不得已,绝不会卖出家传土地,而东吴大学欲征之地中,还有不少当地人的祖坟。迁坟向来是中国人的大事,会涉及很多麻烦,后来在当时的江苏巡抚鹿传霖的支持下,监理会才购买到了所需土地:"中国友人的捐助用于购置和围起与博习书院毗邻的土地,以及迁走几百处墓穴……取得一块上面有坟墓的土地是很麻烦的;但这个坟墩密布地方,没有碰到什么困难,就成了东吴大学校园的中心地带。这应感谢当局和'仁慈堂'。"(文乃史著,王国平、杨木武译《东吴大学》)除此之外,这块土地上还有一座佛寺,也是在鹿传霖的帮助下,这座佛寺才得以迁走。

东吴大学创建之初是否也建有图书馆,我未查到相关史料,王国平在《东吴大学简史》中写道:"1912年夏,建造多年的孙堂终于竣工落成。孙堂是一座规模宏大的教学大楼,为学校提供了足够的办公、教学、阅读、自修等空间,图书馆也于1913年夏从林堂搬到孙堂,面积是原先的两倍。"

孙堂建成后,林堂让出给中学使用,同时孙堂的第二层就是图书馆:"图书馆扩大了,现在孙堂的第二层楼全部成了图书馆。中文书籍正在根据现代的图书目录体系装订、编类,更有助于查找使用。令人鼓舞的是师生对图书馆的利用率大大提高了。"(*Minutes of the China Mission of Annual Conference of M.E.Church*)

到1913年,校图书馆内已经安装了电灯:"宿舍、食堂、厨房、图书馆、文学会楼、办公室、礼拜堂、自习室、接待室、走廊还有其他一些教室都安装了电灯。"(《东吴年刊》1922年)当初学校的电是由苏州电厂提供的,后来这座电厂抵押给了日本人。1919年五四运动爆发,东吴大学学生反对使用日本人的电,于是校方通过上海进口了发电机,在学校内建起了永久性发电房。

1926年,东吴大学举办了历史上最大规模的校庆活动,纪念该校创办25周年,为此出版了纪念文集《回渊》。此文集中刊载的《二十五年来之东吴》谈到了该校图书馆的演变过程:

吾校历史上之图书馆约分两时期。一曰藏书楼时期，其于书籍初无相当之编置。一曰图书馆时期。溯自一九二一年，美之图书馆专家朗藤女士来校以来，复得今馆长黄先生星辉相与别类分门，始以晚近最流行之杜威十进法为遵循。更越年，西文一部始部署藏事。今则国文之部亦组织就绪矣。举凡桌椅、书架，乃至出纳表格，一以美国图书馆协会所规定者为依归。其简片目录有以类别者，有以书名字母顺序别者，有以著者姓名字母顺序别者，以故索取殊敏捷。外此，复有分析之别，以及参照之片，读者咸称便焉。以言地点，则由林堂二楼之东南一角，而孙堂二楼之北部，而占孙堂二楼之全面积，盖已三迁其居矣。

东吴大学图书馆原本叫藏书楼，后改名为图书馆，对于该馆的藏书数量，民国二十四年（1935）的《东吴校刊》中载："本校图书馆……历年购置或由各界人士捐助中西文书籍七万余册、中西文日报数十种、中西文杂志三百余种。"

对于该馆早期的管理人员，《东吴大学简史》中提到了谢洪赉，他11岁入博习书院求学，1892年毕业后，被潘慎文留下做翻译，曾协助潘翻译《八线备旨》等教材。1895年谢洪赉跟随潘慎文到上海中西书院，于此任图书馆管理员，说明在中西书院时期，学校就设有图书室。转年，谢洪赉任教授。他撰写的《华英初阶》于1898年由商务印书馆出版，此书被认为是中国最早的英文课本，当时造成很大影响。黄恽在《蠹痕散辑》中写道："周作人在《知堂回想录》中就说过，他在南京水师学堂学英语的课本就是这种《华英初阶》，无独有偶，胡适童年学英语也是它。胡适在他的自传《四十自述》之《在上海》中，说他上梅溪学堂时'英文班上用《华英初阶》'，《华英初阶》成就了近现代许多名人的英文。"

1937年，"八一三事变"后，日军正式进攻上海，开战后的第三天，日机两次飞抵苏州狂轰滥炸，该校辗转多地，最后到达重庆。东吴大学苏州校园两度被日军占领，损失惨重。1937年11月至1939年3月，日军第一次占领校园时，这里变成了日军医院。王国平在《东吴大学简史》中写道："当时，因日军要将东吴校园改为医院，安置日军伤病员，魏廉士博士得到日本人的同意，去抢救图书馆里的图书。在限定的几个小时里，就像用筐运煤那样，将书搬运并储藏到教堂里，使这些书得以幸存下来。但是，后来的检查发现,所有有价值的科学书籍,所有百科全书、词典以及其他现代参考书籍、装订成册的期刊等都被日本人抢走了。"

当时日军还没有向美国宣战,在监理会文乃史等人的不懈努力下,日军在1939年3月把校园归还给东吴大学。1941年12月,太平洋战争爆发,日本向美国宣战,校园再一次被占领。第二次的占领不但对校园有很大破坏,图书也受到了损失。1943年出版的《东吴校闻》所刊《抗战初期损失统计》中写道:"本校自用校产分苏州天赐庄校本部、上海昆山路法学院及吴兴附中三处。又租借校址有上海南京路校本部及虞洽卿路法学院二处。二十六年抗战后苏州校本部曾一度被敌占领,旋经美国交涉收还,但校舍设备、图书、仪器已有相当损失。三十年冬太平洋战事,各地校产及租借校址先后被占,其损害范围与程度迄未能作详确之调查与统计。至抗战结束前有无更多之损失尤在不可知之数矣。"

抗战胜利后,东吴大学艰难复校,努力修复被日军损毁的校园,得到了美国方面的图书捐赠,王国平在《东吴大学简史》中称:"文乃史返校前,曾在美国与十几位美国大学的学者和专家合作,编列了一份给东吴大学图书馆订购的1500本书的基本清单。参与其事的有斯沃莫尔(Swarthmore)学院的图书馆主任沙本仁博士(Dr. Charles B. Shaw)。1948年11月,沙本仁来到苏州,在东吴大学停留数日,参观图书馆等处。凌敬言代馆长和戴逊负责接待。沙氏此行专为研究中国各图书馆,并代表中国基督教大学联合董事会,接洽重建公共图书馆事宜。战后,东吴大学得到美国方面大量的图书捐赠。"

此外,图书馆还收到了在江海关供职的校友罗汉槎捐赠的《大英百科全书》一部,同时教育部也配给一部最新的《大英百科全书》。另外校友严欣淇、黄廷英等人也纷纷给母校捐书,校友余经藩捐赠200余万元,用于图书馆购买杂志。故抗战结束后不久,该校图书馆的藏书就恢复至5万册。

1952年,东吴大学院系调整委员会召开会议,实施院系调整,之后与苏南文化教育学院及江南大学数理系合并组成苏南师范学院。1952年11月,苏南、苏北两个行政区与南京市合并建成江苏省,1952年12月1日,经教育部批准,苏南师范学院改名为江苏师范学院。1982年,江苏师范学院改名为苏州大学。此后苏州蚕桑专科学校、苏州丝绸工学院、苏州医学院陆续并入苏州大学。

从东吴大学到苏州大学，该校一直重视图书的收藏，同时建有培养专业人才的图书馆学系，张衍、卫潇、周毅撰的《苏州大学图书馆学专业发展源流探析》一文称："苏州大学图书馆学专业最早可以追溯到1930年创办的江苏省立教育学院民众教育系图书馆学组和1941年创办的国立社会教育学院图书博物馆学系。"对于该系的影响力，此文认为可以与当时有名的图书馆学系相并提："同一时期，较有影响力的图书馆学正规教育主要有1920年创办的文华图书科后更名为武昌文华图书馆学专科学校、1925年创办的上海国民大学图书馆学系、1928年创办的金陵大学图书馆学系以及1947年创办的北京大学图书馆学专修科。"

对于该校藏书的总体规模，岳俊杰等主编的《苏州文化手册》中称：至1911年藏书已达4万余册。中华人民共和国成立后，1952年大学院系调整时，同苏南文教学院（由原无锡江苏省立教育学院、私立中国文学院、苏州国立社会教育学院合并而成）及无锡私立江南大学图书馆合并为江苏师范学院图书馆，藏书23万余册。1982年随学校改名为苏州大学图书馆。"该书同时提到了此馆所藏古籍的具体数量："13万册古籍中有甲、乙种珍善本801部、6853册，其中有188部收入《全国善本书总目录》。"

除了本校得到的捐赠以及购买外，院校合并也带来了很多图书，《苏州文化手册》中写道："苏州丝绸工学院是1960年在苏州丝绸工业专科学校基础上建立起来的培养丝绸工程技术、工艺美术和经济管理人才的专科院校，其前身可追溯到建于1912年的江苏省立女子蚕桑学校。该图书馆也是在此基础上扩充发展起来的。1960年馆舍500平方米，藏书3万余册，1978年建新馆舍2700平方米。到1986年底藏书已达28.08万册，在纺织、工艺美术方面具有明显的特色。"

另外，该校还从其他渠道得到了一些有特色的古籍，比如苏州大学图书馆的张若雅在《苏州大学图书馆馆藏黄裳藏书题跋甄录》一文中写道："黄裳鉴赏品位极高，其藏书数量可观且颇具特色。然而遗憾的是，如此众多的藏书在'文革'时期被抄得一干二净，为数不少的书籍被损毁。被抄去的书中'仅属国家二类古籍的就有828种，2160册'，其藏书之多之精，可想而知。后来，这些图书被上海图书馆收藏。'文革'结束之后，部分图书归还黄裳,但也不及之前的十之二三。之后,上海古旧书店收购了余下的部分书籍。这些书籍在 80 年代初被苏州大学图书馆购得,编目入库,即形成了今日苏大古籍库中可查阅到的黄裳藏书。"

对于该馆的藏书特色,夏兆可在《古籍文献修复现状浅议——以苏州大学图书馆为例》一文中称:"苏州大学图书馆馆藏线装古籍达 15 万册,其中善本古籍 7000 余册,不乏明版及清前期本、精刻本、明清稿抄本、名家批注本等,并以较多的人物图像类古籍、吴文化与地方文献、明清时期江苏医家的医古籍等为馆藏古籍之主要特色。另特藏民国时期书刊 4 万余册。2008 年 3 月,苏州大学图书馆入选国务院首批'全国古籍重点保护单位',馆藏 6 部善本入选《国家珍贵古籍名录》。2009 年 1 月,入选'第一批江苏省古籍重点保护单位',馆藏 51 部善本入选第一批《江苏省珍贵古籍名录》。2009 年 6 月,又有 13 部善本入选第二批《国家珍贵古籍名录》。"

2016 年 3 月 7 日,我前往苏州大学校园寻找东吴大学的遗迹。乘着马骥先生的车,我们来到了苏州大学校门口,这是一片老街区,两侧所有的房子一眼望上去,至少是百年前的建筑。不巧的是,这个校门不允许进车,而校门口的旁边是一个公交总站,在这一带根本找不到停车的地方,马骥只好打电话给校内的朋友。对方说,我们所到的位置是学校的老校门,而新校门在另一侧。于是我们调头回驶。

刚刚掉过头来,就在路边看到了一座教堂。我印象中,当年那三所书院之所以并入天赐庄,就是因为在这里先期建起了一座教堂。我请马兄停车,走入了教堂院内。在院中遇到了两位聊天的人,我向他们询问这里可否拍照,他们说自己也是来此办事,不过他们认为这里没人会阻止拍照之事。于是我大着胆子开始在里面四处游荡。

教堂的匾额上写着"圣约翰堂"字样,落款时间为"1915 年"。以这个日期算起来,其晚于东吴大学的建校时间至少有 14 年,应该不是我想要找的那座老教堂。走进教堂内,在侧墙上我看到了嵌着的一块石刻,上写"1881 耶稣教堂"。这个时间倒是早于东吴大学的建校时间,看来这正是我所要找的那座教堂,想来匾额上的日期是重新修建时的落款。因为不是周末,所以教堂内空空荡荡,我没有遇到工作人员,因此也未能了解到教堂历史的一些细节。

来到了苏州大学的正门，把行驶证押给门卫后驱车入校。校园内的道路大多改为了单行，还有不少路段挂着禁行标志。马兄说，他已多年未来这里，所以具体的路线早已忘记。于是我们开着车东拐西绕，我凭着本能，坐在车内瞎指挥，而我指挥的道路基本都不能通行，这对我一向自信的空间感是个不小的打击。但我们总算在苏州河边找到了苏州大学出版社大楼，在楼门口见到了社长张建初先生。我下意识地看了一下表，跟马兄与张社长约定的时间不差分毫，这也算吉人自有天相吧。

这一天的寻访，最头疼的问题就是堵车与停车。马兄在路上告诉我，苏州地区汽车的保有量在当今的中国名列前茅，曾一度鼎列三甲，后来被其他地区赶超，即便如此，也仍然位居前列。而今来到了苏大出版社的门口，我们也同样找不到车位，好在张社长在场，他马上让保安将沉重的路障挪开，总算是把车斜插在了那里。

看得出，马兄跟张社长很熟，社长问我，是否先到办公室去喝杯茶？我直言自己的意图，还是想先去拍照。于是在张社长的带领下，我一路地参观着苏州大学的老校区。首先让我眼前一亮的，是校区内面积巨大的绿地以及绿地四围的老建筑，这种感觉让我恍然进入了国外的著名院校，因为这里的格局以及建筑风格基本跟国外的名校没有区别。在这里，我还听到了悠扬的琴声，循着声音望过去，看到在一棵大树下有个外国人正在教一个学生弹吉他。初春的阳光不算炽烈，它照在这一片绿地之上，借着这里的大树有了投在地上的阴凉，而这阴凉之下的琴声又使得这暖阳变得有韵律感。眼前这和谐的画面，让我希望自己的生命可以停留在这凝固的一刻。

张社长带着马兄和我沿着这片绿地走了一整圈儿，沿途观看每一座独特的建筑，它们的外观基本保持完好。在数学楼的门前，我看到了首任校长孙乐文的胸像。这座红砖楼完全是西式建筑，楼里面的装修风格略有变化，木楼梯及扶手依然是当年的旧物，虽然这些木扶手已经涂上了油漆，然而从剥落处可看到里面的一些木质已经腐朽。楼梯脚踏板上因为嵌着铁条，所以保护得基本完好。而尤让我喜欢的，是楼体外立面的花饰，因为这些花饰基本没有受到损伤。

沿着道路一直前行，转到了东吴大学的老校门前，右边石狮子的后方写着"民国三十七年戊辰级重建"。从此门进入，看到了旁边的文保牌，

这个旧址竟然是全国级的文保单位。文保牌旁边有一座老建筑，门口写着"东吴书画院"字样。我特别喜欢此楼的侧墙上爬满的绿植和绿苔，因为它们有着一种难以名状的颓废感。

进入老校门直行，正前方是带着钟楼的一座老建筑。张社长说，这就是东吴大学的主体建筑，为了纪念林乐知，此楼被校内人称为"林堂"。在此楼的入口处我看到了大胡子林乐知的雕像，而与之相对的一面，则是东吴大学首任中国校长杨永清的雕像。走进林堂之内，明显感觉到这里保存的程度要好于其他的楼，尤其木楼梯的雕花，可能是木质上佳的原因，竟然没有破损之处。

参观完林堂，张社长又带我们去看了苏州大学博物馆。在路上，我看到了中国传教士曹子实的胸像。博物馆是由老的体育馆改造而成的，但改造后的外立面风格跟广场附近的西式建筑风格有些不协调。进入馆内，首先看到的是东吴碑廊，里面摆放着一些古碑和墓志。在一楼展厅的一侧，正在布置新的画展。马兄介绍称，张社长也是一位书法家。果真，在展板上我看到了张社长的大名。

一楼展厅的另一侧是东吴大学校史展，在这里我又看到了林乐知和孙乐文的雕像，林乐知的雕像要比孙乐文的大许多，不知这是否表示着两人所做贡献的差异。在这些展板上，我还看到东吴大学建造时的老照片。沿着参观路线一路走下去就来到了博物馆的中厅，这个中厅本是游泳池，按照《东吴大学简史》所言，当年游泳池建在体育馆的后方，文理学院1930届毕业生捐赠了一个跳台，而今跳台不见了，好在泳池还在。当年这个泳池为苏州地区仅有，并且是中国"东南各池之冠"，原本以司马德的名字命名。

尤其让我奇怪的是这个游泳池的改造方式：将原来的泳池封闭后，在上面盖上了一层带水纹的塑料板。不知这种改造方式有何寓意。

游泳池的另一侧依然是校史展的参观路线，引起我注意的，是吕凤子所题的"图书馆"三个字。孟雪梅在《近代中国教会大学图书馆研究》一书中详列了著名教会图书馆的藏书数量，其中东吴大学在1912年时藏有中文书15000册、西文书6000册，到了1936年，其藏书总量才达到了47431册。二十多年的时间，藏书量仅仅增加了一倍多，可见当时藏书增长速度之缓慢。

东吴大学图书馆在1936年时的主任是潘圣一，潘先生也是位藏书

■ 数学楼内已然破损的木楼梯

数学楼属罗马城堡式建筑

家。张元济主持商务印书馆时建起了东方图书馆,当时张元济就聘请潘圣一任该馆的外文部主任。1952 年时,郑振铎曾请潘圣一来京工作,后潘圣一因病而未能成行,就任了苏州文管会会员。潘圣一藏书有着中国的老传统,即喜欢亲手抄书,十几年前,他的藏书散了出来,其中一部分被苏州的黄舰先生买得,我得到了其中的数种,马骥先生也得到了其中的一部分。由此也可以间接地说明,我跟马兄都跟东吴大学有着一点儿间接的关系。

沿着展览路线继续参观,我了解到此校走出了许多的名人,同时也看到一些国外学校赠送给苏州大学的各种礼品。在博物馆二楼又看到了苏州大学珍藏的字画及古物,显现着该校的中西合璧与兼收并蓄。

北京大学子民图书室

学生联办，师众捐书

李庆聪、吴晞编有《北京大学孑民图书室记实》一书，该书前有长篇概述，主体内容则是前人对孑民图书室的回忆文章，后面有相关研究，最后是相关文献。该书的概述中称："早在1947年初，北大文法学院部分大一学生就曾将私人的一些书刊集中到一起，约有一百余本，大家互相交换阅读。后来这部分书刊移交大一学生自治会保管，存放于大一阅览室，即后来成为孑民图书室的红楼一层167号房间，并委托专人管理。这些数量不多的藏书便构成了孑民图书室的基础。"这段文字说明了该图书室的创办时间、创办人、创办目的及最初的开办场所。

具体的开办日期，概述中给出的时间是："1947年10月21日，孑民图书室正式开馆接待读者。在图书室的正面墙上，悬挂着蔡元培先生的画像，并张贴了一段蔡元培先生的语录：'若令为永久之觉醒，则非有以扩充其知识，高尚其志趣，纯洁其品性，必难幸致。'小小的阅览室中读者众多，生机盎然。青年们用自己的青春和热情创建了孑民图书室，党在这里开辟了一个第二条战线上的新战场。我国学生运动史和图书馆史上有声有色、独具异彩的一幕，就这样拉开了。"

在回忆文章中，排在第一篇的是沙叶（原名周桂棠）所写的《我所了解的孑民图书室创办经过》一文，作者称："我是大一学生自治会主席，在院系联合会担任总务理事，负责财政。孑民图书室最早的发起人是我的同班同学陈宗奇（后改名为陈华中）。我俩虽然不在同一'民青'或党的组织之中，在这方面没有直接的联系，但我俩是1941年夏天从北京结伴去大后方的，现在又是史学系的同班同学，我又负责院系联合会的工作，所以说是比较接近的，当时成立孑民图书室的意图我是了解的。因为当时学生都渴望进步，渴望看到进步的书刊，而北大图书馆的馆长毛准（子水）却连一本《文萃》杂志都不订，同学们是气愤的。陈宗奇的想法就是通过征集同学们的进步书籍，组织成我们自己的图书室，所以要公开的学生组织出面来征集图书，那当然要找到我。"

对于图书室名称的来由，沙叶说："至于为什么叫'孑民图书室'这个名字，我记得陈宗奇和我商量过，说不定也有我的意见在内。因为蔡元培先生倡导的'兼容并包'是被各方面所公认的，现在毛子水搞清一色，我们只好用蔡先生的'兼容并包'来反对他，否则我们成立图书室就师出无名。"

戴逸（原名戴秉衡）在《回忆子民图书室的草创》一文中首先给该室定性："子民图书室是解放战争时期北京大学进步同学在地下党领导下创办的群众性团体。是当时北大学生以及北京许多大学、中学的学生们可以共同享用的精神粮仓。"

对于图书室创办的背景，该文称："自从1946年底发生沈崇事件之后，北京大学的学生们逐渐地、积极地投入爱国民主运动的潮流，经过反饥饿反内战游行等一系列事件，学生运动蓬勃开展，各种进步社团出现，有歌咏团、读书会、戏剧社。这类社团越来越多，如雨后春笋，子民图书室就是在这种形势下产生的。但它和其他社团不一样，它以借图书、为全校学生服务为宗旨，尽量不显露进步的色彩，并且以老校长、国民党的元老蔡元培先生的名号'子民'命名，向校方登记，成为一个公开的、合法的机构。"

戴逸在文中讲到他跟陈宗奇共同参与了创建此室："暑假期间，我同年级的另一挚友陈宗奇也来参加管理书籍，并议及要办个图书室。我并未意识到这是地下党的决定，但从心眼里赞成这个建议，仍以那个房间作据点，开始筹谋策划、招兵买马，商议着募捐书籍，筹措经费，建立机构的办法，找了几个人，忙忙碌碌地干起来。最初人手很少，工作无经验，头绪很乱，募书的圈子主要在同学和本校的教授中。我负责在教授中募书，经常登门去拜访。曾去过郑天挺、邓广铭、许德珩、杨人楩、张奚若、向达、贺麟、费青、芮沐、樊弘、俞大缜、朱光潜、沈从文、冯至等教授的家里。说明来意后，教授们非常支持，当即捐出书籍。"

参与图书室建设的陈德昌在《我在子民图书室管理股》一文中，讲到了此室最初创办时的状态："子民图书室开始时只有一间房子，地点在红楼一楼西侧。这一间房子还包括书库和阅览室。所谓书库，只有三个书柜，横放两张课桌，与阅览室隔开。阅览室放一张长条会议桌，周围摆十几把椅子。存书自然不多，但这不多的图书却是燎原的火种，属于国民党统治者的'禁书'。"陈德昌又讲到了他在整理书橱时的偶然发现："使我终生不能忘记的一件事是，有一次，我从书柜里抽出一本新书，封面上印的是沈从文的《湘行散记》，翻开封皮一看，大为惊讶，里面的内容并不是《湘行散记》，而是中国人民解放军的三大纪律、八项注意，中国共产党的解放城市政策，毛泽东同志的《论联合政府》。我赶紧合上书本，悄悄地放回原处。图书室里有不少这样书名与内容不符的新书，大都印着北大印刷厂或香港出版。"

在那个时代，能够找到这些"禁书"并不容易，余叔通在《革命的启蒙》一文中讲到了当时用什么方式来找到和保护"禁书"的："那时，学校的大图书馆里是找不到'禁书'的。许多同志从我们这个小小的图书室里弄到毛泽东的《目前形势与我们的任务》，弄到我党在香港出版的《群众》杂志，便如获至宝，如饥似渴、争分夺秒地阅读。这些书刊用最薄的字典纸印刷，封面或者是纯白的，或者是伪装成《红楼梦》《七侠五义》等书，通过邮寄或随身夹带进来的。一本小书，往往辗转阅读，直至破烂不堪。许德珩教授也知道了这个渠道，就私下要我们给他送去《群众》杂志。"

对于图书室的日常经费，该文写道："图书室开始只有一间小房子。桌子、椅子、书柜除学校给了一小部分外，都是同学们从各处收罗来的。没有书籍，靠四出募捐，有钱捐钱，有书赠书。油印滚子坏了没钱买，靠内部罚款去买。室内订报费没处报销，只好由同志们凑钱自订。募来的款项，全部用在买书和必要的用具上。"

这么多人都对子民图书室的情况有深入了解，与该室制定的管理制度有直接关系。杜槐林在《回忆子民图书室二三事》中说："子民图书室创办之初，陈宗奇就为'子民'确立了一个很特别但很好的制度：子民图书室的负责人由干事会选举产生，当时叫'常务干事'，一个月改选一次，半年之内不得连选连任。这样做的好处是：有利于保存党的力量；有利于实行民主管理，发挥大家的积极性；有利于发现人才，培养干部。"

图书室建起来了，首先是想办法扩大藏书量，学生们想出了征书之举。他们以图书室的名义分别给同学们、社会团体、各地书店、杂志社及文化界前辈写信，希望他们能捐书。比如 1948 年 1 月 20 日，该图书室《致作家、出版家请求援助的信》中写道："我们北大学生为了纪念子民先生，承继'兼容并包'的精神，收集各种图书，培养自由研究的风气，发扬民主与科学的传统，因而成立了'子民图书室'，经过了一个多月的筹备，终于在十月二十一日正式开幕了。两个月以来，承蒙各界人士的支援，尤其是圣陶、广平、靖华、巴金、靳以诸导师的鼓励和援助，这株在北国的冰雪中成长的幼苗，终于日渐茁壮起来。现在已有五千余册新旧书籍和四十几种中外杂志，但是作为一个图书室，而且除了供应全校四千余师生阅读外，全市中学同学也把它作为唯一的精神粮食的仓库,因此,这就显得贫乏了。所以请求您设法送给我们一些您的书籍著作或翻译以及主编的刊物。并且请求您替我们介绍一些书店和出版社,也同样来援助我们,这样,子民图书室一定会更充实、更丰富。"

事实上,确实有很多名人都给该室捐书,顾文安在《沈从文先生伸出了热情援助之手》中写道:"沈先生得悉子民图书室要成立,他非常高兴,当即捐赠了自己的一批作品。1948 年夏天,我暑假南返,沈先生一口气写了很多封信,给他的老朋友,如巴金、黄炎培、张骏祥、刘北汜、陈敬容……请老作家捐赠作品给年幼的子民图书室。信写好了,又叮嘱我到上海后,'先找大公报的刘北汜,就可向他打听其他人的住处及电话号码,先从电话问较经济方便,又可托他们向熟人捐书,比如巴金即可向许多人捐书……',总之沈先生特别细致耐心。现在还有一封沈先生给张骏祥的信存我处,因当时无法寻找张先生就带回北京了。"

可见,当时子民图书室的征书方式是先找到一位名人,然后请这位名人再给他的朋友们分别写信,以此来逐步扩大征书网络,他们的征书信甚至写到了香港。

那时图书室征集到的最珍贵的一部书应该是《鲁迅全集》,金永庆在《许广平先生对我们的厚爱——忆从上海运回〈鲁迅全集〉纪念本的经过》一文中写道:"回到上海后,我即于某晚前往霞飞路霞飞坊(即今淮海中路淮海坊)拜访了许广平先生。许先生看了介绍信后,告诉我可于一个星期后到她家取《鲁迅全集》。届时,我雇了一辆三轮车前往,许广平先生亲切地接见了我,并交给我一箱《鲁迅全集》。许广平先生言语谦虚、态度十分和蔼,待我如她的学生一般,使我难于忘怀。"

有些书难以捐来,他们再想办法拉捐款,1948 年 5 月 21 日,天津《大公报》刊发了《子民图书室"五四"募捐六千余万》的报道:"北大自治会主持的子民图书室在今'五四'返校节发起募捐,何思源市长捐了一百万,吴铸人主委捐了五十万,刘瑶章议长也捐了十万,全部捐款业已结束,总计六千余万元。决将捐款百分之九十购买新书及杂志,其余百分之十补购旧杂志旧缺遗,这样同学精神食粮又可以打一次牙祭。"

为什么能拉到当时北平市市长等要员的捐款呢?余叔通在《革命的启蒙》一文中道出了缘由:"有些人当然更想把这个图书室扼杀在摇篮里。

怎样对付这股压力？最好的办法莫过于让他们自己来保护图书室。因此，我们趁国民党北平市市长何思源、市党部主任委员吴铸人来北大的时候，奉他们为'上宾'，主动请他们参观阅览室，还请他们捐款，事后又宣扬一番。虽然捐款为数不多，但是却使图书室一下子'合法化'了。北大图书馆馆长毛子水先生，对这个'民间'的、'独立'的图书室，并不太感兴趣。我们干脆请他讲演，请他谈蔡孑民兼容并包的办学思想，这等于肯定了我们的图书室。"

子民图书室办在北大红楼内，当时的北大校长是胡适，要想办成此事，当然需要得到他的批准，按照戴逸在回忆中的所言，当时胡适没有答应给他们拨房间："由于房子太小，缺少家具，还希望多装电灯，我和田觉狮两人一起，还找过校长胡适。胡适的办公室在沙滩子民堂的东厢房，胡适坐在大交椅里，我们两人就站在办公桌前，开始时，胡适的态度很和蔼，我们说明来意，向他提出要房子和家具的要求。他沉吟良久，反问我们：北京大学有一个第一流的图书馆，藏书丰富，你们何必又要办一个小图书馆？我们回答：学校的图书馆虽然很大，但缺少新的书籍、杂志、报纸，不能满足同学们求知的需要。我们小图书馆是同学们自己组织、自己募捐，可以补大图书馆的不足。胡适似乎觉察到了这个图书室的背景和将来会起的作用。他微露愠色，说：学校图书馆的藏书够多的了，如果缺什么书，可以请他们补充。学生们应该专心读书，不要精力外骛，搞那末多的课外活动。你们的小图书馆以不办为好。我们两人自然不同意他的意见，抗声争辩，不欢而散。"

从这段讲述来看，似乎他们没有拿到房间，那么这间图书室是如何办起来的呢？罗歌在《突击黑暗 争取光明——记子民图书室的诞生》一文中谈到他在10月初的一个晚上，手持学生自治会的聘书，此聘书是要聘请胡适担任子民图书室的名誉顾问。按照罗歌的说法，胡适很爽快地答应了申请房间和桌椅的请求："胡适一听说这个图书室的成立是为纪念蔡元培先生，而且聘请他担任名誉顾问，他打断了我的介绍，即连声喝彩：'好，好'，看他那敬仰蔡元培先生的神态，不管是真是假，我就接着说：'但是，直到现在，子民图书室还没有立足之地，没有一张桌子、一条板凳。'胡适说：'这个要解决，一定要解决。这是纪念蔡先生嘛！这个，这个我支持。'我递上要房子、家具的报告，他批了几个大字：'由总务处即办，胡适。'"

但是图书室办起来后，还是有人在说胡适不愿意办此事，1948 年 3 月 29 日《燕京新闻》刊发了该报记者林杰所写《新的精神粮库——介绍北大"孑民图书馆"》一文，该文写道："现在孑民图书馆的藏书，一共有五千多册。这个数目要是和北大图书馆的藏书五十余万册比较起来，自然是少得太可怜了！无怪乎胡适校长在这个图书馆一开始筹备之初，便以为是'多余'之举。然而他并不知道北大图书馆的藏书虽多，但是那些书籍并不都是同学所需要的。已经提过，同学们所需要的是一些切合现实的书籍，而那些陈腐的旧书只好留给胡校长，帮助他作那'考据'的工作了。"

此文还讲到了孑民图书室的借阅办法："无论你是一个北大的教授，学生，职员或工友，都同样地享受有借书权。最近由于中学的弟弟妹妹们失学的很多，孑民图书馆为了使他们仍然能够有书读，和为了那些在校中学生的课外自修，特征求他们作为基本读者。只要有两个北大的同学为他们介绍，并且缴纳一万元的保证金，他们就可以长期地借阅书籍。"

有了房间，书籍也越来越多，如何能迅速地找到书，便成了大问题，当该室的图书藏量超过五千册后，他们就想重新予以编目。如何编目，这是很专业的事，此前他们发明了自创的分类法，但是这种方式让很多书籍找不出来也插不回去，于是他们向版本目录学家袁同礼求援，在袁同礼和余光宗众位先生的指导下，他们终于懂得了编目分类法，此后借阅更为方便。

对于该图书室后来的归属问题，赵新月在《孑民图书室胜利地完成历史任务》一文写道："1949 年 1 月底，北平和平解放。孑民图书室干事会经过研究，认为孑民图书室已经完成了它的历史使命，应该交付学校图书馆管理，以便使同学们脱身出来从事新的工作。我曾参加过孑民图书室的编目工作，当时正在图书馆学专修科学习。于是孑民图书室的负责同志责成我与北大图书馆联系移交孑民图书室的问题。我找到了学校图书馆的馆长秘书余光宗先生，说明了来意。图书馆根据学校领导的意见，接受了孑民图书室的一万余册图书、几十种报刊和所有的目录卡片。"

2022 年 4 月 15 日，我一早打车先去探看民国年间北大师生为纪念蔡元培所建的孑民堂。从网上查不到这里是否开放的信息，但是手机导航上有这个地点。司机将车开入一条窄窄的小巷，此巷叫嵩祝院胡同，他说路尽头的院落就是孑民堂，但他的车不能于此掉头，他指给我看后，拐入了另一条小巷。

我走到那个院落门前，原来文保牌上写明这里是智珠寺，且是全国级文保单位，并不是我要找的子民堂。我想起多年前这里曾经改造成了一座西餐厅，餐厅的外观是古庙，里面却是西式装修，今日这里大门紧闭，上面写明10点钟开放，我等不及，只好继续前行。但这条胡同是断头路。

站在那里向路人询问子民堂在哪里，无人知之。我沿着来时之路往回走，看到一个大的家属院，此院无人看守，进入院中右手顶头位置，看到一个院落中有两进仿古建筑，我猜测这就是子民堂，但这里有一个不大的防盗门。这时看到一位女士拎着早点走过来，我觉得她是当地的住户，于是向她求证这是否是子民堂，她点头称是，同时告诉我，这个门平时不开，大门在院落的另一侧。

谢过好心人，我沿着路转到了另一侧的另一个大门前，这里挂着中研楼的牌子。走进院门，可以看到铁栅栏后方的子民堂，但保安走过来坚决地阻止我拍照，他告诉我说，子民堂的大门在院落的另一处。这处古建的四周都是现代化建筑，要找到入口真是不容易，我无奈往回走，打算先去探看北大红楼内的子民图书室。在沙滩北街的后墙上我看到了那堵著名的浮雕墙，上面有很多与近代有关的历史名人，其中一位就是蔡元培。

转到北大红楼正门前，保安要求必须提前一天预约，好在我已经做了预约，但此刻依然要扫健康码、做身份登记，还要查包，然后才得以入院。

北大红楼为四层，中门进入，两侧是长长的走廊，原本是教室和办公室，现在全部改成了新文化运动纪念馆的展室。因为到得早，仅有几人参观，但里面站着很多学生模样的人员，我猜是志愿者，他们每人手中拿着一个提示牌，上面写明参观必须戴口罩。不知什么原因，其中一人一直跟着我，我进哪个室，他就跟进哪个室，搞得我颇不自在。

在一间展室的角落看到了蔡元培办公室的模样，在一楼还看到了图书馆馆长李大钊的办公室，我在这里向一位志愿者询问，蔡元培的原办公室在哪里，他颇为熟练地告诉我，处在二楼中间的位置，但没有恢复，现在那里也是展室。前往观之，这间办公室比别的房间要大许多，但是格局有些奇怪：呈哑铃状，两边略宽中间窄。向窗外望去，此处正对着北大院门。

一路看下来，我竟然未找到子民图书室，不清楚是否修复了，这个图书室在红楼内搬迁过几次，从室名来看，似乎都处在一楼。而今我将红楼的这四层都转了一圈，也算是到子民图书室一游了。

北京辅仁大学图书馆

始终以外籍教授充馆长

辅仁大学的创始人是英敛之，他是北京西郊蓝靛厂火器营正红旗人，年幼时曾经学习武艺，弱冠弃武从文，19岁左右时接触到了天主教，发现教义很贴合自己的心。对于这个过程，马相伯先生为《万松野人言善录》作序云：

> 万松野人者与余同教，尤与道有宿契。自幼天性沉毅，独皇皇然以求道为己任，遍求之于三教，弗慊也；于耶稣新教亦终未慊。弱冠后，始得耶稣旧教之书而读之，读之既久且多，因多而疑、而问、而思、而辨、弗慊、弗信，信岂苟然已哉？

英敛之在儒、释、道三家著作中寻觅心理皈依，直至读到天主教之书时，方觉得有吸引力，但是在此过程中也有反复，经过一番周折，他终于觉得天主教义契合自己的心。19岁时，他读到了汤若望的《主制群征》时，从此始与天主教结缘。

英敛之受洗之后在天主教北堂工作，"戊戌政变"后曾远避到滇粤地区，后又往返于上海、天津、北京间，此后定居在天津。当时天津紫竹林教堂总管柴天宠开办报馆，邀英敛之一起筹备，由此他成为《大公报》的主持人。清光绪二十一年（1895）前后，英敛之遇到了恩师乔松节。在此期间，他跟随乔松节给旗人将军的小姐爱新觉罗·淑仲补习，英敛之与淑仲在相处中有了情感，然此事不被淑仲父亲认可，故被多加阻挠，但两人最终坚持完婚。因为英敛之与皇族联姻，使得他有一度在颐和园内承差。

在与西方的交往中，英敛之虽然受到了资产阶级思潮的影响，却坚持君主立宪的观念，他所主持的《大公报》属于保皇派。对此，《大公报》上发表的主张是："中国之政体不改良则已，欲改良惟有立宪。吾甘与维新诸少年作反对，偏尊崇我皇上，偏属望我皇上，我皇上将来必可以立宪法，振国权，以救我国民四百兆生灵之众，以奠我国家亿万年有道之长。"（《大公报》1903年8月18日）

在英敛之看来，只有保皇立宪才能使社会长治久安，他呼吁慈禧撤帘归政，请光绪皇帝亲政，同时反对共和革命。宣统三年十二月二十五日，隆裕太后主持御前会议，以宣统皇帝名义颁布了退位诏书。《大公报》转天将诏书刊出，同时刊发了"休馆十日"的告白。到了复刊后的第一天，《大公报》又刊登出社长英敛之外出的消息:"本馆总理英敛之外出,凡赐信者俟归时再行答复",此告示连登 12 天。自此之后他隐居到了北京香山静宜园,不问世事,并自称万松野人。

光绪三十二年(1906),清廷在北京西郊兴建新式学堂,然此学堂只收男生,英敛之觉得"八旗闺秀"也应当有受教育的机会,与夫人英淑仲决定在香山办一所女校。当时他们看到香山的静宜园有不少房屋,想在那里创建女校,但静宜园属于皇家园林,于是英敛之通过英淑仲向皇室要求借此地办女校。英敛之在《静宜园全图》的跋中称:"由喀喇沁王福晋及英淑仲女士等向皇室请领香山静宜园保存,藉以兴办女学女工,蒙前隆裕皇太后慨然付界,众乃推英华经理其事。"

得到批准后,英敛之费了很多心血整治被八国联军破坏的静宜园,而后在此办起了"静宜女子学校"。该校的学生大多是八旗营的满族女子,当时校方规定很严,要求女生们"笑不露齿、路不颠行、坐不躬腰",并且教师大多为女性。也有少量的男教师,但男教师授课时需要在前面挂个帘子,学生们只能听到老师说话而不能见其面,被人戏称为"垂帘授课"。

那个时段,新教已经在中国办起了十余所大学,但天主教办的大学仅上海震旦学院一所,英敛之希望在中国北方地区创建一所天主教大学。1912 年 9 月 20 日,他与马相伯联袂上书罗马教廷,呼请教廷派遣博学硕德之士来华,在北京创办一所大学:"广收教内外学生,以树通国中之模范,庶使教中可因学问,辅持社会,教外可因学问,迎受真光。"(马相伯、英敛之《上教皇请兴学书》,《辅仁生活》第 2 期,1939 年 12 月)

然而因为各种原因,此事未能办成,英敛之决定在香山静宜园内先创办一所相关的教学处,于是他在 1913 年成立了辅仁社。此后的一年,他将静宜园中的韵琴斋等三处院落陆续修建完好,以此作为辅仁社的教学场所。其社名本自《论语·颜渊》中的"以文会友,以友辅仁"。当时辅仁社主要培养各省天主教会中的青年子弟,主要学习国学,内容包括中文、历史、书法等等,但学员仅有几十人。当时辅仁社已经有了一定的藏书量,"备有古今书籍万卷,名人法帖亦百十种,用资诸生之探讨"(常华《古今香山》)。

辅仁社开办期间,陈垣从广州来到北京,时常前往辅仁社拜访英敛之。1917 年,陈垣写出了他平生第一篇史学论文——《元也里可温考》,

他在该文中谈到了与辅仁社的关系，此文的自叙中称："此辅仁社课题也。辅仁社者，英敛之先生与其门弟子讲学论文之所。余尝一谒先生，先生出示辅仁社课，中有题曰：《元也里可温考》。余叩其端绪，偶有所触，归而发箧陈书，钩稽旬日，得左证若干条；益以辅仁社诸子所得，此事属词，都为一卷，以报先生。先生曰：'善! 愿以付梓。'"

陈垣结识英敛之，缘于他在 1914 年 4 月读到了《万松野人言善录》，那时陈垣正在搜集基督教文献，发现该书征引了许多自己没有看过的相关文献，于是立即写信给英敛之，提出借阅这些原本。英敛之同意了他的所请，于是陈垣前往静宜园，见到了英敛之。两人见面后谈得很投机，陈垣在《万松野人言善录》跋中说："余极感野人，野人亦喜有人能读其所藏，并盼他日汇刻诸书以编纂校雠之任相属，此余订交野人之始也。"

能有人读自己的藏书，英敛之很高兴，他那时身体不好，很希望陈垣帮他整理藏书。正是在此过程中，英敛之向陈垣展示了辅仁社课目录和学生的课稿，这些社课中有"唐景教碑考""清四库总目评论教中先辈著述辨"等，也有陈垣最感兴趣的"元也里可温考"。

陈垣对于其中的"也里可温"这个题目有兴趣，返回后拿出家中藏书，找出相应证据，再加上辅仁社他人的研究成果，而后写出了这篇著名的《元也里可温考》。他将此文出示给英敛之，英敛之认为写得很好："陈君初搜辑关于也里可温之证据，作十二门，条理分明，论断切当。仆一见之倾服无似，因亟为刊布。"（英敛之《〈元也里可温考〉按语》）英敛之将此文刊行后，甫一面世就受到了学术界的关注，由此也奠定了陈垣在学术界的地位，同时也成为陈垣弃政从史的转机。

此书出版之后，陈垣继续搜集相关史料，用了三个多月的时间，新获得的史料比原文多几倍，此后英敛之将陈垣增补之文再一次出版。陈垣又相继发表了《开封一赐乐业教考》《火祆教入中国考》《摩尼教入中国考》等研究论文，由此开辟了中国古代宗教史的新研究领域。为此，陈寅恪在《陈垣明季滇黔佛教考序》中点明了陈垣在这方面的开拓之功："元明及清，治史者之学识更不逮宋，故严格言之，中国乙部之中，几无完善之宗教史。然其有之，实自近岁新会陈援庵先生之著述始。"

1926 年，英敛之因为积劳成疾去世，去世之前，英敛之将创办辅仁大学的重担托付给了陈垣，陈垣不是天主教徒，英能有此之托，可见对陈垣何等之器重。

关于英敛之为什么要创办辅仁大学,后来陈垣在《辅仁大学应勉进者三事》中写道:"英敛之先生悯中西之隔膜,正教之难行,而怀想从前利玛窦、汤若望之成绩,徐光启、李之藻之事功,特著《劝学罪言》以见志。幸而教廷有北平辅仁大学之设立。余继任校事,推阐先辈遗志,以为吾校应勉进者三事:一、采取西学新方法以谋中国旧史之整理。二、编译各种工具书以谋中外学者之便利。三、传达华学新研究以谋世界合作之进行。三者并重,而互相合作为尤要……三者皆所以去中西之隔膜而利正教之推行,不难超过利、汤、徐、李之成绩。区区之志,其愿能得中外学者之赞助也。"

为什么早在 1912 年,英敛之与马相伯提议创办天主教大学没有成功呢? 这与当时的教区有一定关系。那时北京、天津一带都属于遣使会传教区,该会是味增爵在 1625 年创立于法国的修会,该会以培育圣职人员和救济穷人为宗旨。遣使会于 1699 年来到中国,1773 年教皇下令解散耶稣会后,遣使会奉命接管了耶稣会在华传教活动区。因此,北京、天津一带的教务和教权都掌握在法国传教士手中。

遣使会的传教宗旨使得那时的天主教士都是下层民众,英敛之、马相伯觉得这种状况不能使天主教义得到很好的推广,为此,二人越过由法国人控制的中国天主教会,直接上书给罗马教皇碧岳十世。他们在信中谈到来自美、英、德等国的新教传教士分别在中国办起了一些大学,"独我罗马圣教,尚付阙如,岂不痛哉!"同时他们指出了遣使会传教策略带来的负面影响:"无怪明末清初,人才辈出。今也何如! 教中所养成者,椎鲁而已,苦力而已。求能略知时务,援笔作数行通顺语者,几寥落如晨星。"

二人指出明末清初时中国境内的天主教士出了很多著名人物,到如今却没有一人能与之媲美,因为中国信天主教之人大多是普通民众,这些人能够用通顺的语言写一封信都很罕见,更不用说传播教义了,所以二人欲请教廷派遣博学之士到北京创办一所大学。罗马教廷收到此信后,认为二人所言在理,原本有所动作,但遇上第一次世界大战爆发,此事未能办成。

事实上,罗马教廷一直想废除法国在华的保教权,因为在此情况下,中国天主教会无法与罗马教廷发生直接关系,所以他们一直努力从法国手中收回对中国的教务管理。当年李鸿章也试图通过与教廷通使来否定法国的保教权，但由于受到法国政府和在华法国天主教士的阻挠而未能成功。

英敛之上书教皇办大学之事，因各种原因未能办成，于是他就办起了辅仁社。1920 年 8 月，奥图尔受教廷委派来华调查教育，英敛之陈述了自己的想法，奥图尔前往罗马将此事报告给教皇，请求天主教本笃会总会长斐德理士设法办成此事。转年 12 月 17 日，教廷传信部向斐德理士转达了教皇在华举办大学的谕令，该谕令全权委托美国本笃会承办。

1922 年 6 月，教皇碧岳十一世督促全美本笃会加快在华兴办学校的步伐，8 月罗马教廷任命刚恒毅主教为宗座首任驻华代表。11 月，刚恒毅到达北京，这意味着法国在华保教权被否定。1923 年 2 月 24 日，教皇捐助 10 万里拉作为首倡，同时答应今后会给辅仁大学寄赠一份教廷出版的所有书。

1923 年 8 月 7 日，全美本笃会召开大会，正式接受教皇在北京创办大学的委托，托付宾夕法尼亚州圣文森会院院长司泰来负责建校工作，其他各院给予资金上的支持。

1925 年 1 月，司泰来任命奥图尔司铎为辅仁大学校长，负责具体筹办工作。此后司泰来和奥图尔一同来到北京，与英敛之多次会面，商量创办大学的细节。3 月中旬，英敛之与奥图尔联合发表了《美国圣本笃会创设北京公教大学宣言》，本宣言中写明美国本笃会来华办学的目的："绝非用殖民政策，造成附属之品，乃为吸收中国有志爱群之士，本此志愿，同工合作。"

1925 年 3 月 26 日，奥图尔花费 16 万元永久租下了涛贝勒府，以此作为创办辅仁大学的校址。涛贝勒府原本是康熙第十五子愉郡王允禑居住的王府，光绪二十八年（1902），醇贤亲王奕譞的第七子载涛过继给钟郡王为嗣，承袭贝勒爵，迁居到了愉王府，经过载涛的一番改造，逐渐形成了规模宏大的涛贝勒府。

奥图尔相中此府，想来原因之一是此府有大片的空地，这里当年是载涛的跑马场，载涛精通骑术，能够驾驭各种烈马，同时还是一位改良马种的专家，因为这个专长，所以中华人民共和国成立后，中央任命他为中国人民解放军总后勤部马政局顾问。

清朝结束后，皇族没落，载涛想出售涛贝勒府，但又不愿意担负卖掉祖宅的名声，于是以永久出租的名义，将府第转让给了奥图尔。

在大学正式招生前,英敛之打算在此府西书房先办两年期的预科,关于给此预科起什么名称,马相伯与英敛之有不同想法。马相伯认为应当以"景教"或者"本笃"为校名,但英敛之觉得这个预科"专事国学之研究",所以还是叫"辅仁社"比较合适,故该校定名为"公教大学附属辅仁社",同时又称"国学专修科",由英敛之任社长。

1926 年 1 月 10 日,英敛之因肝癌逝世,3 月 2 日,罗马教廷追封他为"圣大摸国骑尉"荣爵,以嘉奖他为创办中国天主教大学所作出的贡献。他去世后,陈垣接任辅仁社社长。9 月 1 日,学校监督司泰来遵照英敛之的遗嘱,聘请陈垣为公教大学副校长。

1927 年,学校建成,根据当时教育部颁布的《私立学校条例》的规定,该校成立了董事会,由奥图尔、陈垣、刚恒毅、马相伯等 15 人组成首届董事会,刚恒毅被推为首任董事长,同时决定将校名由"公教大学"更改为"辅仁大学"。

11 月 3 日,教育部批准该大学进行试办。后来张继被推为董事长,陈垣被聘为校长,原校长奥图尔改任校务长。当时胡适也是该校董事会成员,他在日记中说是陈垣拉他做辅仁大学董事的,胡适当时有些犹豫,觉得自己不是天主教徒,后来看到张继也不是天主教徒却任董事长,于是就放心答应了。后来胡适还去参观过该校的新大楼,然后在日记中赞赏说:"与叔永去邀半农,同参观天主教的辅仁大学,其地是贝勒载涛的旧邸,新建筑也很像样。城里的学校除协和医校,这是最讲究的了。"

除此之外,藏书家傅增湘也做过辅仁大学董事长,由此可见,陈垣在主政辅仁大学期间,对个人信仰持开放态度。

尽管天主教大学在世界各地很多,但由罗马教廷直接设立的大学仅十几所,在亚洲仅有辅仁大学这一所。

辅仁大学在创办初期的几年,没有重视图书馆建设,后因一件意外之事,促进了该校图书馆的发展。1929 年 4 月,辅仁大学发生了一场罢课退学风潮,退学的二十多名学生组织了"北平反帝国主义文化侵略委员会"。教育部派人到校调查,但是调查者意外发现"该校课程及设备与国内成绩较著之私立大学相差甚远",教育部接受调查员的建议,将辅仁大学降格为辅仁学院。该校接到教育部的通知后,认为"自开办以来即用大学名义,一旦改称学院,则在国内招生,在国外募集经费,均不免大感困难"。

学校立即改组董事会，扩大办学规模，改文科为文学院，同时增设理学院和教育学院，以此达到教育部规定的办学标准。他们还扩大校舍，增添图书，但是扩大学校规模需要一大笔费用，即使如此，奥图尔也认为值得这么做。他在给司泰来的信中写道："我们大失颜面，也都觉得必须不辞辛劳地在 9 月开学前恢复先前地位。南京方面对大学主要的批评是根据我们没有科学设备也没有科学课程的事实而来的。为了获得国民政府的承认，我们必须成立理学院。"

司泰来想办法筹集扩校经费，最后通过私人朋友关系，从纽约银行贷款 25 万美元，此笔款项年息百分之七，期限仅十八个月。辅仁大学得到这笔贷款后，建了一座古城堡一样规模宏大的综合大楼，楼内有教室、宿舍、实验室、图书馆和礼堂，这座大楼建成后，成为当时北京市三大标志性建筑之一。

辅仁大学获得这笔银行贷款的四个月后，司泰来就病逝了。他在得到贷款后的这段时间，一直在发愁如何筹集到足够的捐款来偿还贷款，因为他得到这笔贷款后不到一个月，美国发生了严重经济危机，股市崩盘，经济大萧条，他很难募集到这么一大笔费用。后来他因劳碌过度而发生脑出血，昏迷一周后去世，终年 52 岁。

司泰来为辅仁大学建了一座规模宏大的综合性大楼，但也给圣文森总会院留下了巨额债务，此后银行与会院打了很长时间的官司。

在创校之初，陈垣就开始为辅仁大学购买典籍，陈才俊在《陈垣与北京辅仁大学之大学理念》一文中写道："图书馆设立伊始，陈垣便亲自过问、参与中文文史图书的购置，曾多次购得旧家收藏的善本、孤本、抄本等珍稀书籍。该校图书馆的中文文史书籍，一直具有'少而精'的特点，对师生从事专门、精深之学术研究提供了极大的方便。20 世纪 40 年代中期，辅仁大学图书馆所藏中西文图书近 13 万种。"

对于该校的藏书数量，苏明强在《民国时期辅仁大学图书馆述略》一文中列出的数据是："1925 年 10 月，辅仁大学在建校的同时设立了图书馆。初创时期图书馆发展较为缓慢，1930 年之前仍非常简陋，藏书仅 1.6 万余册，杂志 20 余种，馆员 3 人，能提供的服务也有限，每日只有 30 人阅览，且不提供图书外借。1930 年后，辅仁大学图书馆发展较为迅速，到 1937 年已有藏书 7.9 万多册，中西杂志 390 种，职员 10 人……到 1948 年，图书馆中西文藏书已有 12.5 万余册,杂志 284 种。"

对于该校的馆藏特色,此文写道:"初创时期的辅仁大学图书馆,馆藏中相当大的比例来自海外捐赠,尤其是外文书籍方面。据一份可能编于 1931 年末的档案资料,那年仅在一次货运中,辅仁大学就收到了 5360 册图书,这是西起美国加利福尼亚东至纽约州的 925 位捐赠者所捐献的。"

这批赠书大大提高了该校西文书的质量。吴小新在《北京辅仁大学——天主教本笃会时期的个案研究》中写道:"这的确是迄今为止所收到的一批高质量图书。有些真是极品图书,婉转地说,它们漂亮和实用……有些则的确是使那些嗜书如命者大喜过望……我们确实已收到了一批成龙配套的高品质图书,特别是文学和历史类的书籍。"另外苏明强在文中还提到:"1941 年圣言会的一位传教士一次捐赠了 240 种图书,共 300 余册;卡内基国际和平基金会赠书 6 巨册,并小册子 6 本。"

对于该馆初期馆舍情况,苏明强在文中写道:"初创的辅仁大学图书馆茅室土阶,系涛贝勒府部分平房修葺而成,中文图书室五间,外文图书室仅三间,此后图书馆又搬迁到南花园的二层小楼。从留存的照片和统计数字可知,馆舍内部空间十分狭小,既难以存放大量藏书,也限制了到馆人数,难以满足师生日常需求。"

为此,那时的教务长刘半农还发出过这样的感慨:"本校的图书,有急行增添的必要。现有的图书馆地方太小,且无一种保险的藏书设置。"(刘半农《辅仁大学的现在和将来》)

当时教育部派员考察辅仁大学时,也提到了该校图书馆"关于社会科学及自然科学之参考图书,亦寥寥无几"。故而该校派刘半农前往南京活动,以便不使该校降格为学院。校长陈垣也觉得原学校建筑面积有限,致使实验室无从设置,图书馆中亦难于容藏大宗书籍。

1929 年 12 月,辅仁大学购入马叙伦的天马山房藏书 18000 余册,之后辅仁大学还买到一批中文古籍,苏明强在文中写道:"1948 年辅仁大学又以 65 两黄金购得陈氏根香庐旧藏书籍 14149 册,其中多为地方志,为以后图书馆发展古籍地方志特色收藏奠定了基础。该收藏疑似民国文人陈莲痕藏书,其藏书印有'莲痕四十后所得''根香庐珍藏',共 1533 种,地方志约有 1275 种,数量大,质量上乘,有明代方志 7 种,还有多种孤本。"

该院得到花旗银行的贷款后,聘请外籍建筑师格里森设计辅仁大学新楼,该楼整体呈日字型,为中西合璧的宫殿式建筑,图书馆就位于日字型中间,下为阅览室,上为书库。

该校还成立了图书委员会,该会隶属于校务委员会,由此提高了图书馆的地位。当时辅仁大学的图书馆主任是谢礼士(亦译作谢理士),他毕业于德国慕尼黑大学,曾在德国巴伐利亚州图书馆工作,1930 年至 1938年任辅仁大学图书馆主任。

1930 年底,北平图书馆协会年度第四次常会在辅仁大学举行,谢礼士做了"德国图书馆发达史"的演讲。1932 年 1 月 10 日,该协会年度第一次常会在国立北平图书馆举行,谢礼士代表辅仁大学参会,当选为协会监察委员,后来他又加入了中国图书馆协会。

谢礼士之后的继任者是葛尔慈,他是德国莱比锡大学哲学博士,可见该校图书馆主要是由外籍专家做主任。故苏明强在文中说:"由外籍教授充任图书馆负责人在大学中比较常见,但像辅仁大学这样,图书馆主任长期由外籍教授担任,几乎贯穿始终,还是非常罕见的。"

1950 年 10 月 12 日,人民政府正式接管辅仁大学,任命陈垣继续担任校长。1952 年,辅仁大学的中文、西语、数学、物理、化学、史学、生物、教育、心理九个系并入了北京师范大学,哲学和西语系部分师生并入北京大学,经济和社会学系并入中国人民大学,社会学系内务组并入中国政法大学。1952 年后,陈垣就任北京师范大学校长。

2022 年 3 月 31 日,我前往香山公园去探访静宜园,该园处在香山公园东门附近,但我走错了门,从北门兜一圈方转到此处。我先是找到了勤政殿,这是静宜园的主殿,殿门前有一半圆形水池,上跨虹桥一座,这与文庙前的泮池很像。

勤政殿的右侧有一排古建,此处现为游客服务中心,原想从这里穿过看看后院,然此处无法通行。只好沿着山路转到了韵琴斋,此处是英敛之主持修复的三个院落之一,而今这个院落静悄悄的,看不到游客。院落呈前后格局,韵琴斋正前方隔着水池的房屋是听雪轩,在这个院落游览一番,没有看到介绍英敛之事迹的文字。

重新返回山门,在戟门的外墙上看到了静宜园的文保牌,此牌侧旁列着一些展板,浏览一番,全是与防疫有关的内容。我走到东门检票处,向工作人员请教,在东门外的广场上是否有关于英敛之的介绍文字,工作人员

听雪轩 　 韵琴斋

反问我英敛之是谁。我问他可否从东门走出转到北门，以便到周围探看一番，工作人员好心劝我说千万别这么走，因为小巷太多，转来转去会找不到路的。

寻访前的一个星期，我开车前往辅仁大学旧址，在那一带兜了几圈，找不到停车位，只好将车停在骨科医院门前。站在平安大街上张望一番，我没有看到人行道，只好窝入地铁站，走到地下方想起口罩在车上，在工作人员的指导下，我从自动售卖机买了一个口罩，才得以穿到地铁的另一个口。

凭直觉穿过小巷，走到了东福寿里胡同，由此一路北行，走到该胡同1号院时，看到这里的匾额写着"北师大学生宿舍"。此处为三层青砖建筑，做过外立面改造，想来这里当年乃是辅仁大学学生宿舍。这个院落的外墙形成了一条像防火墙一样的通道，远远望去，胡同正前方就是辅仁大学主楼。

走到近前，学校的门上着锁，我只能在路两边探看，门口立着辅仁大学旧址牌，院墙依然是石柱铁栏杆。石柱顶端坐着小狮子，每个狮子的造型都有不同。我从老照片中看到当年在围墙上就有这些石狮子，想来设计师应是受到了卢沟桥上石狮子形态的影响。

从外观看，这座主楼确实是中西合璧，据说当年设计师格里森是从北京皇宫造型中得到了启发："城墙、城门和城楼这些造型显示出中国皇宫那种与众不同的某些特征。"

近百年过去了，这座建筑依然完好如初，真令人惊叹当年施工质量之高。沿着围墙边走边看，我走到了该院落的旁门，问保安是否可入内拍照，得到的当然是否定的回答。几年前我在附近找到了陈垣故居，此故居距离侧门仅有一两百米的距离，可惜那个院巷也不让进入。

■ 辅仁大学主楼旧址正观

北京女子师范大学图书馆

学潮下的典籍

关于北京女子师范大学的前身,各种文献有不同说法,有的称该校成立于清光绪三十二年（1906）,校名为北京女子师范学校,亦有文献称是光绪三十四年（1908）成立的北京女子高等师范学堂,还有的文献说是成立于清宣统元年（1909）的京师师范女子学堂。实际上,该校前身为光绪三十四年（1908）创办的京师女子师范学堂这一说法更为准确,因为出版于民国七年（1918）的《北京女子师范学校一览》载:"光绪三十四年七月十五日于京师设立女子师范学堂,从御史黄瑞麟之请也。"

京师女子师范学堂在民国元年（1912）改称为北京女子师范学校,民国六年（1917）改组为高等师范学校,并于当年增设国文专修科,设立附属中学。民国八年（1919）经教育部批准,正式更名为北京女子高等师范学校。民国十三年（1924）,升格为北京女子师范大学（以下简称"女师大"）。转年5月,在校长杨荫榆的高压管治下,女师大爆发了引起轰动的"女师大风潮"。

民国十六年（1927）,张作霖政府将北京国立九校合并为京师大学校,女师大为其一。转年,国民政府实行大学区制,将北京九所国立高校合并为国立北平大学,女师大改组为国立北平大学第二师范学院,该校只收女生。民国十八年（1929）,教育部停止实行大学区制,北大、北师大独立,恢复原有称谓,其他七所学校继续保持北平大学合校建制,但在称谓上略有变化,比如国立北平大学第二师范学院更名为国立北平大学女子师范学院。民国二十年（1931）,该校正式并入北平师范大学,故而女师大为北师大的源头之一。

1924年3月,北京女子高等师范学校校长许寿裳辞职,由杨荫榆继任。杨荫榆成为中国第一位女大学校长。

杨荫榆出生于无锡,17岁时被祖母嫁给蒋姓人家,蒋家少爷有些智障,于是杨荫榆与他断绝关系回到娘家,此后再未出嫁。光绪三十三年（1907）,她考取官费赴日留学,先后在青山女子学院、东京女子高等师范学校学习。1913年,杨荫榆回国后到江苏省立第二女子师范学校任教务主任,后来又到北京女子高等师范学校任学监。后来她作为优秀人才被教育部公派赴美国哥伦比亚大学留学,学成回国后任北京女子高等师范学校英语系主任。1924年,杨荫榆被教育部任命为该校校长。

1924年11月,该校国文系预科三名学生暑假返回家乡,因为军阀混战和水灾未能按时返回学校,当时杨荫榆正在整顿校风,为此要求这三名学生退学。但当时哲学系预科也有两名学生是这种情况,而那两名学生未受到处分,学校的学生觉得这种做法不公正,这一事件成为学潮爆发的导火索。

1925 年 4 月,司法总长兼教育总长章士钊提出“整顿学风”的要求。当年的 5 月 7 日,即国耻纪念日这天,学生们冲到了章士钊家,想质问章士钊为什么支持杨荫榆,当时章士钊正在教育部上班,学生们看他没有在家,于是将其室内物品砸烂。

这天杨荫榆在女师大大礼堂以校长身份正准备主持国耻日纪念会并发表演讲,被学生会的刘和珍、许广平等抗议阻止,最后在中立教员的劝说下,杨荫榆只好离场。两天后,她将此事报告给教育部,得到批准后,杨荫榆借校评议会名义公布文告,宣布开除许广平、蒲振声、张平江、姜伯谛、刘和珍、郑德音六名学生自治会成员,同时宣布解散学生自治会。此举引发学生们更加强烈的反抗,学生们封了杨荫榆及其秘书的办公室及宿舍,派人把守校门,拒绝杨荫榆入校,杨荫榆只好租住在一个饭店内办公。

5 月 27 日,该校教师马裕藻、沈尹默、鲁迅、李泰棻、钱玄同、沈兼士、周作人七人联名在《京报》上发表了《对于北京女子师范大学风潮宣言》(以下简称《宣言》),表达他们支持学生的决心。文中谈到这六位学生无不良品性,她们既然是学生自治会成员,说明是学生们公认的有能力者:“六人学业,俱非不良,至于品性一端,平素尤绝无惩戒记过之迹,以此与开除并论,而又若离若合,殊有混淆黑白之嫌,况六人俱为自治会职员,倘非长才,众人何由公举,不满于校长者倘非公意,则开除之后,全校何至诼然?”

《宣言》中还讲到了另外两位学生没有受处罚,由这种不公而引起了师生们的不满:“所罚果当其罪,则本系之两主任何至事前并不与闻,继遂相率引退,可知公论尚在人心,曲直早经显见,偏私谬戾之举,究非空言曲说所能掩饰也。”所以他们七人觉得:“同人忝为教员,因知大概,义难默尔,敢布区区,惟关心教育者察焉。”

1925 年 8 月 1 日,在章士钊的支持下,杨荫榆在警察簇拥中强行进入女师大,宣布解散参与事件的四个班,同时封闭校门,于是冲突再起。章士钊将此事上报给段祺瑞政府,他在《停办北京女子师范大学呈文》中写道：

> 由五月至今，三、四月间，学生跳梁于内，校长侨置于外，为势僵然，一筹莫展。迩者士钊奉令调署，正拟切实查办，适该校长杨荫榆拟具改组四班计划，请示前来，当以校长职责所存，批令妥善办理。顷据该校长呈报，八月一日到校，顽劣学生，手持木棍砖石，志存殴辱，叫骂追逐，无所不至，又复撕毁布告，易以学生求援宣言，并派人驻守校门，禁阻校员出入，其余则乘坐汽车，四出求助，旋有男生多人，来校恫吓，并携带快镜，各处摄影，种种怪状，见者骇然等情。学生暴乱如此，迥出情理之外。

8月10日，教育部颁布了《停办女师大令》。8月17日，教育部决定在女师大原址筹办"国立女子大学"，章士钊自认筹备处长。此后的几天，教育部派专门教育司司长刘百昭前往女师大接收校舍，因学生反抗而未果。8月22日下午，刘百昭组织两班人马强行接收了女师大，之后在此建立北京女子大学。9月13日，国立北京女子大学正式成立。

对此，女师大校务维持会表示抗议，他们将驱赶杨荫榆的那些学生们组织在一起，于西城宗帽胡同租赁房屋，另行办学，9月21日开学上课。至此，同时有了女师大和北京女子大学两所女子高校。由于驱除校长的风潮愈演愈烈，杨荫榆从该校辞职，不久后返回了家乡。

关于杨荫榆为什么要坚定地整顿学风，以及她为什么如此坚决地将此事进行下去，杨绛在《回忆我的姑母》中说过如下一段话：

> 我母亲曾说："三伯伯（三姑母）其实是贤妻良母。"我父亲只说："申官如果嫁了一个好丈夫，她是个贤妻良母。"我觉得父亲下面半句话没说出来。她脱离蒋家的时候还很年轻，尽可以再嫁人。可是据我所见，她挣脱了封建家庭的桎梏，就不屑做什么贤妻良母。她好像忘了自己是女人，对恋爱和结婚全不在念。她跳出家庭，就一心投身社会，指望有所作为。她留美回国，做了女师大的校长，大约也自信能有所作为。可是她多年在国外埋头苦读，没看见国内的革命潮流；她不能理解当前的时势，她也没看清自己所处的地位。如今她已作古人；提及

她而骂她的人还不少,记得她而知道她的人已不多了。

当时杨荫榆看到马裕藻、鲁迅等七人在报纸上刊发的《宣言》后,曾给马裕藻写了封长信,针对《宣言》中的字句一段段予以回答,比如《宣言》中说到的"至于品性一端,平素尤绝无惩戒记过之迹……",杨荫榆针对此的回复是:"六生品学,颇闻先生多时积极教导,今复确切保证,足见莫为之前,虽美不彰;莫为之后,虽盛不明。但榆考察所及,六生中学绩多有考试不及格者。业荒得意,事理之常。"

对于开除学生之事,杨荫榆说是评议会共同做出的决议:"总之开除学生,本在校长职权以内,第以尊崇公意,特先咨询评议会同意,然后负责发表,呈部备案。闹潮以后,复经评议会会员主任教员专任教员联席会议,议决以后永远不赞成已开除之六生返校。其时大众表决,除各位职教员外,各系主任教员,全体列席(惟李主任已因家事离席),全体一致,并无异议。今先生椽笔一呵,宣言突起,乃曰公论尚在人心,曲直早经显见。所谓公论如是,所谓曲直如是,所谓偏私谬戾之举又如是。"

由于鲁迅坚决反对另立国立女子大学,1925 年 8 月 12 日,教育总长章士钊请段祺瑞下令免去鲁迅的教育部佥事职务,此后鲁迅以章士钊免职令的时间倒填在校务维持会成立之前为由,向平政院提起诉讼。1925 年冬,章士钊离职,女师大复校。转年 1 月 17 日,当局决定恢复鲁迅教育部佥事职务。3 月,北京临时执政府发布了"撤销对周树人免职处分"的训令。至此,历时近一年半的"女师大风潮",以鲁迅为代表的一派获得胜利。

杨荫榆辞职半年后发生了"三一八惨案"。1926 年 3 月,冯玉祥的国民军和张作霖的奉军进行交战。12 日,日本派遣军舰掩护奉军军舰进攻天津大沽口,炮击国民军,被国民军击退。16 日,日本联合英、美等八国援引《辛丑条约》,向段祺瑞政府发出通牒,要求其撤除大沽口防务。此事件发生后,在中共北方区委和国民党北京执委会的领导下,北京学生 5000 余人到天安门广场集会,拒绝八国最后通牒。会后,群众举行游行请愿,在执政府门前遭到段祺瑞卫队的屠杀,死 47 人,伤 199 人。

当时的女师大教务长是林语堂,他和许寿裳赶往惨案现场,看到刘和珍已经死在了血泊中,经交涉,19 日晚他把刘和珍遗体运回学校,安放在大礼堂，而后写下了《悼刘和珍杨德群女士》，之后周作人写了《关于三月十八日的死者》，4月1日鲁迅写了《记念刘和珍君》。

3月19日，段祺瑞下令通缉五名"暴徒首领"，其中有北京大学教授李大钊、中法大学代理李煜瀛、女师大校长易培基。3月26日《京报》又刊发了第二批通缉名单，共有48人，此次加上了马裕藻、许寿裳、鲁迅、周作人等等。此后几天，冯玉祥驱赶段祺瑞，直奉联军进入北京，国民军退出北京。

杨荫榆回到苏州后，在苏州女子中学做自然科学教师。日军入侵苏州后，要杨荫榆出任伪职，遭到她的拒绝。后来几个日军追捕逃出的妇女，追到了杨荫榆家，因为熟悉日语，杨荫榆将此事告到了日本军官那里，这位军官勒令部下退还抢来的财物。此后街坊上的妇女怕被日本兵抓到，有些就躲到了杨荫榆家，为此引起了日兵的仇恨，杨绛在回忆文章中写道："一九三八年一月一日，两个日本兵到三姑母家去，不知用什么话哄她出门，走到一座桥顶上，一个兵就向她开一枪，另一个就把她抛入河里。他们发现三姑母还在游泳，就连发几枪，看见河水泛红，才扬长而去。邻近为她造房子的一个木工把水里捞出来的遗体入殓。棺木太薄，不管用，家属领尸的时候，已不能更换棺材，也没有现成的特大棺材可以套在外面，只好赶紧在棺外加钉一层厚厚的木板……那些木板是仓卒（猝）间合上的，来不及刨光，也不能上漆。那具棺材，好像象征了三姑母坎坷别扭的一辈子。"

1926年1月13日，易培基兼任女师大校长，他本人有藏书之好，家中藏有宋元刻本十余种，明版书五百多种，碑帖一千三百多种。易培基是湖南善化人，清代湖南最有名的藏书家是袁芳瑛，袁芳瑛的卧雪庐藏书流散出来后，被易培基买到不少。湘乡王礼培也是有名的藏书家，王礼培的藏书散出来后大多被易培基买下。后来易培基在上海江湾建有一座三层的藏书楼，该楼有三十多个房间，可见其藏书量之大。

易培基到任当天，女师大举行了欢迎会，会务由教务主任许寿裳主持、鲁迅代表校务维持会、许广平代表学生自治会分别致欢迎辞。随后易培基恢复了被杨荫榆开除的刘和珍、许广平等六名学生的学籍，鲁迅被聘为国文系教授。

早在1921年，易培基就做过湖南省图书馆馆长，可见无论公私，他对书籍都有着特殊的爱。易培基刚到女师大时，就注意到学校图书馆建设问题，在召开学校教授评议会时，最终决定"每年分四季，每季以二千元添置图书"。

关于购书办法，《国立北京女子师范大学概略》中称："每季之始，由图书委员会分向本校各系主任征集应购之书单，再向图书馆检查本馆是否已有是书，如系本馆未备之书籍，即由图书部主任会同总务长及会计部主任审查应购书籍已未超过每季图书费，然后购买。"

关于该馆藏书的具体情况，董乃强主编的《中国高等师范图书馆史》一书中称："1926年，国立北京女子师范大学图书馆在18周年校庆时对馆藏做了一次清点，统计出18年间共购入中文新籍1807种2006册，小说新丛书83种401册，字典、辞典70种168册，中文古籍经类151种2580册、史类254种5557册、子类91种1007册、集类210种3562册、丛书52种5782册，日文书籍475种566册，英文书籍1019种1248册，德文书籍35种37册，法文书籍7种7册；杂志报纸805种1016册。馆藏书刊总计5059种23937册，总价值在1.5万元以上。"

1929年春，该校图书馆申请到一笔经费，又购买了一批书籍，到该年底清点时，馆藏中文书有4910部，外文书有7489部。

关于当年女师大图书馆的馆舍情况，《中国高等师范图书馆史》中载："国立北京女子师范大学图书馆在学校的支持下大力扩充馆舍，将校舍第一排西式楼房的上层教室全部改办为图书馆的字典杂志、中文图书、外文图书、中外报纸等4个阅览室，在每个阅览室里都陈放馆藏书目以备师生查阅。图书馆另有8个设在各学系的分阅览室，供各学系存放根据教学需要从图书馆调取来的专业书籍，以利该学系师生的研读。图书馆除法定假日外每日上午9—12时、下午1—6时开放；寒暑假每日开馆半天；暑假每日上午8—10时、寒假每日上午9—11时。"

1931年，国立北平师范大学与国立北平大学女子师范学院合并为一校，两校的图书馆也合在了一起。1931年，《第一次中国教育年鉴》中给出了合并后图书馆的藏书总量：76000余册（其中中文图书64364册、外文图书12364册，另有中外杂志2000余册）。1933年12月，中华图书馆协会公布了调查各馆馆藏的结果，其中国立北平师范大学图书馆馆藏为中文图书97675册、外文图书16817册。

女师大时期图书馆分为登录、编目、购书、典书四科，总计有四位工作人员交叉操作。合并进北师大图书馆后，有科长一人，科员五人，书记员六人。

女师大图书馆的分类编目方式是将哲学、科学、工艺、言语、文学等十大类合并之后，西文图书一律采用杜威十进制分类法分编，但这种分类方式难以将中文和日文图书分得很清楚。1934 年，馆长何日章、馆员袁涌进决定自创中文图书分类法："概依杜威以期一致，而将中国旧籍之经、史、子、集分别隶属于总部，史地，哲学及文学各部，寓变通于一致之中。"（国立北平师范大学 1936 年编印《国立北平师范大学的近况》）

他们根据这个原则，编制出了《中国图书十进分类法》，以此来规范该馆中文、日文图书的分类编目。

何日章原本是河南省图书馆馆长，1933 年 1 月，他被聘为国立北平师范大学图书馆馆长。关于他对此馆的贡献，沈祖荣在文中说："师范大学图书馆，自馆长何日章先生任事以来，颇多改进。据云：前此馆务之管理，不甚严格，书籍时有遗失。借者亦往往过期不还。何氏以身作则，每日按时到馆。同事亦仿效之。尔后遗失图书及过期不还之事，因以大减。"（丁道凡编《中国图书馆界先驱沈祖荣先生文集》）

1933 年春，在何日章的主持下，图书馆馆舍重加修葺，并调整了书库和阅览室的布局，后来图书在转移过程中造成了一些损伤："（民国二十二年）五月，日人寻衅，平津不安，部令派员将该校及研究所附中附小重要图书仪器等共二百箱运往开封河南大学保存，九月，派员运回。"（教育部教育年鉴编纂委员会编《第二次中国教育年鉴》）

女师大旧址位于西城区新文化街 45 号，现在是鲁迅中学。2022 年 3 月 18 日，我打车前往此处，出租司机听闻我要去的地址，立即跟我开聊鲁迅与许广平的故事，其言论颇为公允，让我深感惬意。他问我前往此校的目的，我说自己只是为了看看图书馆，司机颇感遗憾："那个学校发生了那么多著名的事件，那些故事又不是发生在图书馆里。"我调侃地跟他说："你怎么知道那里的图书馆没有发生过有意思的故事呢？"

开到鲁迅中学门前时，天阴沉得越来越厉害，以我的心理暗示，我预感此次寻访很可能不会顺利，果然门卫听到我的要求后一口回绝，说疫情期间不可能让外人入院拍照，即便此前没有疫情时，也有严格的规定，必须

= 前围墙

校长同意后方可让陌生人入校。有这样的规定我能理解，近些年来，无论中学、小学、幼儿园都对陌生人入校有着本能的戒备。

无奈只好在校门口拍照，在此期间，有人敲开校门走入院中，我本想借机拍几张全景，但门卫眼疾手快地掩上了门，而这里的大门空隙太小，镜头根本伸不进去，我向门卫提出可否打开门，我只站在外面拍一张照片，同样遭到了他无情的拒绝。他看我没有离开的意思，竟然走出校门站在街边抽烟，而后用余光一直盯着我。遇到如此尽职尽责的门卫，这也是无奈之事，我只好在大门周围寻找可拍摄的细节。

在大门右侧看到了文保牌和介绍牌，这里是全国重点文物保护单位，级别已然是顶级，只是不知道除了门前的老楼，里面还有什么重要的遗迹。也许该校获得这样的保护级别的原因，是这里发生了一些重要的历史事件吧。旁边的介绍牌中写到校舍由四座楼组成，文物建筑面积将近 7000 平方米，上面还讲到了 1920 年至 1926 年期间，李大钊受聘该校"讲授课程的同时，传播马克思主义"，想来这也是该校成为全国级文保单位的原因。

马路边还有一个别致的介绍牌，上面的题目是"北京市鲁迅中学（京师女子师范学堂旧址）总导览图"，上面除了文字介绍，还绘制有平面图，我站在旁边细看一番，上面没有标出图书馆的位置。

之后我沿着院墙左右梭巡，终于找到一个可以拍到主楼外立面的角度，此楼的外装饰做过整修，上面的花饰颇为精美，尤其门洞上端的装饰物能够看得很清楚，上面竟是三条盘龙，不知有着怎样的特殊寓意。

正在拍照期间，突然下起了大雪，这场雪来得有些突然，天气虽然一直阴着，但毕竟已是早春三月，未承想雪片还很大，顿然让我想到了鲁迅的《雪》，只是没有他说的那样坚硬。我担心雪越大打车越难，于是拦下路边的车。返程途中，雪已经大到看不清前程，路过一个公园时，我突然来了兴致，提前下车，在这里拍起了茫茫的雪景。大雪覆盖了一切，真可谓"落了片白茫茫大地真干净"，但真实还存在于雪下。

朝阳大学图书馆

法学摇篮

关于朝阳大学的地位，王承斌在《朝阳大学的六条办学特点》中总结说："当时国内有两座著名的法科大学：一是北平的朝阳大学，一是苏州的东吴大学。前者崇尚大陆法系，后者崇尚英美法系。社会上和法学界流传着'北有朝阳，南有东吴'的荣誉。"

从该校的筹办阶段就可看出，这是一些中国早期法律界人士共同张罗起来的一所大学，故自始至终，朝阳大学都是以法律为特色。

中国近代法律的萌芽，可以追溯到清同治元年（1862）清政府设立京师同文馆。该馆起初请外国人教授外语，两年后清廷聘请丁韪良任同文馆英文教习，在他的主持下译出了《万国公法》。同治六年（1867），同文馆以《万国公法》为课本，开始向学生传授近代法学知识。

清光绪二十一年（1895），天津中西学堂开学，该学堂设法律、采矿冶金、土木工程和机械四科，此为中国首次在大学内开办法学课程，该科设课 20 门，包括律法总论、罗马律例、英国合同律、万国公法、商务律例等等。

光绪三十二年（1906），清廷宣布预备立宪，为此商议官制改革，在司法方面要开办高等、地方、初等三级审判厅，故需要大量新式法律人才。但那时这类人才极少，一些相关人士开始探讨如何能培养出更多法律专才的问题。

清宣统二年（1910）底，京师法律学堂及修订法律馆任职的汪有龄、江庸、汪乐园、陈鲤庭等人联络一些司法界人士，成立了中国第一个法学会——北京法学会。当时他们聚集在中国法律界前辈沈家本的家里征求意见，沈家本很赞同成立此会，并捐资以助，众人推举沈家本为该会会长。而后北京法学会又设立了法政研究所，同时办起了《法学会杂志》。

那时沈家本年事已高，真正张罗此会的人是汪有龄，沈家本在《法学会杂志序》中写道："属汪君子健总其成。子健热心毅力，订章程，筹经费，规模略具，力图进行，乃议设法政研究所及编辑杂志以导其先。"

汪有龄是浙江杭县人，光绪二十三年（1897），杭州知府林启派汪有龄和稽侃等人到日本学习蚕业新技术。两人到达日本后，因不懂日语，于是跟随山本学习语言，两人学习很刻苦，仅几个月时间就能正常交流。但是因为汪有龄有严重近视，不适合学习蚕务，在得到浙江巡抚廖寿丰的同意后，他改学法律。

汪有龄回国后，主京师法律学堂教习。民国成立后，汪有龄任南京临时政府法制局参事,同时参加创办了北京法学会。1912 年 8 月,任北京政府司法部次长、法律编查会副会长。

北京法学会成立后,重点开展两项活动:一是在财政学堂设立短期法政研究所,邀请在法律馆协助修律的日本法学博士冈田朝太郎和志田钾太郎为研究所义务讲授法学原理;二是创办《法学会杂志》。该杂志创刊于宣统三年(1911)五月,杨绛的父亲杨荫杭为该刊写了发刊词,此刊为月刊,出到第 5 期时因故停刊。

武昌起义爆发后,孙中山就任中华民国临时大总统,汪有龄任南京临时政府法制局参事,江庸也南下参加南北和谈,这使得法学会无法进行下去。转年 8 月,政局稍微平稳,沈家本约汪有龄、章宗祥等继续开办法学会,为此,他们在 1912 年 10 月召开了复原大会,推举王宠惠、徐世英、章宗祥、曹汝霖、汪有龄、江庸、陆宗舆为学会维持员,他们制定的法学会宗旨为"研究法学、赞助立法、司法事业"。

1913 年 2 月,《法学会杂志》复刊。沈家本写了篇复刊词:

> 余老病侵寻,入春以后,键户静养,不复与政界相周旋。子健(汪有龄)惜斯会之已成而中辍也,复与章仲和君重加整顿,并乞政府资助千金,斯会乃复成立。一时知名诸公,无不莅止,冠裳跄济,盛于曩时。余虽以老病,不获亲至会所,一聆伟论,而窃喜已废之复举也,因述其缘起,题于杂志卷端。自后吾中国法学昌明,政治之改革,人民之治安,胥赖于是,必不让东西各国竞诩文明也。实馨香祝之。七十三叟沈家本。

对于北京法学会以及《法学会杂志》的影响力,当时的《法政杂志》第 2 卷第 4 号上刊发的《北京法学会的发展》一文中称:"前年北京司法、立法及法学各界沈家本君辈,于京中设立法学会,促进法制与法学之进步……一发行法学杂志,由深通中西法学之会员担任纂述。每期择最重要之问题,求学理上实例上之解决,引起国民法学研究之兴味。一设立法政学校,分设法制、经济各科,设立专门大学,各级延聘中外教员,养成专门人才。"

由这份报道可知,该会再次展开活动时,商讨了设立法政学校以及准备开办专门大学来培养法律人才的设想。经过一段时间的筹办，于是就有了朝阳大学。对于该所大学的创办人，吴斌所著《法苑撷英——近代浙籍法律人述评》中有《朝阳大学、北京法学会创办人——汪有龄》一文，该文的题目已经给出了结论，同时此文中还有一节的题目为"朝阳大学首任校长"，此节谈到："朝阳大学距今已有近百年的历史，是一所以教学和研究法学为重心的私立大学。它是民国元年由汪有龄倡导并会同江庸、黄群等北京法学会同人在北京集资创办的国内第一所专门研究和教授法律的大学。"

关于汪有龄创办朝阳大学的具体原因，该校 1928 年毕业生赵世泰在《漫谈朝阳大学》中另有说法，该文也是称"我校创办人兼第一任校长汪有龄先生"，文章简述了汪有龄年少发奋学习及日本留学之事，并称民国成立后，汪有龄在任司法部次长时，对于那时的司法改革、法令起草等尽了很大努力，也有相当的成效。但是，"由于他赋性率直，纵酒使气，又加以青年得志，豪放不羁，自然在无意中树立了不少政敌，因之受到了排挤，终于跌下政治舞台，出了内阁。他在离职之后，两袖清风，一时竟无事可做。他是不甘寂寞的，不得已，乃想投入到自由职业里，挂起律师招牌来，既可自力谋生，又不致妨碍他的政治活动"。

汪有龄想做律师的愿望未能达成，因为他当时跟司法总长关系处得不甚和洽，所以这位前领导看到汪有龄申请律师资格的文本后打起了官腔，认为有些条件不符合要求，此事令汪有龄十分恼怒。赵世泰在文中转载了他听闻汪有龄说过的一段话："此后我汪某誓不再做什么司法高级首长，但我要在全国的司法界和行政界广植人材，一决雌雄，也叫你们这些与我为难的朋友看看！"正是因这个原因，"此后他便蓄意积虑，东奔西驰，为办出一所像样的法政大学而奋斗"。

这种说法，似乎是想表明汪有龄因一时之气而创办朝阳大学。赵世泰是朝阳大学的学生，其所言应该多少有些根据，但汪有龄毕竟是中国最早的法律界权威，想来他开办朝阳大学，应该有更远大的理想和目标，不太可能是为了赌一时之气。更何况民国初年时，曾任代理总理的汪大燮是沈家本的大女婿，同时汪大燮也是汪有龄未出五服的本家，所以他到沈家本家中张罗成立法学会，有很多的因素在。

关于朝阳大学创始时的名称、创始的具体时间，以及创办人为谁这些问题,似乎早有定论,比如 1948 年 7 月朝阳学院出版的《毕业同学录》中有 "朝阳大学创办人和校董名录",其中创办人一栏明确写着汪有龄。对于创办人和创办时间,熊先觉在《朝阳大学建校背景》一文中称:"朝阳大学创办于 1912 年,是中国法学界著名的老前辈汪有龄、江庸、黄群、蹇念益等先生集资创办的以教学和研究法学为重心的私立大学,设法律、政治、经济等科。"

但是熊先觉在此文中又写道:"原定以旧翰林院为校址,以 '中国大学' 为校名,后将校址改在朝阳门内海运仓,故命名朝阳大学,象征早晨太阳,光芒万丈,向着民主法治迈进。公推汪有龄先生为校长。"

可见朝阳大学原名叫中国大学,后来校址改了朝阳门一带,所以更名为朝阳大学。此文也确定地说该校校长是汪有龄。

对于以上的相关细节,汪强在《朝阳大学建校史事钩沉》一文中做了系统梳理,此文给出的结论是:"它筹办于 1912 年 10 月,1913 年 7 月开始招生并于是年 9 月正式开学;1914 年 5 月获教育部正式认可;朝阳大学原名民国大学,1915 年更名为朝阳大学。" 此处称朝阳大学原名民国大学,不清楚其早期名称应该是中国大学还是民国大学。

为了落实相关细节,汪强到北京市档案馆查看了所有关于朝阳大学的档案卷宗,遗憾的是,该卷宗虽然有 351 卷之多,却没有一份涉及民国大学时期的档案,他查到的最早记录是《教育部行政纪要》中关于北京私立大学的报告:"……北京四校,一为朝阳大学,于二年(即 1913 年)九月设立,原名民国大学,本年(即 1915 年)改今名。" 1926 年出版的 "本校史略" 对创校时的相关记载更为详细一些:"民国初元,在北京法学会同人谋设大学于京师,适黄君群、蹇君念益等亦正为大学事奔走于各方,乃相聚而谋,各挟其捐资集议,议定创办本校,并公举汪先生有龄为校长,时二年七月也。初求翰林院旧址为校地,既得国务院之批准,工商部翻之,乃诉讼于法庭;讼得直,继有人出而调停,以仓场衙门旧址为代地。"

经过梳理,汪强发现:"民国大学之最初校名,翰林院校地之取得,皆与汪有龄等并无干系,而是黄群、蹇念益等人办学的初步成果;1912 年 11 月 14 日司法部的一则批答——《批浙江高等法律顾问官朱兴汾等呈请民国大学毕业后免于法官考试由》,即是黄群等办学初步成果的证明。" 因为 11 月 14 日司法部对朱兴汾等的批答中说:"该创办人组织民国大学,预储法学人材,深堪嘉许。仰先呈教育部批准后,再行呈由本部备案。"

为此,汪强认为"民国大学的代表人为朱兴汾"。那么,为什么后来变成了汪有龄呢,汪强在文中给出了四个原因。一是资金方面,根据1915年的统计,朝阳大学的基金为6万元,不动产折价4万元,但是同期的北京私立中华大学,政府答应拨20万元做基金,北京明德大学基金8万元,对比来看,朝阳大学基金的竞争力不足。二是师资问题,因为黄群等人的师资情况现有资料不可考,但是汪有龄有法学会的支持,师资当然雄厚。三是人事问题,黄群、蹇念益为1913年第一届国会众议院议员,他们把精力都放在了即将举行的议员选举方面,无力兼顾办学。

关于第四方面的原因,文中写道:"校地本为黄群等民国大学兴办人由国务院划拨而得,但工商部认为翰林院旧署为其所管理,并要求收回,黄群等人的力量不足以抗拒工商部,而汪有龄等法学会一系则不然。他们不是司法界前辈,如沈家本;既(即)是当时法界名流,如001号律师证持有者曹汝霖;抑或任职于政府、司法机关,如曹汝霖、江庸等。另外,值得一提的是,京师地方审判厅厅长及24名推事中,17人为法学会会员;京师高等审判厅厅长江庸及8名推事,俱是法学会会员。"

正因这四点,"民国大学的主导权由初办人黄群等转入汪有龄等法学会一系"。

根据1912年6月2日临时大总统令,翰林院等机构取消,由国务院派人清理裁撤之事,而后教育部派人接收了翰林院旧署,该地被工商部作为办理公报使用。10月12日,黄群等向国务院申请将翰林院旧署作为民国大学开办之地,而后得到批准。但工商部认为裁撤的翰林院旧署虽然所有权在国家,管理权却在工商部,他们拒绝将翰林院旧署交给民国大学。汪有龄作为民国大学代表,将工商部告于京师地方审判厅。该厅接案后,工商部做出回应,以公函形式复京师地方审判厅,表示拒绝应诉,理由是此诉讼为行政诉讼,京师地方审判厅无权管辖。

经过一番调解,最终政府部门将朝阳门内海运仓调换给民国大学,他们对这处旧建筑经过一番改造,转年正式招生。熊先觉在《朝阳大学——中国法学教育之一脉》中给出了开学的年份:"民国教育部1912年8月颁布《专门学校令》,首次提出'专门学校以教授高等学术,养成专门人才'为教育宗旨,改学堂为学校,准许私人或私法人设立专门学校。私立北京朝阳大学得以注册成立,设法律、政治、经济等科,1913 年正式招生。"

刚开办的朝阳大学有法科和商科两系,到 1914 年,又增加了文、理、医、农各科,但由于四科办学情况不佳,不久就停办了,之后该校又增加了专门部。

朝阳大学在创办的前几年,在教学方面很有成就。那时的大学可分为三类,一是公立大学,二是教会大学,三是私立大学,只有第三类难以得到政府和教会的资助,正是出于这样的原因,朝阳大学在招生方面严把入学关,在教学方面同样要求严格。刘怀亮、王承斌在《在连升湾和兴隆场的学习生活》一文中写道:"朝阳学院很重视国文,尤其重视古文,招考新生出的作文题,几乎全是从古书上摘取下来的警句,如《临财勿苟得、临难勿苟免论》《徒善不足以为政、徒法不足以自行论》等等,如果没有读过古书,恐怕连这些话出自何处均不了解,更难动笔作文。但多数同学,特别是南方同学,受过古文熏陶的很多,他们还是顺利地过了作文这一关。"

为什么要对学习法律的学生如此强调文言文写作呢? 原来那时的起诉书和判决书要求用文言来书写,所以学校要求学生必须能用文言文写作。因为学生们基础知识扎实,所以赵世泰在文中说:"朝大同学惟一足恃的看家本领只有一项,就是'不怕考'。由于不怕考,所以民国以来历届的高等文官考试、法官考试、县长考试,以及华北政务委员会的考试、天津市长个人干部的考试,每次都有大批朝大毕业同学踊跃参加。每次榜发,朝大出身的人,都有不少被取中。曾经流传过'无朝不开科'的一句话,倒也不算过于夸大。"

对于朝阳大学在司法界的地位,曾任朝阳大学教授的陶希圣在《朝阳大学二三事》一文中写道:"中国法学与司法界,朝阳大学出身的人才是第一流,亦可以说是主流。法律教育史上,朝阳大学应居第一位。希圣是北京大学法律学系出身的一个人,何以这样推重朝阳大学及其校友。我推重朝阳大学,并不是贬低北京大学。因为北京大学法科与法律学系出身的人士不一定进司法界,朝阳大学的校友却大抵受任法官。中国司法史上,法官之第一流,不止于朝阳大学,北京法政专门学校、上海法政专门学校还有东吴法学院,皆出了第一流法官。但若说朝阳大学出身的人士为司法界的主流,我想朝阳大学的校友是当仁不让的。"

为了印证他的结论,陶希圣在文中举出了如下例子:"民国十九年之前,朝阳大学出版的法学讲义,包括民刑实体法与诉讼法,一部丛书,事实上全国各省区法政学校大抵采用为法学教本。即以上海会文堂出版的法学丛书而言,完全离开朝阳大学讲义,自为创作者,实在不多。北京大学法科或法学院始终未将法学讲义出版问世。朝阳大学出版可以发行全国的一套讲义便遍行全国各省区法政学校,为课程和参考的典籍。北大法科既不争先,朝大也就当仁不让了。"

因为管理严格,教学严谨,该校多次得到相关部门的褒奖,比如1918年3月,北京政府教育部第106号训令:"私立朝阳大学各科,教授认真,管理合法,足征该校整理有方,深堪嘉许,应予传知褒勉。"

同年3月30日,北京政府司法部第2928号指令:"此届法官考试,该校毕业各员,取录较多,且占甲等前列者,尤不乏人,足征该校教授管理,均臻优美,故能成绩昭著,可为私立各法校之模范。"为此,朝阳大学得到了一次性补助费1900余元。

1928年,汪有龄辞职,校董会改选江庸为校长,夏勤为副校长。江庸同样是法律专家,其父江瀚在清宣统二年(1910)被选为资政院硕学通儒,民国成立后,江瀚曾任第一届高等文法官考试主考官。早在光绪末年,江瀚就兼任过京师大学堂师范馆监督,曾前往直隶、山东、河南等地考察学务,黄侃、秉志、胡先骕都是他的门人。民国十六年(1927),江瀚由国务院聘为礼制馆总纂。

江庸是江瀚的长子,1900年曾入京应顺天乡试,因遇上义和团战事而返回四川,转年,川督选派他到日本留学,之后江庸进入私立早稻田大学师范部法制经济科学习。回国后,被直隶总督袁世凯聘为天津北洋法政学堂总教习,但还未到任,就由学部调充京师法政学堂总教习,而后修律大臣沈家本聘他担任修订法律馆专任纂修。宣统元年(1909),江庸参加归国留学生廷试,成为一等第四名法政科进士。

进入民国后,江庸任北京法政专门学校校长,此后又做过多任司法部次长。张勋复辟时,国务总理李经羲任命江庸为司法总长,他坚辞不就。冯国璋代理大总统时,王士珍出任国务总理,江庸任司法总长。

1924年曹锟贿选总统后,江庸辞职,在北京开设律师事务所,并创办《法律评论》周刊,同时任尚志学会会长。他当选朝阳大学校长后,赶上教育部修复《大学规程》,该规程要求具备三科的学校才能称为大学,否则一律称为学院,同时还要求这些学院进行归并。

江庸等人经过一系列运作,终于保证了朝阳大学能够继续独立办学,但是校名由此而改为了朝阳学院。由于学校改名后并没有重新刻制公章,而是继续使用着朝阳大学的公章,所以人们也就习惯于这样称呼该校。

关于朝阳大学创办初期的校舍情况,1953 年出版的《中华民国大学志》中有《私立朝阳学院》一篇,文中写道:"海运仓是清朝时代的仓厂衙门,位于朝阳门与东直门之间,占地 240 余亩。旧有厅房尚多可用,除了正厅作为会议室和教授休息室以外,两厢群房作为教务、总务办公室,另于东部和中部增辟教室 23 所,西部新建学生宿舍 120 间,后进为一广阔之校园。中间甬路直通图书馆,两旁杨柳夹道,左右各有一半圆形荷池,图书馆回廊曲道,极为幽静。校园周绕一土山,高下起伏蜿蜒约一里许,其上嘉木成荫。土山东面建有一宏阔之足球场,西面辟有篮球及网球场各四五处。冬季荷池结冰,又成为天然的溜冰场。"

可见创校之初,朝阳大学就有了图书馆。但是陈源蒸等编的《中国图书馆百年纪事(1840—2000)》给出的创办时间则是:"(1924 年)12 月,北京朝阳学院图书馆成立。1926 年 1 月改名朝阳大学图书馆。1940 年停办。"

关于该馆的藏书量,俞江在《20 世纪 30 年代初的朝阳学院——〈朝阳学院概览〉笔记》中给出的数据是"图书馆一座,藏书 4 万余册"。

对于该馆藏书特色,赵世泰在《漫谈朝阳大学》中说:"朝大图书馆所藏书籍,除国故方面的'经史子集'外,其余清一色是社会科学书,小说连一套《三国演义》或《水浒》都未必有,更不用说什么《红楼梦》《西厢记》《牡丹亭》和《桃花扇》了;并且也谈不到珍贵的版本。但是日本出版的新旧法政书籍倒还相当丰富,其中还有好些日本刊物,大半是以朝大编印的《法令周刊》向他们交换来的。朝大印行书刊,以法律系全部讲义最有名,几乎风行全国,大家都认为是部考试利器。"

全面抗战阶段,该馆的藏书有较大损失,王郁骢在《校史志略》中谈到他在那个时段代行教务长职务:"嗣又奉校董会谕本校决迁移后方,责令鄙人及留平职员保管校址及图书文卷。是时日寇入城后,逐日有人来本校窥视,意图占据,经保管同人设种种方法应付,未被日军占据,直至 27 年 8 月伪组织北京大学农学院竟不顾一切,将本校校址强占,并将全部校具占用，虽经向其交涉，当时留给房屋数间作为保管图书校具之地，但嗣因该伪农学院一再逼迫，终于 32 年时将图书移存法院图书馆，将文卷分别移存私人家中及中南银行，本校校址遂完全被敌伪占据。"

具体到该馆的损失细节，宋恩荣、余子侠主编的《日本侵华教育全史·第 2 卷·华北卷》中有"日寇对华北教育事业的破坏"一节，该节列出朝阳学院图书馆的损失为："共计损失 25110 册：中文线装 144 册，中文洋装 835 册，日文 61 册，英文 164 册，德文 4 册，法文 12 册，中西文杂志 23890 册。"除此之外，该书还谈到朝阳学院图书馆等另有一部分书也被劫掠："其时华北地区被日本人毁损和劫掠的大小公、私立图书馆达上千所。如抗战胜利后，国民党北平市党部接收伪教育总署及新民会借检查之名掠去的图书时，其中可以分清来自何馆藏书者，计有国立北平图书馆、故宫博物院图书馆及太庙分馆、北京大学图书馆及政治学会图书馆、北平师大图书馆、清华大学图书馆、中法大学图书馆、东北大学图书馆、华北大学图书馆、北平大学图书馆、北洋大学图书馆、中国大学图书馆、交通大学图书馆、朝阳学院图书馆……"

关于朝阳大学后来的情形，徐葵在《朝阳大学 1911—2011 年百年大事记》中写道："1949 年 4 月下旬，华北人民政府派陈传纲、李化南和王哲三人接管工作组进驻朝阳学院。此时朝阳学院成立了新的校务委员会，推左宗纶（经济学教授）为委员会主任，关世雄为副主任，与工作组办理学校交接事宜。接管工作组召开留校人员大会，宣布成立学习队，并在学员中组织学习和搞'三查'（查思想、立场、社会关系）等活动。"

1949 年 5 月 20 日，北平市军事管制委员会文化接管委员会文教部长张宗麟到校宣布正式接管朝阳学院，此后在该校旧址上创建了北平政法学院。8 月 5 日，华北人民政府根据中央批示，将北平政法学院改称中国政法大学。1950 年 2 月 13 日，谢觉哉校长传达中央决定，宣布中国政法大学与华北大学合并成立中国人民大学。

为此，朝阳学院的藏书也归入了中国人民大学图书馆。成志伟主编的《收藏辞典》中称："中国人民大学图书馆，建立于 1950 年。其前身相继为陕北公学图书馆、华北联合大学图书馆、北方大学图书馆、华北大学图书馆。该馆建立时，藏书只有 6 万余册。随后，又先后并入原华北文理学院图书馆和朝阳学院图书馆藏书。并接受各机关、团体、个人赠书，至'文革'

前,藏书已达 250 余万册。"

而今的朝阳大学旧址早已挪作他用,其主体为北京中医药大学东直门医院,还有一部分为中医研究所,对面的一片成为居住小区。2022 年 4 月 4 日,我打车前往此处,在中医院马路对面先看到了那片小区,院门上挂着"海运仓"的大匾额。门口的保安问我入院有什么事,我说只是拍照,他说疫情期间有要求,没有住户邀请,禁止入内。

转身走到东直门医院门口,这里的防疫措施更为严格,门前搭起了长长的通道,几个穿着防护服的工作人员逐一查验预约码,我站在旁边看了一会儿,看到没有预约之人禁止入内。其实昨天我已想到了这一点,原本想在网上预约,但是我也有些担心自己为此染上新冠病毒,若真如此,会连累到与我相关之人,这种压力比自己感染上的压力要大得多,于是打消了预约念头。但今天,我还是忍不住来到附近探看。

从门口望过去,东直门医院已经全部改成了新楼,大门入口的侧墙上一字排开挂着几十块牌匾,我用相机拍照后放大,看到牌匾上所书内容全与中医有关,每一块牌匾字体完全相同,远远看过去像是展开的一卷竹简。

既然不能入院,只能围着海运仓胡同转圈。隔街相望,那里是东四十三条胡同,这一带是保留得颇为完好的老街区,这种状态与医院形成了两个世界。沿着外墙转到东直门南小街,这里有一个门是医院的汽车通道,门口挂着骨伤科研究所的牌匾,于此看不到病人,我悄悄地向内走,未承想还是被保安拦了下来。我只好走到马路对面,远远地给这里的主楼拍了张照片。

从老照片上看,当年朝阳大学在此建校时,这一带还是一片荒凉,如今此处已经成为二环路以里的核心地带。沧海桑田,没有什么能够永久,唯有这里的藏书得以流传,期待有时间到中国人民大学去查阅朝阳大学的旧藏,看看近些年他们钤盖了怎样的藏书印。

≡ 海运仓社区院门　　≡ 像竹简的匾额

东直门医院主楼

国立北平大学法学院图书馆

并校合书，贷款建馆

"三一八惨案"后，段祺瑞下台，奉系军阀张作霖控制了北京政府。1926 年 4 月 26 日，上海《申报》驻京记者邵飘萍因为揭露奉系军阀在北京的暴行，以"勾结赤俄，宣传赤化"的罪名被枪决。8 月 6 日，《社会日报》主笔林白水因写文章触犯到了张宗昌等人，也以"宣传赤化"的罪名被处死。1927 年 4 月 6 日，张作霖派兵强行冲入苏联大使馆，逮捕共产党李大钊、范鸿劼等人，4 月 28 日将李大钊等 20 人绞死。

张作霖初入北京时，山东军阀张宗昌向其建议解散北京大学（以下简称"北大"），也有人出主意说不如保留，只是对其加强监控。张作霖认为后者所言更恰当。1927 年 6 月，张作霖自任陆海军大元帅，组织中华民国军政府（即安国军政府），任命潘复为总理，刘哲为教育总长。7 月 20 日，军阀政府教育部提出改组计划：取消北大，将北京的九所国立高等学校合并为"京师大学校"。8 月 6 日，张作霖颁布大元帅令，令中称："比年以来，校风败坏，士习嚣陵，国帑虚靡，学业荒废，非有整齐严肃之规，难收一道同风之效。"

张作霖以学风败坏、浪费国家钱财为由对大学进行合并，8 月 10 日，教育总长刘哲派陈任中、刘风竹、陈宝泉等 12 人为京师大学各科筹备委员，分别接收九所高等学校，其中将北大法学院合并到北京法政大学，称为法科第二院。

京师大学校由校长总管全校，校长由教育总长刘哲自任，9 月 21 日，京师大学校在教育部礼堂举行开学典礼。刘哲讲话宣称，该校的办学宗旨是"保存旧道德，取消新文明"，强迫学生读经义，学八股。

1928 年 4 月，蒋介石联合冯玉祥、阎锡山、李宗仁等部队进行北伐。当年 6 月 3 日张作霖退出北京，乘火车返回东北，6 月 4 日凌晨，在经过皇姑屯时被日本人埋的炸药炸死，刘哲当时因陪同张作霖而被炸成重伤。6 月 5 日，北大师生开始了复校运动，各班代表齐聚西斋召开会议，发表北大复校宣言，复校运动委员会决定恢复陈大齐代校长职权，主持北大校务。

京师大学校校长刘哲一伙逃散后，原本由九校合并而成的京师大学校校务停顿，北大等校纷纷要求复校，但南京国民政府却决定将原国立九校全组为国立中华大学。

北大与蔡元培一直有着特殊的历史关系，在蔡元培的积极运作下，6 月 8 日，国民政府常务委员会开会讨论，赞同恢复北大旧名，并请蔡元培兼任校长。但是中法大学系的李煜瀛为了打压北大系的蔡元培,私下里命易培基反对蔡元培恢复北大的主张,提出改京师大学为中华大学,由蔡元培任校长。

易培基的提案被通过,蔡元培坚辞不就中华大学校长之职。6月19日,国民政府批准蔡元培辞职,改任李煜瀛为中华大学校长、李书华为副校长,同时派李书华等人负责接收北京各国立学校。北伐军进驻北京后,南京国民政府决定将北京改为北平,直隶改为河北。

在李煜瀛的操持下,南京政府于8月16日通过了《北平大学区组织大纲》,同时将中华大学改名为北平大学,任命李煜瀛为北平大学校长。10月底,李书华来到北平着手组建北平大学,其按照《北平大学区组织大纲》确定了方案,该大学分设文学院、法学院、工学院、农学院、医学院、女子学院、艺术学院、俄文法政学院等等下属教学机构,其中法学院的组成为:"原拟由北京大学第三院(法科)、北京法政大学、河北大学法科、天津法政专门学校合并组成,后因北京大学法科改为北平大学北大学院社会科学院等原因,只由北京法政大学改组为北平大学法学院。院长谢瀛洲。院址分三处,两处在宣武门内象坊桥,另一处在西单李阁老胡同。"

南京政府设立大学区有两个考量:一是连年军阀混战导致国库空虚;二是因各大学的科、院、系有不少重复设置,属于资源浪费,所以他们拟将全国划分为数个大学区,每个大学区内各设一所大学,准备先在北平、江苏、浙江、广州试办。

关于北方地区,《北平大学区组织大纲》第三条"组织及迁移过渡办法"中称:"平、津、保三城相距甚近,而固有之高等教育机关为公家所设立者,有北平国立九校;天津之北洋大学,天津工业专门、法政专门;保定之河北大学。三城有同类之学校,各校有同类之课程,重复之处,在在皆是。"

但是北平大学区的设置和北平大学的组建遭到了多个学校的反对,校长李煜瀛到北平后,为避此风头躲居到西山,校务全由李书华办理。

当时反对最强烈的是北大,前面提及在奉系军阀组织京师大学校时,他们就展开了复校运动,为此建立了"复校团"和"救校敢死队",而今他们继续反对大学区制,拒不接受北平大学区之管辖。当时有500多名学生举着北大校旗,来到北平大学校长办公处要求见李煜瀛和李书华,遭到拒绝后,他们砸了"北平大学办事处"和"北平大学委员会"两块牌子。

此后学生派学生会代表前往南京交涉，经蔡元培等人出面调停，南京政府教育部做出让步：将北大定名为国立北平大学北大学院，对国外仍译作国立北京大学。于是北大在停课 9 个月后，于 1929 年 3 月 11 日重新开学。

当时南京国民政府设置大学院来管理大学区，后来有人指责大学院是要独立于国民政府之外，要与国民政府并列，为此提出废除大学院制。其实按照蔡元培的本意，他组织大学院及大学区的目的，在于改变教育行政机构的官僚习气，促使教育行政与学术相结合，同时又可使教育行政与政府间保持相对的独立性。他的目的是让教育家来办教育，不受政府官僚控制，这是他所倡导的教育独立性的一次尝试。

但正因为这一点，国民政府中有些人反对教育独立，在各种压力下，大学院院长蔡元培提出辞职。1928 年 11 月 1 日国民政府下令："大学院著改为教育部，所有前大学院一切事宜，均由教育部办理。"教育部直属于行政院，蒋梦麟任教育部长，于是存在一年多的大学院就此结束。

大学区制废止之后，各校要求独立。1929 年 8 月 6 日，国民政府决定将北平大学北大学院独立，恢复为国立北京大学；北平大学第一师范学院独立，改称为国立北平师范大学；北平大学第二工学院独立，改称国立北洋工学院。但是国立北平大学仍然保留，下设法学院、农学院、工学院等八个学院，此后八校继续要求独立，但此要求被国民政府行政院否决。此前北平大学校长李煜瀛、副校长李书华呈请辞职。到 1931 年 2 月 7 日，国民政府令准李煜瀛辞职，任命沈尹默为国立北平大学校长。

李煜瀛任北平大学校长时，北平大学法学院院长是谢瀛洲。谢瀛洲是广东从化人，就读于上海法律专门学校，之后以半官费赴法国留学，入巴黎大学法学院，后为法学博士。1924 年，谢瀛洲回国后，被孙中山聘为大元帅府法制委员，此后应李煜瀛之聘任北平大学法学院院长。

1929 年，司法行政部部长魏道明提任谢瀛洲为司法行政部常务次长。谢瀛洲在学校颇得学生喜爱，学生闻此讯后一再挽留，校长李煜瀛也坚请留任，谢瀛洲不得已只好暂缓离校。不久他前往南京赴任，继续兼任北平大学法学院院长近两年时间，之后由白鹏飞继任院长一职。

在当年，北平大学法学院与女子文理学院曾经因房产问题有过纠纷。起因是 1925 年 5 月北京女子师范大学反对校长杨荫榆一事搞得沸沸扬扬，章士钊任教育总长时，下令停办该校，同时将该校校址改为女子大学。

在女子大学开办的同时,原校师生组成了校务维持会,继续使用女子师范大学的名称。在抗争的过程中,原校师生一直要索回校址,但后来成立了北平大学,女子师范大学并入了北平师范大学,而女子大学就成了问题。

关于这一段,周作人在《知堂回忆录》中写道:"因此北京男女师大以及农工各专科已经次第开学,北大的文理两院拒绝新院长去接收,一直僵持着,院长不能到院倒已罢了,中间却有第三者也吃了亏,这便是预备着归并到北大文理两院里去的旧女子大学学生了。"

后来女子大学并入北大,改为女子文理学院,但该院仍开办在借用的众议院旧址上,此时该旧址已归北平大学法学院,法学院多次催促女子文理学院搬走,但他们一直找不到合适的地方,于是就发生了纠纷。周作人写道:"文理学院的开设是在众议院旧址,那就是后来法学院的第一院,可能是一时借用的,可是法学院一再要求归还,因为难找到适宜地方,迁延下来到第二年春天,那即是民国十八年也就是'五四'的十年了。法学院终于打了进来,武力接收了校址,教员们也连带的被拘了小半天。"

法学院强行接收了女子文理学院占用的众议院,当时周作人在女子文理学院任教职,故被拘在了里面。当时被拘的教员还有俞平伯、溥侗等人,他们去质问北平大学副校长李书华,但无论怎样逼问,李书华一句话都不反驳。对于这段经历,周作人还写过一篇《在女子学院被囚记》。

虽然有这场风波,但法学院在这里建的图书馆还是很漂亮的。对于该院藏书的来由,以及建馆经过等细节,《国立北平大学法学院两年来事务报告》中有详细描述,在谈到图书馆之沿革中称:

> 本院图书馆发轫于何时,尚无明确之考证。据本院《沿革志略》考之,民国元年五月,教育部令合并法政、法律、财政三校,改名北京法政专门学校,以邵章为校长,筹办开校事宜。是年八月行始业式,当时有藏书楼之设,是为本院图书馆之基础,其旧址即李阁老胡同第三院图书阅览室迤北楼上所藏图书,均系前法政、法律、财政三校所存留者。至三校原来藏书情形如何,年久无从稽考,惟法律学堂之设,系在前清光绪三十一年、三十二年始设法政学堂,而财政学堂之设立,系在前清宣统元年,故本院藏书之历史,自前清光绪三十一年起算,迄今已二十九年矣!

该文将校史追溯到民国元年（1912）五月成立的北京法政专门学校，并称在开学之时就已经有了藏书楼，当时的校长是邵章，他是著名的目录版本学家和藏书家，所以他在法政专门学校内建藏书楼是顺理成章之事。

清光绪三十二年（1906）十二月，进士馆毕业考试结束，学部奏请将原进士馆舍改建为"京师法政学堂"，目的是培养法政通才。进士馆教习严谷孙藏、杉荣三郎、章宗祥、陆宗舆等继续在京师法政学堂任教。清宣统元年（1909）五月，该校与法律学堂、财政学堂合并为北京法政专门学校，邵章任首任校长。

对于法政专门学校的藏书，《国立北平大学法学院两年来事务报告》（以下简称《事务报告》）称："在元年藏书楼时代，藏书最丰者以中文经史子集为冠，其所藏《图书集成》一部，乃善本之册籍。至日文政法书籍之征集，在当时亦称丰富，盖日籍教员冈田朝太郎博士辈，均讲学于本校，所选择日文参考名著甚多也。"

法政学校的藏书以传统经、史、子、集为主，并称藏有一部一万卷的《古今图书集成》，可惜文中没有说明该书的版本，同时，该校藏书的另一特色是日文典籍。后来随着藏书量的增加，该校将藏书楼改为图书室，后来又改称图书馆："民国三年以后，因图书逐渐增添，乃扩充楼下为藏书之用，并改藏书楼为图书室。至五年，吴家驹长校后始从事整理，旋改称图书馆。厘订章程，正式开放，派专员管理焉。"

对于当时最早的图书馆主任及其做出的业绩，此文写道："八年，王家驹长校旋派本校毕业生杨昭懋为图书馆主任，将所藏中外图书按照图书馆学理分类编目制片，并修改各项规章，历时年余始克竣事。而本校图书馆之规模，至此方臻完备。同时向国内各省调查公私立图书馆情形，由本校编制《中国各省图书馆概况一览》一册，印行分赠各地，藉以唤起全国学术界之注意，实亦本校提倡图书馆事业之创举。杨君本其研究整理图书之经验，参照欧西学说，辑成《图书馆学》一书，旋于十年冬赴美留学，专研图书馆学，本校每月且津贴其原支薪俸。十一年秋，聘本校教员耿光先生兼任图书馆主任。"

1923 年，该校奉命改组为国立北京法政大学，为此，图书馆也予以扩充："十二年夏，本校奉令改组为国立北京法政大学，校长江庸因图书馆设备在大学应予扩充,遂就原有馆址加以修葺,其附近教室亦改建为图书馆之用。楼上为一大阅览室,楼下后部为书库,前部为办公室及阅报室。十四年冬,本校收回参众两院旧址,所有参众两院存书一并移交本校。十五年春,江校长辞职,教育部令由评议会维持校务,以屠孝寔先生为主席,耿光先生旋辞主任兼职。"

1927年秋,教育部搞大学区制,该校改名为京大法科,图书馆也改称为图书课。此后发生了女子文理学院占用校舍不还,法学院只好将藏书暂存他地之事,《事务报告》载:"十六年秋,教育部改组国立九校为国立京师大学,本校改称京大法科,改图书馆为图书课,其第二院参议院旧址,因拨归京大女子第二部为校舍,所有第二院藏书,移至第一院小礼堂,同时,女子第二部并借用本校遗存第二院参众院存书之一部份。在京大法科时期,因缩减教育经费,故添购图书为最少。十七年五月,革命军入北平,国立九校均恢复旧称,京大法科图书课人员全体离校,本校图书馆原服务人员,亦先后回馆。迨至七月,国民政府大学院派员,北来接收国立九校,京大法科亦正式派员来校办理移交,图书馆事务仍由前法大职员沈振家等负责保管。十月,北平大学区成立,本校改称北平大学法学院。"

在谢瀛洲任院长阶段,图书馆费用得到增加,藏书也得以编目整理。《事务报告》载:"根据大学本部规程《学院组织法》有图书课之设,院长谢瀛洲派刘大绥为图书课长,从事整理图书,清理历年馆存杂志,改订规章。当时学校经费增加,谢院长指拨三千元为临时添购图书之费用,并预定每月图书购置费为五百元至一千元。十八年八月,刘大绥辞职,以南尚文继任,时值本院收回第二院校址,本院学生仍分三院上课,为谋学生阅览图书便利起见,于一、二、三院辟设阅览室及阅报室,复将本科应用中外图书移置第二院书库,添派课员一人、书记一人管理一切。第三院仍藏中文经史子集书籍及关于文学、哲学、教育、史地等图书。第一院所藏者,为新到未编目图书及参众两院存书。本课总办公处,设于第一院,于十月中旬迁移完竣,开始阅览。"

在白鹏飞任院长的时代,1934年,国立北平大学校刊发表了《白院长在纪念周席上之谈话》一文:"在外国各大学之教育家,居家时少,在校时多,学校又为其预备房间,为休息之用,学生可随时质疑,在我国则不能,且又限于经费,本学院之研究室,即在如此条件之下产生者,然而过去指导时间，多由教员利用暇余时间指定，在同学方面，殊称不便。故本年由学校指定，每日利用下午四时至五时为指导时间，在此时间内多数同学多属课余，便可请求指导教师加以指导矣。"

该文谈到校舍紧张，所以没有办法给教授留出更多的房间，但是白鹏飞很重视图书馆建设，为此，将该院内的实习法庭改建为坚固的图库，《事务报告》载："二十年二月，北平大学改组，聘白鹏飞为本院院长，派张万鸾暂代图书课课长。十一月，改派熊其偳为图书课长。二十一年七月，筹划于第一院实习法庭地址，改建图书馆，并新建坚固书库，同时于图书馆内筹设研究室，请本院政治系主任陈启修先生等负责计划。九月，新书库奠基，至二十二年一月中旬，全部工程告竣，二月三日，本院院务会议通过研究室组织大纲，研究室指导委员会组织规则，及研究室阅览规则，并聘请邓伯粹先生为研究室事务主任，负责办理进行事宜。二月十三日，第二、三院图书馆迁移竣事，各院书籍均集中于新书库庋藏，先行开馆阅览，至六月补行开幕典礼。"

在建设图书馆同时，该校也在努力增添书籍。当时的《中华图书馆协会会报》第5卷第6期刊发了名为《北平法学院圕之积极工作》一文："国立北平大学法学院院长谢瀛洲，对该院图书馆，积极图谋扩充之计划，前曾由南京选采大批书籍，邮寄来平。该馆复由东京丸善株式会社购得大批东西文政治、经济、法律、各种科学书七百余部，并在平市各书肆选购中文科书籍计有八百余部，分数编号现已毕事。又该校为谋学生便于阅览，特延长办公时间，由早八时至晚十时半始行闭馆。每日阅览人数总计，占该校人数三分之一云。"

当年建起的这座图书馆得以完好地保留至今，现处在新华通讯社院内，今址为北京市西城区宣武门西大街57号。2022年3月16日，我打车前往新华社，在门口见到了桂涛先生。此前的几天，桂先生已帮我办妥了入院手续，经过防疫、安检等手续后，我终于走入了院中。

桂涛先生是一位爱书人，他的藏书方向是名家批校本，这是我们的共同话题，前往参观的路上，听他讲解着藏书概念，我顿时觉得略显严肃的环境也变得生动起来。

穿过一排新式办公楼，我在后院内一眼就看到了图书馆，桂先生告诉我图书馆的匾额出自大书法家沈尹默之手。大门侧旁挂着铜制介绍牌，上称该馆在 1909 年为清政府财政学堂大讲堂,并称 1913 年首届国会宪法起草委员会在此成立。1932 年,这里成为国立北平大学法学院图书馆,1949 年成为新华社图书馆,但是到 2011 年,这里改建成新华社历史陈列馆,未再将图书馆功能延续下来,这多少让我觉得有一点遗憾。

桂先生说陈列馆近期因疫情关闭,但为了让我入内拍照,他已经联系好。他决定先带我参观周围的环境,然后再入陈列馆。于是我们先去参观了工字楼,这里曾经是众议院办公场所,后来成为法学院的教学楼。但是这座楼的外立面全部贴上了新式瓷砖,其外观虽然呈灰色,但与图书馆的外观比起来,还是缺乏典雅。

图书馆的后侧有两排带前廊的房屋,显然这是当年的建筑,此处的名称叫红一楼,介绍牌上说这里原本是财政学堂宿舍楼,原名为仁义楼。后面的一排叫礼智楼,此后成为众议院议员宿舍。2017 年,一层改为职工图书阅览室,二层为办公场所。

参观完后我们转到了图书馆的侧边,在这里看到了当年的奠基石,这块奠基石是汉白玉制,文字已模糊不清,介绍牌上写明了上面的字迹是"中华民国二十一年九月法学院图书馆书库奠此基石以垂久远白鹏飞识"。白鹏飞为建此楼费了很多心血,《事务报告》中专门谈到了图书馆建造时的细节。

当年因为缺乏建造费用,图书馆一直建造不起来,《事务报告》写道:"图书馆之设立,关系学生学业,至为重大,学生往往因其学校图书馆之设备完善,增加其对学术之研究兴趣,故一校不欲求学生学业之进益则已,果欲求学生学业之进益,非先设立较完善之图书馆不为功。本院既为一堂堂法政之最高学府,乃图书馆之种种设备尚不完全,未免遗憾。前年,白院长莅任之初,即有将一院实习法庭改建图书馆之议,惟以工费浩大未克着手进行,且接事甫及半载,即值'九一八'事变,横祸飞来,经费来源遽断。比及沪战发生,又值全国政费减发,至是本院处境愈趋困难,而筹备经年之建筑图书馆计划,亦几成为泡影矣!"

虽然后来教育经费能够足额发放,但因法学院负债过重,仍然没有办法着手扩建图书馆,于是白鹏飞想出了一个筹措的办法,《事务报告》载:"去年七月以后,教费幸能十足发放,本欲按月节余,以作改建图书馆之用,无奈本院负债过巨,积重难返,遂致未获如计进行。因此院长知改建图书

馆，专恃行政费之节余为不可靠之事，乃采取前次改建体育馆办法，催促同学踊跃缴费，冀将所收学费使改建图书馆，此事勉底于成。乃于去年八月，先聘钟森工程师代为设计，决定将一院实习法庭改建图书馆，更拟于其北部加建坚固书馆库一所，使历年散置一、二、三院之图书，得以集中保存。"

白鹏飞催促学生们踊跃交学费，用收到的学费作为资本来建图书馆，但是收到的学费远远不够改建费用，《事务报告》载："不过此时最感困难者，为付款一事，因所收学费，至此尚不满二千元，虽全部工程费系分五期付款，然完工期限为时只三个月，付款之速，朝令夕至，故非妥筹工费，则图书馆之建立难望早观厥成，迫不获已，乃由院长多方设法向银行极力借款，始于九月二十日，与森林木厂订妥合同。"

无奈之下，白鹏飞只好通过贷款的方式来筹集改建费用。关于此事，《浙江省立图书馆月刊》第1卷第7至8期合刊上转载了北平大学法学院于八月二十四日在《大公报》上刊发的广告："国立北平大学法学院旧有图书馆，馆舍狭窄，不敷应用；现拟加以扩充，现正登报招商投标，承建新馆舍云。"

可见，此次图书馆改造采取的是公开招标的方式，待中标之后，经过一系列改建，终于形成了现在的模样。如今从外观看过去，图书馆是两层西式建筑，走入大堂却看到中间是上下通层，另三侧分为二层，这种格局像是西方的歌剧院。

而今大堂以展板的形式讲述着新华社的历史。桂先生带我登上二楼，站在上面可以居高临下地看清楚整个图书馆的内部结构。只是，如今这里已经做了全新改造，看不出原本的模样。

参观完图书馆，桂先生又带我去看新华社礼堂，就历史意义而论，礼堂更有价值，因为这里原本是民国国会议场，此建筑是由德国设计师库尔特·罗克格主持设计的。介绍牌上说，此建筑"是中国近代建筑史上第一代会堂建筑的代表作"。更为重要的是，1913年10月6日，袁世凯在此当选为大总统，1923年，曹锟又在这里当上了"贿选总统"，故而这里是全国重点文物保护单位。

亢慕义斋

专藏马列著作

关于亢慕义斋的来由，奚洁人、余源培主编的《二十世纪中国社会科学·马克思主义卷》中称："1920年3月，李大钊在北京大学秘密组织了'马克斯学说研究会'，翌年11月，研究会在《北京大学日刊》上登出启事，公开声明以研究马克思主义的著作为目的，由会员自由捐赠书款，分派学员搜集采购，然后集中到图书室，向会员出借阅览。图书室取名亢慕义斋。亢慕义为英文Communism（共产主义）的音译，斋即书舍。"

可见此斋与马克斯（即马克思）学说研究会有直接关系。关于此会之来由，萧超然等编的《北京大学校史（1898—1949）》中先讲到1920年12月，由李大钊、费觉天、郭锡良等九人公开成立了"北京大学社会主义研究会"，该会的宗旨是："集合信仰和有能力研究社会主义的同志互相的来研究，并传播社会主义思想。"其研究方法是："1.文字宣传:A、编译社会主义丛书，B、翻译社会主义研究集，C、发表社会主义论文；2.讲演。"

自此，对社会主义的学习研究，已经从个别的、秘密的状态走向了有组织的、公开的阶段。在此阶段，邓中夏、黄日葵、何孟雄、李梅羹等十九人秘密酝酿，成立了另一个研究传播马克思主义的团体——"北京大学马克斯学说研究会"。

对于该会的概况，张启华主编的《中国共产党历史重要会议辞典》中称："北京大学马克思学说研究会于1920年3月在北京秘密召开成立大会。该研究会由李大钊组织和发起，主要成员有北大学生邓中夏、罗章龙、黄日葵、刘仁静、范鸿劫、高君宇、何孟雄、朱务善等19人，王有德为首任书记。1921年11月研究会正式公开，罗章龙任书记。研究会设有劳动运动研究、《共产党宣言》研究和远东问题研究三个特别研究组，还有唯物史观、阶级斗争、剩余价值、无产阶级专政、社会主义史、经济史、俄国革命及其建设、布尔什维克党及共产国际等十个研究组。研究会成立了翻译室，下设英文、德文和法文三个翻译组。"

1921年11月7日，《北京大学日刊》刊发了《发起马克斯学说研究会启事》（以下简称《启事》），该文首先称："马克斯学说在近代学术思想界底价值，用不着这里多说了。但是我们愿意研究他的同志，现在大家都觉得有两层缺憾:（一）关于这类的著作，博大渊深，便是他们德意志人，对此尚且有'皓首穷经'的感想。何况我们研究的时候，更加上一重或二重文字上的障碍。不消说，单独研究是件比较不甚容易完成的事业了。（二）

搜集此项书籍,也是我们研究上重要的任务。但是现在图书馆底简单的设备,实不能应我们的要求。个人藏书,因经济的限制,也是一样的贫乏,那么,关于书籍一项,也是个人没有解决的问题。"

此会的组织者再次提出了两个缺憾,一是语言障碍,那时翻译的与马克思学说有关的著作太少,二是相关的原版书得到的太少,因为这两个原因,所以他们组成了这个研究会。对于该会成立时首先要做的事,《启事》中写道:"现在我们已有同志 19 人了。筹集了 120 元的购书费,至少要购备《马克斯全集》英、德、法三种文字的各一份,各书现已陆续寄到,并且马上就要找定一个事务所,可以供藏书、阅览、开会、讨论的用。我们的意思在凭着这个单纯的组织,渐次完成我们理想中应有的希望。"

该会成员筹集到了 120 元的购书费,但是当时国内很难买到这类书,于是买书之事,他们找到李大钊来想办法。奚洁人、余源培在书中写道:"为了有组织地研究和传播马克思主义,邓中夏等十几人筹集了 120 块现大洋,购买了第一批马克思学说的著作,过了一段时间之后,又筹集了部分资金,由李大钊利用担任图书馆主任的使得条件向国外购买。"

该会在创建之初,已有英文书籍四十余种,中文文献二十余种,在李大钊的帮助下,该会到 1922 年藏书量已达到数百种,包括德、英、日、汉等各种文本。

马克思主义研究会能够公开刊发启事,其中一个重要原因是得到了校长蔡元培的支持。罗章龙在《回忆北京大学马克思学说研究会》中称:"不少人想把组织公开出去,但也有人反对,认为若公开出去问题不少,然而最后还是决定:在北大校刊上登一个启事,把牌子打出去。启事是由我写的,写好以后,由我和另一位同志去找蔡元培先生,要他同意把启事刊载在《北京大学日刊》上。我向蔡先生宣传一番我们为什么要组织马克思学说研究会的道理,蔡先生看了一下启事和名单,沉默了一会,最后同意给予刊登了。由于蔡先生左右有不少顽固保守的人,因此,我们找蔡先生要求刊登马克思学说研究会启事这件事,就没让他左右的人知道。待到《北京大学日刊》把启事登出来后,这些人便对蔡先生说:'今后学校不得太平了。'尔后,马克思学说研究会拟在北大会议厅开成立大会,蔡先生又答应了我们的请求,同时还应邀出席了成立大会,并在会上作了简短扼要的讲话。开完成立大会后,还拍了一张照片。这样马克思学说研究会便算公开成立了。"

研究会的成立需要活动场地，同时也需要相应的藏书之所，想要解决这些问题，当然仍需找校长，果然当他们提出相应要求时，蔡元培一一予以解决。罗章龙在此文中写道："成立以后，需要活动场所，蔡先生又同意给两间房子，一间当办公室，一间当图书室。当时办这些事也不是顺利的，因为蔡先生左右的顽固保守分子反对我们，公开同我们作对，不肯拨房子给我们，认为此举将使学校不得太平，对此蔡先生便对那些顽固保守分子说：'给他们房子，把他们安置好，学校才会太平。'通过这件事可以看出，蔡先生在当时支持进步的学生确是很有见识和勇气的。"

按照前面所引奚洁人、余源培的说法，该会建立的图书室叫"亢慕义斋"，此乃是英文译音。《北京大学校史（1898—1949）》中也持这种说法："它采取由会员个人自由捐赠书款、分派会员采购的办法，然后集中到藏书室，向会员出借阅览。非会员也可借阅，但须经许可，并交纳保证金，限期归还。他们给藏书室取名'亢慕义斋'。'亢慕义'即英文'Communism'之音译、'斋'即书舍卧室之意（当时北大学生宿舍有东斋、西斋）。他们刻了一个边长约三厘米正方形'亢慕义斋图书'的印章，每本书上都盖了这个印章。他们一方面在国内搜集，一方面向国外购买。这个工作得到图书馆主任李大钊的有力支持。"

然而，当年参加创建亢慕义斋的成员之一罗章龙在《回忆"亢慕义斋"》一文中却说这是德文译音："马克思学说研究会成立后，由于得到校方的支持，学校拨出西斋宿舍中两间宽敞的房子，作为学会的活动场所。这套房子，我们都亲切地称它为'亢慕义斋'，其中'亢慕义'是德文译音，全文意思是'共产主义小室'（Das Kammunistsches Zimmer），对内习惯用'亢慕义斋'，或"亢斋"，我们的图书、资料以及对外发出公告，都是用的'亢慕义斋图书'印记。这些图书一部分是由北大图书馆购进转给学会的，大部则是第三国际代表东来后，陆续由第三国际及其出版机构提供的。"

除了语种上的不同说法，该图书室翻译成汉语时也有不同译法。周文骏主编的《图书馆学百科全书》中称："'康敏尼特'图书馆，中国最早收藏与宣传马克思主义书刊的专门图书馆。1921 年 10 月李大钊等创办于北京大学三院。'康敏尼特'是英文 Communist（共产主义）的译音，又称‘亢慕义斋’图书馆。因是马克思学说研究会的附属机构,故也称马克思学说研究会图书馆。主要搜集马克思学说的德、英、法、日、中等文种图书,购书经费由会员捐款筹集。他们通过各种渠道,向国内外收集马克思主义书刊。”

将图书室起名为“亢慕义斋”是谁的主意?龙眠、文华在《红色经典系列·建党群星》中说:“北大图书馆有两间宽敞的房间,名叫‘亢慕义斋’。这四个字读起来拗口且不说,还晦涩难懂,不知内情者不解其意。其实,这又是李大钊的一个创造,‘亢慕义斋’即Communism(共产主义)的音译。1920年9月,李大钊在亢慕义斋组建了中国第二个共产党早期组织——北京共产主义小组。”

看来亢慕义斋还是北京共产主义小组的诞生地,当时的小组成员是李大钊、张申府和张国焘,至于后来的发展情况,龙眠、文华在书中写道:“北京共产主义小组组建后,李大钊、张申府、张国焘又吸收邓中夏、张太雷、何孟雄、高君宇、罗章龙、刘仁静等人加入,小组发展到15人。11月底,北京早期共产党组织正式决定命名为‘中国共产党北京支部’,李大钊为书记,张国焘负责组织工作,主要是指导工人运动,罗章龙负责宣传工作,主要是编辑《劳动音》周刊。”

当时的亢慕义斋没有对外公开,罗章龙在《回忆“亢慕义斋”》一文中说:“‘亢慕义斋’,既是图书室又是翻译室,还做学会办公室,党支部与青年团和其他一些革命团体常在这里集会活动。‘亢斋’的地址在景山东街第二院,地名‘马神庙’,又叫‘公主府’,同校长办公室相距不远,有校警站岗,闲杂人等不得入内。”

可见该图书室成立以后,只是在校内活动,想来是担心引起麻烦,这些安排都得自于蔡元培的关照,为此,罗章龙在《追忆蔡孑民校长》一文中说:“成立以后,需要活动场所,蔡先生又同意给两间房子,一间当办公室,一间当图书室。蔡先生顶着反对派的压力,从精神到物质上对马克思学说研究会的支持,使我们很激动。这在当时反动派到处防范、侦缉‘过激主义’‘过激党’情况下,是很不容易的。要是没有蔡先生的支持,这个组织是不能公开活动的。”

蔡元培并没有加入共产党,为什么对该会予以鼎力支持呢?对此,罗章龙在《回忆“亢慕义斋”》中的解释是:“蔡元培当时的思想是居中偏左的，对马克思学说研究会的人怀有好感。在这样的情况下，我们不把马克思学说立起来，就无法破对方，不破对方，马克思主义的旗帜也打不起来。为了开展思想意识形态的斗争，我们努力翻译和介绍马克思主义的书籍，宣传马克思主义。当时也有有利条件，蔡元培先生很强调学习外语，课程安排上，外语比重相当大，有英、德、法、日、俄、西班牙语以及拉丁文、印度梵文等七八种之多，都开了班。我们亢斋的翻译组就是吸收这些外语系的同学，计有三四十人，其中德语有十来人，英语二十多人，俄语四五人，法语五六人，日语也有一些人。"

是谁首先提出要创建一所图书室呢？李菊花在《中国近现代著名教育家的图书馆建设思想与实践》一书中提出是邓中夏，该文先谈到了邓中夏与几位同学一起租房，同时共同凑钱买书籍、杂志之事："1919年暑假，邓中夏邀约罗章龙、易克嶷、杨东莼等十几位同学，租下了北京东皇城根达教胡同四号的一个大院，作为他们学习的场所，同时兼做宿舍。邓中夏向大家建议，凡是住在这里的人，都要过一种新的生活，并共同制订学习公约和生活公约。公约规定由同学们凑钱，集体购买新出版的书籍，集体订阅进步报纸杂志，生活一切自理。邓中夏给这个公寓取名'曦园'，意思是住在这里的年轻人，一定要像晨曦那样朝气蓬勃。"

随着书籍的增多，邓中夏开始考虑建一所小型图书馆，李菊花在书中写道："邓中夏一直想创办一个新型的图书馆。1920年3月，邓中夏与李大钊等人发起秘密组织'马克思学说研究会'，得到校长蔡元培的支持，蔡元培先生拨给研究会两间房子，一间办公，其中一间为图书馆兼翻译室。一个小规模的新型图书馆成为学生及学校追求革命思想者的阅览室和讨论室。当时会员们集资120元大洋，购买了英、德、法三种版本的《马克思全集》各一套，还把图书馆取名叫'亢慕义斋'，在书上盖上'亢慕义斋'的图章。学会还专门推举范鸿劼为'图书经理'，管理'亢慕义斋'事务。"

邓中夏颇为重视创建图书馆对普及观念的重要性，李菊花在书中写道："1921年，邓中夏在北京长辛店创办了第一个工人俱乐部和阅览室，又相继在全国许多地方开展工人运动并建设平民图书馆。1923年，建立马氏通讯图书馆等专为工人阶级服务的图书馆，向工人进行文化启蒙和马列主义的启蒙教育，宣传真理、团结工人、组织工人运动。这些图书馆的成立成为我国工会图书馆的雏形。"

对于亢慕义斋里面的情形，罗章龙在《回忆"亢慕义斋"》中描绘说："'亢斋'室内墙壁正中挂有马克思像。像的两边贴有一副对联：'出研究室入监狱，南方兼有北方强'，还有两个口号：'不破不立，不立不破'。四壁贴有革命诗歌、箴语、格言等，气氛庄严、热烈。自分得房子后，大家欢腾雀跃，连日聚会。守常也和大家一起朗诵诗歌，表示庆祝，亢斋同人如贺天健、宋天放和我都写诗纪念。"

罗章龙称亢慕义斋内还有一副著名的对联，对于该副对联的含义，罗章龙解释是："对联'出研究室入监狱，南方兼有北方强'是宋天放的手书，取自独秀和守常的歌句。上联意指搞科学研究和干革命，革命是准备坐监牢的；下联'南方兼有北方强'，意指马克思学说研究会里，有南方人，有北方人，守常称南方人为南方之强，我们则誉守常等为北方之强，南方之强又加上北方之强，表示南北同志团结互助，同心一德。这副对联概括了当时学会生活奋发图强的精神。"

上文几处提到亢慕义斋有专门的藏书章，正因为如此，现在北大图书馆中能够找到八本钤有此章之书，萧超然在文中一一列出这八本德文书的名称，其中之一是 1920 年 9 月再版的《共产党宣言》，其他几本为："这八本书中，前两本是列宁的《伟大的创举》和《共产主义运动中的'左派'幼稚病》；第三本是蔡特金和瓦勒齐合写的《反对改良主义》；第四本是布兰特和瓦勒齐合写的《共产主义在波兰》；第五、六、七本是季诺维也夫的《共产党在无产阶级革命中的作用》《德国十二天》和《旧目标新道路》；第八本是托洛茨基的《法国工人运动问题和共产国际》。"

萧超然注意到这八本书的出版机构："八本书中除一本是由瑞士的伯尔尼联合出版社出版外（伯尔尼联合出版社是不是共产国际领导下的机构，还不清楚），其他七本都由共产国际的机构出版。"

由此，萧超然推论出亢慕义斋藏书的来由："这就是有力的证明。因为在当时条件下，马克思主义书刊是北京军阀政府严厉查禁的对象，如果不是建立了秘密联系，'学说研究会'肯定无从得到共产国际机构出版的这些书籍。而共产国际成立于一九一九年三月，它第一次向中国派出的代表威辛斯基抵达北京的时间是一九二○年四、五月间，正好是'学说研究会'刚刚建立之后。威氏到北京后首先访晤的又是李大钊。因此，这八本书极有可能是威氏或随后来华的其他共产国际代表秘密送给李大钊和'学说研究会'的。也有可能是'学说研究会'通过其他途径向共产国际出版机构秘密订购的。无论是那种情况，两方面有了联系是确定无疑的了。这反映了列宁、共产国际对中国革命的关心和赞助。"

除了这个得书渠道外，按照郭松年在《一个最早宣传马克思主义的图书馆——亢慕义斋图书馆》一文中的说法："这个图书馆是李大钊同志领导的'马克思学说研究会'建立的。研究会开始成立的时候，会员阅读的马列书籍，是从北京大学图书馆借来的，后来，研究会的成员不断增加，北大图书馆不能满足大家的需要，因此，就由会员捐款集资，搜集马克思学说的各种图书，成立了这个亢慕义斋图书馆。由范鸿劼担任图书馆经理。一年以后，这个专门图书馆已有数百部书籍。"

可见，该学会成立之初，或者在成立之前，是从北大图书馆借书来阅读，想来是那些书已经不能满足该会的研究之用，于是他们开始想办法从其他渠道得书。按照郭松年在文中所言，现北大图书馆收藏的钤盖有"亢慕义斋图书"藏书印者有 28 本之多："北京大学图书馆，现在还珍藏着盖有'亢慕义斋图书'方印的列宁著作二十八本：德文的《共产主义运动中的'左派'幼稚病》《伟大的创举》等。亢慕义斋图书馆是我国最早宣传马克思主义的图书馆，成立于 1920 年，地址在景山东街马神庙西口原北大第二院内。亢慕义斋是英文共产主义译音。当时，学习和研究马克思主义是非法的，为了避免被反动军阀政府查封的危险，取了这个名字。"

当年的亢慕义斋不仅藏书，还翻译出版了许多书，对于当时的出版情况，罗章龙在《亢慕义斋——共产主义小室》一文写道："开始，我们翻译了《共产党宣言》和《震撼世界日记》，还翻译了一些一般宣传唯物论、进化论的西方书籍和科学书籍。这些书当时可以印行，对我们也是个练习过程，锻炼和提高了我们的外文基础和翻译技术。以后，慢慢翻译马克思的著作和十月革命以后的书籍，前后规划有 20 种，陆续译成付印。1923 年《向导》上登的人民出版社一些要出版的书目，其中大部分是亢慕义斋译作。根据人民出版社通告（广州昌兴新街 26 号），该社编译社会主义新书，出版书籍共计 48 种，其中标明康明尼斯特丛书 10 种，列宁全书 14 种，均系亢慕义斋翻译任务。又马克思全书 14 种，是亢慕义斋与上海、广州同志分任编译的，书中编译者大都用笔名，其他 9 种亦同。"

罗章龙是德文组的翻译人员，该组最早翻译出版的书是他与商章孙合译的《康德传》，1920 年由上海中华书局出版。之后，他们翻译《共产党宣言》，又开始试译《资本论》，德文组先后翻译了《马克思传》《共产党宣言》和《资本论》第一卷初稿，罗章龙参加了这些工作，并为执笔人。他在《亢慕义斋——共产主义小室》一文中谈到了翻译之难："《共产党宣言》原著理论深邃，语言精练。但要达到以上 3 条标准（信、达、雅）殊为不易。我们先是就原著反复通读，并背诵一些精辟的段落，不懂的地方就集体研究。然后直译，但译出来后仍自觉不能完全满意。后来，我们在必要的地方试加了一种解释性的文字，使读者明白文章的含义。例如：《共产党宣言》第一句是：'一个幽灵，共产主义的幽灵，在欧洲徘徊'；对于这句话研究时间很长，觉得怎样译都不甚恰当，如'幽灵'在中文是贬义词，'徘徊'亦然，于是加了一段说明文字：'有一股思潮在欧洲大陆泛滥，反动派说这股思潮为洪水猛兽，这就是共产主义。'以后，我们译的《共产党宣言》中文本油印出来了。由于当时不便公开，同时恐译文不全准确，只在内部传阅学习。在以后公开发行《共产党宣言》前，在北京见到的油印本，可能就是这个版本。"

关于亢慕义斋日常费用，以及他们举行活动的费用来源，罗章龙在《亢慕义斋——共产主义小室》一文中说："一是部分同学家庭汇款。那时，同学的家庭汇款多少不等，但钱寄来后，互相帮助，统一开支。二是工资收入。当时有少数同学兼了职，有收入，最少的有 8 元，够一个人很紧的生活费。中等工资有二三十元。当时学生经文官考试及格可当科员。李守常当教授，有几百元收入，他自用外多的钱交大家支配。三是公费收入。当时各省政府、县政府为了奖励本省本县成绩优秀的学生，乃设置公费，15元至 30 元。我和其他不少人是公费生，自己用不完的钱，就交共同体统一支配。四是稿费、版费的收入。我们还有在报馆、通讯社工作。有时投稿长篇连载，或翻译小说，所得稿费交给组织。这些钱就是我们活动、旅行、考察的经费。"可见，这些费用都是靠同学们凑出来的，为此，罗章龙回击了他人的诬蔑："北大的反动组织对宣传共产主义的人进行种种诬蔑，他们一口咬定北大共产党人从苏联大使馆领了不少津贴，说这些人是卢布党。他们含沙射影，不一而足。守常（李大钊）说，'由他们咋说，咱不必理会！笑骂由他们笑骂，我们向革命大道前进！'"

2022 年 3 月 18 日，我先到沙滩后街探看了北大旧址，在参观校史馆时，从老照片中看到了亢慕义斋当年的外观，这正是我下一个探访目标。参观完校史馆，出门时我向保安请教亢慕义斋所在，他说此斋没有在院里，让我走出大门，沿着沙滩后街一路向景山方向走，就能够看到。

谢过这位好心的保安，我沿着沙滩后街向景山方向走去，此路的顶头与景山东街相交，这一带曾经居住过多位重要人物。比如沙滩后街8号院，1949年国共谈判时，叶剑英曾居住于此，当时的国共谈判就在这里举行，中华人民共和国成立后，任弼时入住8号院。当年旧门牌号45号是张百熙的居所，他实际上是京师大学堂的首任校长。可见这条窄窄的小巷与中国近代史有着密切的关联。

我边走边看，快走到景山东街时，在路边看到了亢慕义斋旧址说明牌，上面也说亢慕义斋是英文译音，同时谈到了该斋收藏马克思主义书籍文献几百种。从外观看过去，这里是一处体量不大的老门楼，门楼的八字墙上写着四字对联"滋兰树蕙、桃李芳香"，字迹已经有了磨损，想来当年就已经存在。

此刻门卫正在与快递员查找邮件，我走上前问门卫里面可否拍照，他说这里不对外开放。这是红色景点，竟然不开放，令我有些意外。我耐着性子向门卫解释自己不是来胡乱拍照，因为写书涉及亢慕义斋，我在校史馆看到该斋的老照片，特地来印证。接着从相机内调出刚刚拍的那张照片给他看。他瞥了一眼说，这里早不是当年的样子了。我抓住这句话跟他解释，正是因为不同，所以才有印证的意义，我保证不打扰现今的住户，只在外面找相同的角度拍一张照片以便做对比。保安坚持说现在此地已经与照片上完全不同了，若我不信的话，可以入内一看。我等的正是这句话，于是立即走入院中。

站在大门口向内张望，对着门的是一堵写着福字的影壁，这是北京四合院内必有的装饰物，按照惯常的格局，影壁之后应当是前院，但我绕过影壁后，发现后面是一条窄长的道路，道路的右侧是围墙，左侧则是一排排老砖房，沿着道路一路看过去，每排房子前都搭建起了小屋，仅留下一人多宽的道路。

我确实没找到跟照片上相同的房屋，只好返回门口，向门卫请教亢慕义斋是哪一排房屋，他说第一排就是。我站在第一排向内张望，新搭建出的简易房已经完全把前脸遮蔽，所以没有办法看到当年的外观。亢慕义斋

■ 亢慕义斋就在这院子里

跟中国共产党的成立有重要关联,这么重要的红色打卡点未能恢复,多少有些遗憾。

2022 年 4 月 15 日,我前去参观北大红楼,在二楼无意间看到了新布置出的亢慕义斋。这个房间仅十余平方米,正中摆放着阅读桌,靠墙的一面有一组书柜,墙上挂着"亢慕义斋简介",对面的墙上则悬挂着马克思像,两侧是那副著名的对联。另外墙上还贴着手书的简章和规则,靠门的一侧摆放着一些老刊物复制品。

可能是为了防疫,而今的北大红楼内有许多学生,他们每人手持"进室内要戴口罩"的告示,不断地在走廊内游走。也许是我到的时间比较早,参观的人很少,为此,我每进一个房间都会有一位学生手持告示牌跟随,这种跟随令我颇不自在,但也不能说什么。

在亢慕义斋内时,也有一位女同学跟了进来,她盯着我的一举一动,我索性跟她说:自己想拍书柜内的那些洋装书,但因为玻璃橱反光,想打开玻璃橱拍照。她默不作声地放下手里的牌子,竟然把柜门打开了。如此善举令我感动,因为我只是随口一说,并没有抱希望,于是我立即抓紧时机拍照,此时方看清这是一些只有封皮没有内页的假书。即便如此,当我合上书橱后,还是郑重地感谢了这位好心的同学。

≡ 北大红楼内布置的亢慕义斋

孔德学校图书馆

以收藏车王府曲本名世

1917年，蔡元培任北大校长期间，采取兼容并包态度，使该校学风为之一变，但蔡元培觉得要想彻底转变社会风气，改革教育，还是要从小学和中学入手，为此，他与李煜瀛借鉴国外的相关经验，要搞教育改革实验。

这年12月25日，蔡元培、李煜瀛、沈尹默、钱玄同、马廉等在北京东城方巾巷崇正义塾开办了孔德学校。该校校址原属华法教育会。校名"孔德"，很容易让人理解为这是提倡儒家学说的场所，周作人所撰《最后的十七日》中引用了钱玄同的一封信，其信中有"惮于出门，丘道亦只去过两三次"等语。对此，周作人特意做了解释"丘道即是孔德学校的代称"，这句话似乎更加印证了人们的猜测——孔德乃是孔丘之道也。

其实钱玄同如此称呼，只是朋友间的一种谑称，因为孔德实在跟孔子无丝毫关系。纪果庵在《怀孔德》一文中解释说："虽然钱玄同先生在致周知堂先生的信里把孔德唤作'丘道'（见知堂先生《玄同纪念》引），但只是为了猜谜，实在孔德乃是法国社会学家Comte的名字，所以学校的名字也就译为Ecole de Comte（在照壁的校名下也有这一行法文的），一个最不冬烘的学校，却取了顶冬烘字样的校名，不知底里的人，一定莫名其妙。她是属于中法大学系统，中法共分四学院，都是以法国的著名学者为名的，文学院曰服尔德学院，即Voltaire之名。理学院曰居礼，发明镭锭的，大家都知道。陆谟克学院乃是生物学家Lamarck之名，另外一个就是孔德学院了。"

校名起为孔德，跟一位法国人有关，杨堃所著《民族学概论》中介绍说："孔德是资产阶级社会学的开创者和实证主义的哲学家。他既是实证主义哲学的创始人，也是法国社会学派民族学的一位先驱。他的代表作是《实证哲学讲义》（Cours de Philosophie Positive）一书，共六大卷，写作年代是1830年到1842年。'社会学'这一名称是他于1836年左右所创的。"

孔德开创了实证主义派，并办有《实证主义国际评论》刊物，对于如何评价该派，杨堃称："但这个学派将实证主义当作一种宗教，即人道教，将孔德奉为教主，因此，其在科学领域内没有地位。"

虽然如此，孔德运用了许多民族学资料来讲社会学，同时又用统计学的方法来研究社会文明，他的继承人杜尔干开创了法兰西社会学派。蔡元培、李煜瀛等人受孔德思潮影响较深，所以他们将开办的学校以孔德命名,由此也说明了该学校乃是几位留法人员改革教育的实验地。

孔德学校的学制原本是从初小到中学,共十年。1924 年增加大学预科两年,为此,学校加了一块牌子"北京中法大学孔德学院",学制共十二年,同年还成立了幼稚园。该校学生从五年级起学习法文,其目的是毕业后可以到法国深造。孔德中学是由华法教育基金会赞助的,在开办的一些年里,时常遇到资金紧张的情况,蔡元培、李煜瀛想尽办法解决该校的资金困难。

1924 年 8 月,孔德学校租下了北京东华门大街 33 号的四十多间房屋开办分校,小学一、二、三年级设在这里。1928 年,国民政府下令将东华门外宗人府作为孔德学校校址,经过整修,这里有了十几间教室,同时把宗人府的银库改建为二层,楼上是物理、生物实验室,楼下是化学实验室,同时建起了图书阅览室。

孔德学校办得颇为成功,纪果庵在《怀孔德》一文中谈到,他当时负责整理该校从前的国文讲义,他说该校讲义"印刷校订皆甚精好,亦即知堂先生等主持国文课时所选刊者"。纪果庵讲到了该校学生读书之多,他给小学部上课时,经常从《朝花夕拾》中选文章,学生们撇着嘴跟他说:"早看过了,先生选点别的好不好。"

但是学生们能理解孔德的哲学思想吗? 按照钱秉雄在《我所见到的孔德学校》的描绘,当时小学有六个班,校内没有操场,但师生们的精神面貌很好,学校每天朝会,由两位先生弹风琴、拉提琴来伴奏,全校学生齐唱校歌:"孔德! 孔德! 他的主义是什么? 是博爱,是研求人生的真理,是保守人类的秩序,是企图社会的进步。我们是什么学校的学生? 顾名思义,莫忘了孔德! 莫忘了孔德!"

歌词写得倒是朗朗上口,只是不知学生们是否能品出其中的微言大义。周简段在《昔日京华忆"孔德"》中说当时该校的中小学生"对孔德这位哲学家,一般都没什么兴趣",同时他还说"况且这首校歌大多数学生也不喜欢唱"。如此说法令人略感气馁,但中国传统教育讲究的是灌输,等他们长大成人后,想来能理解这首歌代表了什么。

关于该校的教育理念,刘半农在《我眼睛里所看见的孔德学校》一文中谈到,中国所办的中小学校大致可以分为两类:一种是人才教育,一种是职业教育。对于这两类学校的利弊,他做了详细分析,同时说:"我眼睛里所看见的孔德学校，的确就是个实施人格教育的机关。"

孔德学校的校长是蔡元培，他的兼职太多了，想来没有太多精力张罗校务，有一段时间校务主要是由沈尹默来主持。乐融所著《沈尹默画传》中说："（沈尹默）沉稳，凡事退后，不出风头，但又有思虑，素有'鬼谷子'的称谓。在孔德学校 35 年的历史上，前 15 年，沈尹默居北京，基本上都是他在实际负责管理，并担任学校国文教师；后 20 年，由于蔡元培、李石曾的推荐，沈尹默还出任华法教育基金会中国区的总代理，担任孔德学校的董事会主席、华法文化出版委员会主任、孔德图书馆馆长，居上海'遥控'管理着这所学校。"

沈尹默在筹办该校时，出面与华法教育基金会联系，得到该基金会的批准，在其基金会开办处办校。1922 年，沈尹默跟蔡元培商议，得以将北大三院的一部分房屋借给孔德学校使用。1928 年，沈尹默又与李煜瀛、章士钊多次磋商，终于使得国民政府同意将宗人府拨给孔德学校使用。那时学校很拮据，沈尹默为了给学校开辟出运动场，用个人积蓄两千元购得了南分校。新中国成立后，沈尹默写信给当时主持校务的沈令扬，让他把孔德学校移交给人民政府。1952 年，孔德学校归了北京市教育局，之后改名为北京市第二十七中学和东华幼儿园。

该校的开办过程也相当曲折，比如大华烈士在《西北东南风》中有"自讼"一节：

> 北平孔德学校因地界纠葛与某大学涉讼，对簿公庭，原告为"某大学校长蔡元培"，被告为"孔德学校校长蔡元培"，原、被告同为一人，可谓"自讼"矣。

作者只说"自讼"，却没有讲到学校为何事自讼。孙国俊、袁亚雅在《档案记载：孔德学校与华北学院房产纠纷》一文中，通过查证河北省档案馆保存的一份和解笔录，揭示 1938 年 5 月 26 日时任孔德学校校长的周作人和华北学院法定代理人何其巩，因房屋借用权的民事纠纷打的一场官司。笔录中谈到的和解内容是："被上诉人对于宗人府房屋借用权，情愿永远让与孔德学校，除另状北京地方法院声请撤销执行命令与布告外，两造特此和解完案。"

对于纠纷的原因,该文写道:"1937 年,日军入城,强占校舍,拘禁职员,校具图书,被抢掠一空。华北学院迁到湖广会馆,直到八年抗战胜利,华北学院才迁回。1947 年 3 月,国民政府教育部令核定校名为华北文法学院。然而,何其巩在 1937 年后任北平中国大学的校长,并不是华北学院的校长,当时,华北学院因日寇入侵北平,强占校舍,已临时迁到湖广会馆办学。而北平中国大学在北平沦陷期间,坚持办学,许多失学的河北、东三省的学生都插入中国大学学习,在校生最多时达三千多人,使用华北学院宗人府房屋用于办学也在情理之中,孔德学院因在 1928 年前在此办学,想要回继续使用,引发这场房屋使用权纠纷。"

可见何其巩想要回本校原房产,但他压不过那时风头正劲的周作人,只好将宗人府房屋永远让给了孔德学校。有些问题的解读要看立场,如果站在孔德学校的角度来看,知堂绝对是一箭之功。

孔德学校图书馆的规格远超一般中小学,为何要建这么大的图书馆?钱秉雄在《我所见到的孔德学校》中说:"在这里还要提一提孔德大图书馆。它原是为办中法大学孔德学院准备的。"钱秉雄在此处用了"大图书馆"来形容之,对于该馆的藏书情况,此文接着写道:"自 1924 年起,由沈尹默、马隅卿等人去挑选购买图书。当时旧书店经常送书来。共计买到经、史、子、集书 2433 种,46512 册;方志类 478 种,7127 册;日文书籍 429种,452 册;词曲小说 536 种,5456 册;车王府曲本 4620 册。全馆共藏书64000 多册。马隅卿任图书馆馆长时,尚有专人整理。鲁迅研究中国小说史曾来校阅看词曲旧小说。1952 年 9 月,孔德学校改为二十七中后,经北京市政府会议决定,这批图书由北京首都图书馆接管保存起来。"

从以上所列来看,该图书馆所藏之书以车王府曲本最受世人瞩目,此馆何以能买到这批特殊文献,黄仕忠在《车王府曲本收藏源流考》中做了系统完整性的梳理,该文首先简述说:"1925 年秋,北京孔德学校教务长马廉为学校收购了一批从蒙古车王府流出的旧抄曲本,并委托当时热衷于民俗与俗文学研究的顾颉刚对这批曲本作归类整理。据《顾颉刚日记》,顾颉刚在该年 11 月 10 日至 12 月 10 日,一个月间先后六次赴孔德学校'整理车王府曲本',未完。次年 3 月赴厦门大学任教。暑假返京,再赴孔德学校整理车王府曲本。"

顾颉刚整理完毕后,编出了《北京孔德学校图书馆所藏蒙古车王府曲本分类目录》，先后刊登在《孔德月刊》第3期和第4期上，目录后有马廉所写识语：

> 这一批曲本，是十四年的暑假之前，买蒙古车王府大宗小说戏曲时附带得来的。通体虽是俗手抄录，然而几千百种聚在一起，一时亦不易搜罗；并且有许多种，据说现在已经失传了，十五年暑假中，承顾颉刚先生整理，编成分类目录。最近因各方索阅者众，爰在本月刊分两期发表，虽然也不免有人要批评我们，说是："图书馆不应该有这类的收藏！"但是索阅目录的人们，也许是和我们表同情的吧。隅卿附识。

这些书都属于通俗类文献，而以往的藏书家大多都对此不屑一顾，马廉却很关注这类史料，当年他曾在北大与刘半农等人征集全国歌谣，之后又跟沈尹默、沈兼士、钱玄同等人组成北京大学歌谣征集处，他个人也藏有大量小说戏剧类古籍，还给自己的堂号起为"不登大雅之堂"。想来他那时受到过不少人的劝诫，所以才会在识语中讲到有人说图书馆不该藏这类书。

即使是像马廉这样的致力于俗文学收藏的人，也会受到许多的压力，所以当他看到这批车王府曲本时，也犹豫是否要将其买下，但是刘半农的一句话，促成了这批书入藏。刘半农在《中国俗曲总目稿·序》中写到了相关细节：

> 俗曲的搜集，虽然是北京大学歌谣研究会开的端，而孔德学校购入大批车王府曲本，却是一件值得记载的事。那是民国十四年秋季，我初回北平，借住该校。一天，我到马隅卿先生的办公室里，看见地上堆着一大堆的旧抄本，我说："那是什么东西？"隅卿说："你看看。有用没有？"我随便捡几本一看，就说："好东西！学校不买我买。"——"既然是好东西，那就只能让学校买，不能给你买。"——"那亦好。只要不放手就是。"后来该校居然以五十元买成，整整装满了两大书架，而车王府曲本的声名，竟喧传全国了。

马廉最初没有重视车王府曲本，正在犹豫买还是不买，所以将那些书堆在墙角，经刘半农的劝说，他立即将此买下。黄仕忠觉得，正是因为马廉一开始对这批曲本态度冷淡,才使得书商不敢要高价,仅以 50 元成交,"几乎等于以纸张的价格送给孔德学校",因为"当时一册较为稀见的明代富春堂刊的插图本传奇,价格已经涨到了三五十元"。

但是,自从孔德学校买下这批曲本后,相关古籍价格快速上涨,刘半农写道:"北平书贾的感觉,比世界上任何动物都敏锐!自此以后(原指车王府曲本发现之后),俗曲的价格,逐日飞涨:当初没人过问的烂东西,现在都包在蓝布包袱里当宝贝,甚至于金镶玉装订起来,小小一薄本要卖二元三元。"

曲本涨价的直接起因是马廉为孔德学校收购这批书,在此之后的 1927 年,日本学者长泽规矩也来北京做调查,他在马廉那里看到了这些曲本后,也开始大量收购。黄仕忠写道:"(长泽)于 1927 年 8 月赴中国做调查研究。从该年至 1932 年,先后六次赴中国,每次均滞留两个月以上,大部分时间滞留于北京,喜欢戏曲与曲艺。他认识马廉之后,就经常到孔德学校去拜访。马廉则让长泽看平妖堂和孔德学校的藏书。长泽此前对俗抄曲本几无所知,只是买过些铅印唱本而已。他通过马廉第一次接触到车王府所藏曲本,并了解到清末北京以抄书为业的百本张等书坊的情况,从而开始了他的戏曲与俗曲唱本的收藏。两三年之间从松筠阁等书肆购买了许多皮黄、高腔、八角鼓、影戏、子弟书、岔曲、莲花落等的抄本,包括稀见的内府抄本和附工尺的曲谱本,还有 48 种车王府旧藏曲本。当时国人并不重视这些曲本。"

当时陪长泽规矩也一起访书的有傅惜华,之后长泽送了一些内府抄本给傅惜华,傅对此感了兴趣,也开始大规模收藏曲本,不到一年时间,市面上的曲本价格就飞涨起来。

孔德学校所收不仅仅是曲本,还有一些弹词。1935 年《东吴学报》的"文学专号"上刊发了凌景埏的《弹词目录》,凌在该文小序中称:"在《小说月报》十七卷号外的'中国文学研究'里,曾经登载过一篇郑振铎先生的《西谛所藏弹词目录》,他所藏的弹词计一百零七种。民国十八年我在北平,与马隅卿先生朝夕过从,那时马先生在北平孔德学校做教务主任,孔德图书馆是北方著名的一个富藏通俗文学书籍之所,由马先生经手向车王府购进小说、鼓词、弹词等数百种,他便把弹词的一部分托我整理,因此引起我搜罗弹词的兴趣,四五年来,搜得近一百种。今把西谛、孔德和我自己所藏的弹词，编成目录，以供研究弹词的学者们参考。"

马廉为孔德学校搜集有价值的文献，下了很大功夫，周作人在《隅卿纪念》中说道："我与隅卿相识大约在民国十年左右，但直到十四年，我担任了孔德学校中学部的两班功课，我们才时常相见。当时系与玄同、尹默包办国文功课，我任作文读书，曾经给学生讲过一部《孟子》《颜氏家训》和几卷《东坡尺牍》。隅卿则是总务长的地位，整天坐在他的办公室里，又正在替孔德图书馆买书，周围堆满了旧书头本，常在和书贾交涉谈判。"

周作人还谈到马廉为了孔德学校付出了很多心血，可见他不仅是为学校购书，还要张罗学校方方面面的事务，包括与各方势力打交道。遗憾的是，他在 1935 年因脑出血而逝于北大讲堂，终年 42 岁。

马廉是从哪家书商买到的这批曲本的呢？中华书局编辑的《学林漫录》第九辑收有雷梦水所撰《书林琐记·车王府钞藏曲本的发现和收获》一文，文中称：

> 1925 年秋，由北京宣武门外大街会文书局李汇川介绍，琉璃厂松筠阁刘盛誉从西小市打鼓摊上以廉价购得旧钞曲本一千四百余种，后被北京大学教授马隅卿与沈尹默先生以五十元为孔德学校购藏。经马、沈两先生鉴定，为清末北京蒙古族车王府钞本，内容包括戏曲、俗曲、小说、鼓词、子弟书、乐曲等，极为广泛，而且是未刻的稿本，为文学界研究戏曲小说和通俗文学的重要资料，在文学价值上可与清内府升平署钞本媲美，且多为明清两代作品。

对于孔德学校所藏曲本的归宿，雷梦水又写道："这部书，在抗战期间由周作人经手，转归北京大学文学院，后来有一部分转给北京大学图书馆，遗留部分计二百一十四种、二千三百五十八册，解放后由孔德学校转归首都图书馆收藏。这批钞本，后经顾颉刚先生录钞部分副本，携至广州中山大学历史语言研究所。由此《车王府曲本》的名声，就传闻中外了。"

这批曲本为什么要转归北大呢？黄仕忠认为："孔德学校图书馆在抗战期间，经由周作人介绍，将车王府曲本转交北京大学文学院，显然不是出于自己的意愿。但在当时背景下，如果周作人要求这样做，孔德学校显然是无法抗拒的。但移交时，却不妨作些埋伏。其中顾颉刚已编目的部分，人所共知,属于不得不交之物,不过,孔德学校图书馆的管理人员并没有把架上所有的曲本移交,而是有意无意地遗漏了某些类别的最后一小部分。现在以中大所藏与北大所藏相比较,两者相差部分,可能即是其隐藏未交的数量。"

黄仕忠同时举出雷梦水所写有误记之处,因为这批曲本出现在市面上十年后,雷梦水方踏入古书行业,而雷梦水写的这篇文章则是多年后的回忆。但即使如此,雷梦水也留下了一段掌故。

孔德学校的主体即是今日的北京市第二十七中学,2022 年 4 月 16 日,我打车前往该地探看,车停到了东直门附近。站在胡同口望过去,此地距故宫仅是一箭之遥,该胡同名为智德巷,巷口有介绍牌,称该地原为清代光禄寺、宗人府所在地。

另一块介绍牌则谈到旁边即是孔德学校,同时说该校也是由蔡元培创办的,李大钊曾在此任教,著名的核物理学家钱三强毕业于该校。这条胡同很短,目测不足百米,顶头的位置就是二十七中大门。修复后的校门依然是传统制式,只是门前拉起的铁栅栏门让人感觉冷冰冰的。但我还是走上前向保安询问,可否入内拍照。他懒得回我的话,只是默然地摇摇头。

我到学校周围转悠,寻找可拍摄之处,先走入了智德东巷,这条小巷窄而幽长,右侧是民居,左侧是孔德学校围墙,沿墙搭建起了停车棚,使得我无法隔墙拍到楼体。

转回到校门口,我正准备隔院拍照,猛然看到一位女教师从院中走过,我大声向她叫喊,她和善地走了过来,我告诉她想入院拍与孔德学校有关的遗迹,她说遗迹已经很少了。尽管如此,我仍表示想入校拍照,为此,她走进了保安室,隔窗望过去,那位保安依然铁面无私,女教师出来抱歉地跟我说,因为疫情要求,学校的确是不让外人进入了。

我还是不想放掉这个机会,于是退一步与她商量,能否请她拿着我的相机入内拍照,她爽快地答应了下来,简单地问了如何操作,而后拿着相机走入校园。我在等候期间,看到那位保安一脸不服气地用余光瞥着我,顿时让我有一种恶作剧的快乐。

几分钟后,女教师隔墙把相机递给我,她抱歉地说自己不会拍照,希望照片能用得上。我郑重地感谢了她的帮助,她笑着跟我说:"疫情总会过

孔德学校的主体即今北京市第二十七中学

≡ 孔德学校大门　≡ 左侧是孔德学校围墙

去的,欢迎你到时来校参观。"

回来翻看照片,里面除了有主楼,还有后面的操场,虽然楼房顶上也装饰着一些琉璃瓦,但已然改成了新式建筑,只是在操场的墙角旁立有创校人蔡元培的铜像,可见该校没有忘记蔡校长的功劳。

关于该校原来的格局,周简段在《昔日京华忆"孔德"》中描绘说:"宗人府原来的红大门很神气,约有三间大进门后经过一个小门,旁有台阶进入正厅,便是学校的办公室、图书馆和客厅,有门可直通后院。后院正厅是礼堂,礼堂后边有三间房是音乐教室。左边小门进去是高小,再后院是木工房,沿东房有一大排是库房,然后往北是小学的操场,再往里走是初小部,一个朝南大教室是幼稚园,往东是个小院,东房住的是钱玄同,开后门是北河沿。后院右边往西是中学部分,最西是两个操场,中间隔有教室,美术室亦在其中,最北面有高墙。"

而今我从照片上看到的情况,已经与那时大不一样了。女教师还进校史馆帮我拍了几张照片,其中有"百年孔德的发展历程"。这间校史馆还有很多历史文献展示,能在这样的学校读书,想来学生们都会以此为傲,我很想知道他们是否还会唱当年的校歌。

≡ 北京市第二十七中学主教学楼 ≡ 孔德学校首任校长蔡元培像

鸦片战争后，有些传教士和医生到中国来办医院，最早到北京行医的是英国伦敦会的洛克哈特。1906年，伦敦会与其他五家教会合办了"协和医学堂"。过了几年，美国石油大王约翰·洛克菲勒父子三次派考察团来中国进行调查，之后他们收购了协和医学堂。为此，业界把协和医学堂称为"旧协和"，将洛克菲勒改造扩建后的北京协和医学院称为"新协和"。

对于旧协和的起源，王宗欣、葛红梅、徐晶晶合撰的《北京协和医学院图书馆小史》一文中写道："1861年9月13日，英国伦敦会传教医生雒魏林（William Lockhart）以英国公使卜鲁斯（Frederick William Adolphus Bruce）客人的身份来到北京，在卜鲁斯的帮助下，10月23日，雒魏林得到英国使馆的一处房子，因而得以在北京留下来。雒魏林在使馆时，找他看病的人很少，可是当他有了自己的诊所后，情况发生了变化。开始每天只有一两个人，以后逐渐增多，有时每天竟达到二三十人。后来雒魏林与伦敦会总部联系，表示愿意帮助教会在北京开设一家医院，得到教会的支持。雒魏林建立了北京第一所西医院——北京施医院。'越三年（1864），德将医士（Dudgeon John，即德贞）继其后，极谋扩充，并设法灌输西医学术。'义和拳运动中，医院'房舍被焚，厥功未竟'。1865年，英国使馆收回属于使馆的施医院用房，德贞遂将医院迁至东城米市大街的一处教堂。新医院交通便利，原有房屋经过修缮也面目一新。新院有病床30张，医院正门旁竖立了两杆70英尺高的旗杆，因此得名'双旗杆医院'。"

对于五家教会的名称，该文中称："1906年，英国的伦敦会、伦敦教会医学会、英格兰教会；美国的长老会、美以美会、内地会六个教会'合立医校'，此即协和医学堂（Union Medical College）。学堂的第一任院长是英国伦敦会的科龄（Ihos Cochrane）。"

具体到合并后的状况和名称变化，慕景强所著的《西医往事——民国西医教育的本土化之路》一书中称：

> 根据考察团的报告，他们决定对中国医学教育事业进行投资，并商得英国伦敦教会和其他与其合作的教会的同意，1915年6月达成协议，以美金2000000元购得"旧协和"全部房地产。原"协和医学堂"的人员只少数留用。其原有的128名学生中，高年级（三、四、五）的继续读至毕业，低年级（一、二）的转入山东齐鲁医学院学习。1915年由

美国洛氏基金会所属的中华医学基金会投资扩建,定名为"北京协和医学院"。

1916 年,学校在纽约州立大学正式立案。1929 年国民政府教育部将其校名改为"私立北平协和医学院"。

洛克菲勒二世为什么要到中国来办慈善事业呢? 美国的玛丽·布朗·布洛克著,张力军、魏柯玲译的《洛克菲勒基金会与协和模式》一书中讲到洛克菲勒二世在 39 岁时看中了一件康熙粉彩官窑,他从父亲那借了超过一百万美元的钱买下了这个瓷瓶。

他为什么对康熙瓷瓶感兴趣呢? 该书中转载了福斯迪克的观点:"他特别喜欢手工艺,他发现中国古代陶艺在康熙瓷器上达到了顶峰。另外也一定有某种瓷器的客观性打动了他。多个世纪的传统幻化成精致的动物和花草意象,对人俑的挚爱也已经由传说得到提炼和简化。这里没有丝毫现代艺术中他觉得令人反感的'自我表现主义'。"

可见洛克菲勒二世极具鉴赏家眼光,也许是这个契机,使得他将目光投向中国,对发展中国慈善事业有了浓厚兴趣。他买下了老协和,因为那里场地有限,故又买下了豫王府,经过改造,建起了一座宏大的中西合璧建筑。建造新的协和,原本他估算的是花费 100 万美元,到 1921 年时,实际开支已经超过了 800 万美元。

新协和开业时,洛克菲勒二世带领一支队伍前来参加开幕式,为此,中华民国总统徐世昌举办了招待酒会,这场酒会请到了一百五十余位客人,均为当时的社会名流。

这所医院开业后,很快成为中国设备最好、最有名气的医院。该医院接待任何一级的患者,布洛克在书中写道:"北京的干道哈德门大街给洛克菲勒医院带来各类患者。孙中山的临终手术和遗体解剖就在他的儿子孙科和一群军事将领的注视下完成。三军统帅蒋介石和夫人定期来做体检。罗素(Bertrand Russell)曾因肺炎前来就诊。北京警察局转来狱中的精神病患者,人力车夫们从街上拉来穷人,附近的苦力前来免费看病。"

能够成为一流著名医院,除了硬件上很先进,更重要的是要有好医生。协和医学院为了能让中国医生与国外接轨,他们基本采用全英语教学,甚至中国医生之间平时聊天也说英语,以此营造语言环境。

但是，好的医院还需要有丰富的藏书和多年的病例积累，董炳琨、杜慧群、张新庆合著《老协和》的一书中称："要想成为一个有本领的医生，就要找个好学校，当时最好的学校就是协和。协和好在何处？据说协和请的教书先生和治病的大夫都是从世界各国请来的知名人士，有个藏书丰富、亚洲第一的医学图书馆，还有病种最多、保存最全的病历资料，也就是说有最好的学习条件，这就慢慢形成了'协和三宝'之说。"

关于具体的"协和三宝"，该书给出两个答案："可是后来有些已经从医学院毕业、甚至已经做了几年医生的人，听说协和有一套培养毕业后医生的好办法，病种复杂，名师指导，图书丰富，病历齐全，都想方设法到协和进修。但是，协和有严格的规定：外来医生，不管毕业多少年，也不管做到什么职位，凡来进修者都要先从实习医生做起，然后再做住院医生，而且都是 24 小时值班制。尽管有这样苛刻的条件和要求，有志者仍然争相到协和来经历这段艰苦的磨练。所以，住院医师制度应是协和的'一宝'。大家有个约定俗成的习惯，既然'协和三宝'已经叫起来了，谁也没有本事把从习惯了的'三宝'改成大家都能认同的'四宝'。于是，在传说中'三宝'内容就出现了两种不同的解释。一种是'名教授、图书馆、病案室'；一种是'住院医师制度、图书馆、病案室'，这就是协和'三宝'的各自表述。"

关于"协和三宝"的两种解释中，都有图书馆和病案室。图书馆的好坏，会直接影响教学质量；同时好的阅读氛围，也是人们愿意去图书馆的重要原因。此书中还谈到了图书馆的具体细节："图书馆有一套方便读者的制度和办法。馆内地上铺有地毯，环境幽静，设有很多小阅览室分类藏书，每个阅览室四周全是书架，随用随取，找不到的时候由工作人员帮助，看后不必放回书架，由工作人员归类整理，这样避免放错地方。如果需要借出，手续也很简单，在借书卡上签个字就行了。如果需要本馆缺少的某种书，图书馆用馆际互借办法帮助解决。师生都认为这是查找资料、思考问题的好地方，不管基础或临床的师生、工作人员，一有空闲就愿到这里来。图书馆不仅为本校师生服务，同时也向其他学校开放。此外，图书馆还通过馆际关系向其他省市服务。"

新协和在创建之初就辟有图书馆，王宗欣等所写《北京协和医学院图书馆小史》一文称："北京协和医学院整体建筑 1921 年正式起用，1920

= 协和医学院图书馆旧影（一） = 协和医学院图书馆旧影（二）

年工程尚未完全竣工,只有前三楼交付使用,起名为 B、C、D 楼(即后来的 2、3、4 号楼),图书馆占用 C 楼(3 号楼)一层三间屋子,新建一医学新馆,分别作为图书阅览室、现刊阅览室及期刊阅览室(存放近十年出版的期刊)。原来的旧馆仍予保留。此时的图书馆已有五人,包括馆长甘百禄,副馆长步兰德,职员曹玉珍和宫镜仁,练习生赵庭范。"

至于到该馆的图书来由,矗之编著的《协和医脉》中提及:"解剖系的考德里教授是协和图书馆的创立者,他把收集购买期刊杂志当作首要任务。抵达协和后,他首先聘用了一位称职的图书管理员——原波士顿医学图书馆助理馆员步兰德(James F. Ballard),并不断游说院方为图书馆争取到一笔独立的预算。他的游说相当成功,最终 CMB 给予协和图书馆的资金是预算的四倍。1919 年 CMB 拨款 65000 美元,派步兰德到欧洲购买医学书籍。考德里为其列出长长的书目,不断写信督促步兰德加快速度购买。由于第一次世界大战,医学书籍期刊的购买颇为困难,考德里不得不远赴东京,自费购买所需的书籍。1920 年秋季,洛克菲勒基金会委托美国波士顿医学图书馆定购了大量的医学过刊,多达 70 箱,占满了两间书库。在考德里坚持不懈地努力下,协和图书馆的馆藏量突飞猛进,至 1921 年已有 22000 卷书籍和 450 种期刊,藏书以英文为主,还有法、意、瑞典、日本、荷兰等其他文字。"

可见步兰德对该馆收集西方医书起到过重要作用,正是他努力说服洛克菲勒基金会增加经费,才使得该馆藏书量大为增加。

此后协和图书馆又增加了中文部,该馆创办中文部的主要原因乃是收购了清末御医力钧的一批藏书。力钧字轩举,号医隐,福建永福人,被誉之为"我国近代著名的中西汇通派医学家"(薛松《话说国医·福建卷》)。

力钧最初师从名医刘善增,11 岁和 13 岁时分别又拜两位名医为师。清光绪十五年(1889),力钧中举,转年赴京应礼部考试,未能考得进士。流连京师时,他在琉璃厂古书街看到了十几种明版医书,很是喜爱,遂将其全部拿下。在返回福建途中,力钧又于天津、上海等地买到了许多医书,其中有些是西医著作,由此他开始了解西方的医学理论,并将中、西医进行结合。

光绪二十年(1894),力钧第二次来京应礼部试,此次他为很多京城显贵看病,逐渐有了名气。光绪二十九年(1903),他得到了商部主事的官衔,举家迁居北京。在此期间,他最有名的事迹就是给慈禧太后和光绪皇帝治病,由此有了御医之名。

光绪二十三年(1897),力钧自费东渡日本考察,在日本大量购买医书。文廷式在《东游日记》中写到了力钧在日本书市购书之豪:"是日偕中川至浅草朝仓书肆阅购书籍。闻近年有福建力钧者,来购旧本书,斥三千余金,故列肆中所存已无多矣。"

几年后,力钧写出了《历代医籍存佚考》,由此说明他对医学典籍十分看重。清宣统二年(1910),力钧跟随驻英公使出访欧洲,先后游历了德国、法国、瑞士、意大利等多国,每到一地,他都会考察当地的医院和医校,同时购买大量的医学图书资料。1925年,力钧病逝于北京,享年70岁。

此后力钧之子将其父所藏医书转给了协和医院。�之在《协和医脉》中说:"其子力舒东、孙女力伯畏皆为御医,有三代御医的佳话。力舒东曾任中华医学会第一届副会长,是梁启超割肾手术的见证人。他与协和医生相熟,将其父藏书半赠半卖给予协和。"

对于这批医书的情况,协和医院李涛教授写文如下:

> 本院收集中文医书缘起
>
> 民国二十四年,伍连德先生以所著《中国医史》就商,因谈及前清太医力轩举先生搜庋中国医书甚富,其哲嗣舒东医师方拟脱手,当偕往观,并拟购置以供学人研究。事闻于林宗扬教授,因建议本院留置。遂由图书馆委员会委托姜文熙、张锡钧教授与涛三人负责进行。几经洽商,卒于次年以半购半赠协定下成议。吴宪与傅瑞士教授及戴志骞夫人对于保管设计多所赞助。计力氏所收医书元明珍本多至三十余部,写本四十余部,日韩刊著本二百余部及其他数百部,共八百余部,其集藏之富,国内鲜见。四年以来,本院于补残编目之余,更陆续访购二百余部,益以原存百余部,于是蔚成大观矣。因念中国古代医学之真价尚无定评,本院得此宝藏,以供世界学人检讨,诚一幸事。将来发扬光大,自在意中。不禁为中国医学庆也。爰为之记。

李涛是北京房山人,1929年进入协和医院细菌科工作,因为精通古文,后来被派到了该院中文部,同时负责为图书馆搜集中国历史医书。他是最早在西医院校开设医学史课程的人。《协和医脉》一书称："在李涛等人的努力下，协和图书馆收集和保存了许多重要的中医古籍珍本、善本。中文书中有 1268 年重刊本《补注释文黄帝内经素问》，明初楼英著《医学纲目》少见的传统医学书籍版本，10 余年间共收集中医书籍数千种，使当时协和医学院图书馆的中医藏书仅次于南满医科大学图书馆，居全国第二位。"

协和医院是西医院，何以大批买进中国古书呢？这当然是理念问题，陶飞亚在《传教士中医观的变迁》一文中引用了胡美在《道一风同》中的所言："对那些来自西方，接受科学实验的医生来说，一开始对中国医学产生怀疑是再自然不过的事了。中医没有解剖，没有可控制的实验，说千百年来中医是科学探索有什么证据？科学家们会询问，中药店里卖的药，除了古来用药的推荐剂量外还有别的知识吗？龙齿、虎骨和鹿茸有什么治疗价值？"

从有些方面来说，中医和西医各有各的优势，陶飞亚在文中谈到胡美诊断一位妇女妊娠中毒时，提出必须手术流产才能挽救病人生命，但病人家属后来去找中医诊疗，六个月后产下健康男婴。胡美感叹，不知道中医究竟用了什么有效的药。对此，陶飞亚在文中写到了协和收购力钧那批书的事情："其实不仅这些医学院院长们以一种正面的态度在考察和议论中医，整个群体的氛围也在变化。有一批传教士医生表现出了对中医历史的兴趣。英国传教士医生协和医学院妇科主任马士敦（J. Preston Maxwell）与他的中国助手一起收集了 62 种相关中医古籍，对 1870 年以前的中国妇科和产科著作做了比较全面的研究。1936 年北平协和医学院图书馆收藏原在京师太医院供职的李轩楚（Lee Hsuan-chu）的全套藏书八百多卷，并宣称'这些书将证明对研究中医史有不可估量的价值'。1940 年 9 月《博医会报》专门出版了中国医史专号，中外人士都在杂志上发表了研究中医史的文章。"

当年协和在收购力钧藏书时也很慎重，他们请了北平图书馆著名专家徐森玉先对书的价值和价格做了相应的估判，对于相关细节，曹海霞在《清末藏书家力钧及其藏书源流考证》一文中称："经过长时间的讨论，力钧后人力舒东同意接受 4000 美元的收藏价格，但这个价格不包括 10 个宝贵的书卷（元明善本），这 10 卷书籍是作为特别礼物赠送给北京协和医学院图书馆。在上述权威专家对这批善本书籍的检查和评估的基础上，北京协和医学院强烈建议图书馆委员会尽快获得这批有很高价值的收藏品,因为还有另外两个相关机构(包括当时的北平图书馆)对这批收藏品非常感兴趣。经过北京协和医学院图书馆时任馆长戴志骞夫人戴罗瑜丽及诸多同事的努力,最终这批古籍经编目之后正式纳入北京协和医学院图书馆馆藏。"

按照曹海霞的说法,协和能够买下这批书,跟戴罗瑜丽的力争有一定关系。戴罗瑜丽是挪威人,1916年,她在克里斯蒂安桑兹公共图书馆做实习馆员,之后又到戴希曼公共图书馆担任助理馆员。1917年,她前往美国纽约州立图书馆学校攻读图书馆学,她的同班同学中有戴志骞,两人由此相爱。

1918年夏,先毕业的戴志骞到纽约厄普顿军营图书馆服务一年,戴罗瑜丽继续学业,转年夏,她毕业后返回挪威,戴志骞则返回中国继续到清华学校图书馆工作。

1922年,戴罗瑜丽从挪威国立农业专科学校图书馆辞职,乘船前往中国上海,在那里与戴志骞举办了婚礼。之后戴志骞携戴罗瑜丽回到北京清华学校,因戴罗瑜丽有从业经历,为此被清华学校聘为名誉职员,帮助该馆进行英文编目。关于其编目情况,郑锦怀在《中国现代图书馆先驱戴志骞研究》一书中说:"戴罗瑜丽在1922年9月受聘负责清华图书馆西文编目部,无疑解决了该馆缺乏人手的难题,而她也确实为该馆西文图书的分编工作作出了巨大贡献。在她努力下,该馆于1927年编印《清华学校图书馆西文分类目录》,为清华图书馆馆员与读者提供了极大便利。正因为如此,当时的清华学校校长曹云祥(Y. S. Tsao)于1927年7月25日专门为其撰写一篇英文'前言'(Foreword),戴志骞也为其撰写一篇英文'序言'(Preface),以示重视与赞誉。"

对于她在清华学校图书馆此后的情况,郑锦怀简述说:"戴罗瑜丽原本计划到纽约公共图书馆服务一年,但最终选择夫唱妇随,来到爱荷华大学图书馆担任了一年的助理编目员,年薪为1325美元。1925年夏,戴志骞夫妇结束各自的学习与工作,一同考察美国、英国、法国、比利时、荷兰、挪威、瑞典、丹麦、德国、苏联、日本等国的图书馆事业,同年10月回国。回国后,戴罗瑜丽继续主持清华图书馆西文编目部。1928年9月3日,清华学生会校务改进委员会发动'清校运动',议决驱逐戴志骞等五人。戴志骞被迫辞职,戴罗瑜丽也离开清华图书馆。"

1929 年 10 月,戴志骞到南京就任国立中央大学图书馆馆长,戴罗瑜丽留在北平,受聘为北平协和医学院图书馆主任。她在此任上努力工作,为该馆的建设作出了不小的贡献,1933 年 10 月 30 日出版的《中华图书馆协会会报》第 9 卷第 2 期发表了沈祖荣所撰《中国图书馆及图书馆教育调查报告》一文,该文提及:"协和医学院图书馆馆长戴志骞夫人,管理有方,分类编目,秩序井然。其分类系统,乃根据波士顿医科大学图书馆之分类法。该馆除收藏极丰富之医学书籍外,并藏有无数整部之医学杂志,有数小阅览室。此图书馆并非独立建筑者,不过附属于一屋之角隅耳。"

戴罗瑜丽在协和医院图书馆工作了八年,关于她离开该馆的原因,赵庭范在《独具风格的协和图书馆》一文中称:"1935 年至 1936 年,经馆长提名,我被学院派往美国哥伦比亚大学图书馆系学习一年,同时在纽约医学科学院图书馆实习。这年冬天,经中文系研究医学历史的李涛教授介绍,协和图书馆购进了一批中医医书……为了这批书的事,院长胡恒德和图书馆馆长戴志骞夫人发生了矛盾,戴馆长辞职了。胡院长委派图书馆委员会的主任委员何博礼担任名誉馆长(这时图书馆委员会的委员均为教授担任)。我亦于 1936 年 7 月被召回国,负责图书馆的日常工作。"

赵庭范没有说到戴罗瑜丽跟院长发生矛盾的具体细节,只是提到了李涛介绍购买力钧那批书的事情,根据上面所引曹海霞的所言,应该是戴罗瑜丽认为力钧那批书应当买进,而胡院长不赞同此事,虽然最终该馆买下了力钧旧藏,但戴罗瑜丽为此辞职离去。如果是这样的话,也说明了戴罗瑜丽对中文医书价值的客观看待。

对于她为协和图书馆所付出的心血,业界给予了颇高的评价,1936 年 10 月 31 日,《中华图书馆协会会报》第 12 卷第 2 期刊发了戴罗瑜丽辞职的消息,同时评价说:"北平协和医学院图书馆,自民国十七年起,即由戴志骞夫人主持,迄今已八年之久,该馆内部组织,以及管理方法均极完善,在吾国医学图书馆中堪称首屈一指,此等成绩皆戴夫人苦心孤诣惨淡经营所至。"

戴罗瑜丽在京期间,不仅为协和馆作出了贡献,还发挥个人特长,帮助其他馆编目。郑锦怀在《中国现代图书馆先驱戴志骞研究》中写道:"此外,在北平协和医学院图书馆工作期间,戴罗瑜丽还曾应国立北平图书馆之请,为该馆编撰的《北平各图书馆馆藏西文图书联合目录》（*Union Catalogue of Books in European Languages in Peiping Libraries*）修订了大部分德文条目。该联合目录一套四册,前三册为图书著者目录,第四册则为期刊目录,共收录北平29所图书馆与学术机关所藏的总共85000余种西文书刊,具有很高的实用价值。"

1947年,戴罗瑜丽向江苏省青浦县（今属上海）提交了入籍申请,转年获批,加入中国国籍,她的新中文姓名为戴卢菊丽。此后她跟戴志骞前往香港,她在香港大学担任助理馆员,大约在1951年,戴志骞夫妇离开香港前往阿根廷。

协和图书馆在抗日战争期间,被日军占领,慕景强在《西医往事——民国西医教育的本土化之路》中写道:"1941年12月8日,太平洋战争爆发,日军突然进驻学校及医院。全校职工出入均受监视。学生停课。自1942年协和医学院被日军侵占后,中华医学基金会和协和医学院董事会一直想协和医学院终将有重新开办的一天。在整个战争期间中华医学基金会从未间断为协和医学院图书馆订购所有外文科技杂志。中华医学基金会还继续支持在成都的护校。"

在此期间,该馆的藏书受到重大损失,岳南所编《寻找祖先:"北京人"头盖骨化石失踪记》中写道:"更加令人痛心和不可思议的是,一队日本宪兵住进协和医学院娄公楼后,因急于用房,竟然把存在协和医学院娄公楼的古生物书籍和枯骨化石装入一辆载重汽车,拉到东城根下（东总布胡同东口、小丁香胡同东口往北十数步）,全部焚毁。当地市民听说日本宪兵在焚烧协和医学院的藏书,纷纷前往围观,见书籍正在熊熊燃烧,便将一部分书籍从火中抢出,而后转手卖给街头收破烂的商贩。至于从载重汽车上倒下的一大批古脊椎动物骨骼化石,市民自感不能售卖,弃之不顾,凶悍的日本兵用军靴一阵乱踏猛踩,大多化成碎块。少量幸存者,散落满地,又被疾驶而过的车轮碾碎。当时有一位叫韩德山的协和医学院食物化学系职员,下班路过此处,在亲眼目睹了日本宪兵罪恶一幕的同时,趁施暴者未加注意,偷偷捡了四块骨骼化石带回家中。"

不过,聂之在《协和医脉》中有着另外的说法:"在日本侵华、学校停办期间,由于日本的少校军医松桥（Matsuhashi）战前利用过协和的书籍期刊,深知其价值,在其干预下所有图书得以保存。美国的CMB也未停止给协和图书馆订杂志,帮助协和续订补齐所需期刊。"

对于该馆的藏书特色以及管理之严格,疏之在书中写道:"1951 年,协和收为国有时,医学藏书多达 8 万册。协和图书馆是当时远东最好的医学图书馆,也超越了大多数美国医学院校的图书馆,总价值二百万美元,成为协和'最重要的知识财富',列为协和三宝之一。图书馆管理非常严格,对违反制度者,不论职位高低,均公示通牒。1973 年中国医科院副院长林巧稚因所借书籍逾期不还,被贴出告示曝光。范代克曾评价协和图书馆是当时世界上最好的图书馆,使他如期完成了药理学专著的写作;王志均则说协和图书馆是他终生喜爱的地方。"

新中国成立之后,这所图书馆改变了名称,吴晞主编的《文献资源建设与图书馆藏书工作手册》中称:"中国医学科学院图书馆前身是 1921年由美国洛克菲勒基金会开办的协和医学院图书馆,1955 年改名为中国医学科学院图书馆。1985 年恢复中国协和医科大学,该馆也是协和医科大学图书馆。馆址在北京东单三条 9 号,馆舍面积为 3600 平方米。现有馆藏 44 万册,其中中文图书 8 万册,外文图书 8 万册,报告 28 万册。另有技术报告 1715 种,缩微品及视听资料 3848 件。主要收藏 40 多个国家近20 种文字医药、卫生、生物科学及有关学科文献,是我国医学文献收藏较全的图书馆。"

到如今,协和医院依然是北京最有名的医院之一,这些年来,我多次到这里看病,有时还会来此探望病人,但协和医院已经建起了新的门诊楼和住院部,致使我从未走到协和老楼这一带。2022 年 3 月 12 日,我到王府井大街探寻莫理循图书馆,无意间看到一条胡同的尽头有片仿古建筑,走近端详,原来这里就是当年协和医院的老楼,其气势之大颇令我震撼。

这里是当年的豫王府,鼎盛之时里面有房屋五百余间,还有庭院楼阁,到 1916 年时,豫王府的主人是端镇,皇帝逊位后,清朝的遗老遗少没有了收入,端镇以 24 万银元将王府抵押给医社,此后洛克菲勒基金会请美国著名建筑师查尔斯·柯立芝负责设计。

按照规划,校方原本想要将豫王府全部拆除,建造一所现代化医校,但柯立芝喜爱中国老建筑,于是改变方案,重新设计出了中西结合式的风格。柯立芝懂得中国传统,把黄琉璃瓦视为皇家专用,王公大臣只能用绿色,于是采用了绿琉璃瓦屋顶。而今这些屋顶的瓦面有部分掉色,但总体

▪ 北京协和医院匾额　　▪ 侧楼门厦

看上去还是绿油油的一片。疫情以来，人人向往绿码，眼前的一片绿颇令人心旷神怡。

然而这一带老建筑的大门上着锁，无法入内一探究竟，回来后本想通过熟识的朋友带领入内拍照，却得知因为疫情这一带一直处于关闭状态。朋友答应等疫情过后，让我入内拍照。于是我耐心地等待了一个月，但疫情仍没有清零的迹象，我忍不住又到那里去拍照。

此次前来，依然是到王府井附近拍其他遗迹，而后沿着小巷一路穿行，在街边花园看到一组现代雕塑，名称叫云山风度，旁边的海棠开得正盛，可惜无人欣赏。在一条小巷内看到了老北京风情街，我向内探望几眼，已经是歇业的景况。穿过游人稀少的王府井大街，再次走到帅府园胡同，在胡同内先看到了北京协和医院学术会堂，显然这是新拓宽的区域。由此望过去，又看到了那片耀眼的绿屋顶。

这里的大门依然紧闭，好在铁栅栏门不是太高，能够从上方拍照，我通过转换镜头，拍到了该楼的一些细节。此前我买到了一本院校史丛书编委会编著的《北京协和医学院百年图史》，里面有很多老照片，因为底片好，所以清晰异常，从中可以看到当年的豫王府，也能看到协和医院建造和奠基时的情况。还有一张老照片展现了1921年开幕典礼结束后，中外嘉宾与全体工作人员六百余人在这片空地上合影的壮观景象。通过对比老照片，我得知我的拍照之处是协和医院西门广场，一百年后，这里的景致完全没有变。

当年基金会为了安排重要医护人员的生活问题，在协和医院的另一侧建起了一片小别墅，我想到那里试试入内拍照，于是沿着西墙向前走，走出百十余米后左转，但这里变成了专用车行道，禁止闲杂人等通过。展眼望去，这里有高耸的烟囱，还有一些配楼。

继续前行，走到煤渣胡同，由此胡同左转，看到介绍牌上称，当年大总统冯国璋的府第在此胡同内。一路看下去，没有找到文保牌，却在煤渣胡同的另一出口看到一座中西合璧式建筑。转到正面，原来这里是基督教中华圣经会北京分会旧址，此处乃是全国级的文保单位，但同样是大门紧闭。

此楼的斜对面有一片西式小洋楼，这里就是协和医院的别墅区。我走到附近寻找入口，遇到三位戴着红袖章的大妈，她们警惕地望着我，于

■ 1921年9月协和医学院开幕典礼后合影　■ 西门前广场

是我主动"送上门"，直接问她们如何能进入别墅区拍照，几人纷纷告诉我，那里绝对不允许外人入内。其实多年前我就进过别墅区，因为有一位朋友的父母住在其中一栋楼内，此时我站在这里犹豫一番，感觉疫情期间前去打扰，确实有些唐突，于是隔墙拍了几张照片后离去。

香山慈幼院教育图书馆

熊希龄所创，沈从文所掌

香山慈幼院是熊希龄所创。1917 年夏秋之季，直隶地区连降暴雨，致使永定河、南运河、北运河、潮白河、大清河、子牙河等数条河道相继决堤，洪水将京畿一带变成泽国，京汉、京奉、津浦铁路全部中断，水灾波及 103 个县，近两万个村庄，受灾民众超过了 600 多万人。

当时熊希龄已退隐天津，目睹惨状后，向政府提议进行救灾，当年 9 月 29 日，大总统冯国璋特派熊希龄督办京畿一带水灾河工善后事宜。在赈灾过程中，熊希龄看到许多人为了活命将自己的儿女遗弃或者变卖，还有很多灾民进入北京避难，其中也有许多流浪儿童，还有些人走投无路全家投河自尽。为此，熊希龄决定在北京创办慈幼局，专门来救助受灾儿童。

1917 年 11 月 20 日，北京慈幼局正式开办，其开办费及日常开销均由京畿水灾筹赈联合会供给，难童收养工作主要由英敛之负责，该局分为男、女两所，总计收养儿童一千余名。1918 年 4 月，水患平息，因为慈幼局属于临时措施，故打算就此解散。慈幼局联系到家长让他们分别把孩子领回，但到了最后还有二百多名儿童无人认领，这一点让熊希龄没有料到，为此，他决定创立一个常设机构来收养和教育这些儿童。

熊希龄找到大总统徐世昌，向他提出自己的想法，同时说创办慈幼院需要固定场所，他想借用香山的静宜园，因为静宜园面积很大，在此创建慈幼院，除了可以收养原慈幼局的二百多名孩童外，还可以惠及北京城的孤儿和贫家子。徐世昌召开内务府会议，准予使用。

那时的静宜园属于清廷私产，经过协商，清室同意熊希龄借用此地办慈幼院，当时园中还有一所静宜女子学校，该校由英敛之创办。1912 年清帝退位后，英敛之隐居西郊香山，当时马相伯和英敛之看到这里因无人管理，树木被人偷砍，还看到西山附近很多穷苦百姓的子女无法接受教育，于是想在此创建一所学校，经过隆裕太后批准，他们得到了此地，于此创办了静宜女子学校。当时熊希龄是热河都统，筹集了一笔款项赞助该校，所以当他创办慈幼院时，想到了这里还有空房，为此组织了慈幼院董事会，由赵尔巽为会长，刘若曾、陈汉第为副会长，英敛之等三人为基金监理，负责院务的监督和管理的工作，董事会选举熊希龄为香山慈幼院院长。

1920 年 10 月 3 日，香山慈幼院正式开院，有近三百人参加了开院仪式，赵尔巽、熊希龄和荷兰公使分别发表了演讲。

香山慈幼院的办院费用来自水灾河工督办处，计 173500 银元。另外京畿水灾民众募捐余款有 64 万余元,以此作为建院专款和办院基金。当时还有很多中外团体和个人予以赞助,比如新加坡华侨黄泰源捐银一万两,指定建设蒙养园礼堂;河南张镇芳捐助"洋 10 万元、三年公债 20 万元、中钞 10 万元"等等。

慈幼院成立后,另有盐余款项、两淮盐商捐助款、感化学校预定案款项、部拨码头捐款项、部拨面粉出口捐款项等等。这些钱都是通过熊希龄的运作得以拨给香山慈幼院的。

因为资金充足,所以慈幼院建筑设施十分完善。从创建伊始,慈幼院就分为男、女两校,男校占地 200 余亩,有教室 13 所、宿舍 8 所,另有球场 4 所、游泳池 1 所;女校占地 40 余亩,有教室 8 所、宿舍 4 所。另外慈幼院建有男、女儿童图书馆各 1 所,教员用的教育图书馆 1 所。其设施之完善超过许多学校。

该院还下设 29 所各类工场,以此培养学生的技能,同时还办有种植场、家畜饲育场、养蜂场等来补贴学校费用。另外还开办有香山农工银行、甘露旅馆、电灯厂、商场、汽车公司等。该院专有印刷科,修业年限为三年,下设排版组、铅印组、铸字组、石印组、装订组。到第三学年时,排版组要学习制作书籍,可见慈幼院有完善的印刷制作课程。

香山慈幼院确定了总分两院制,其中总院分为四股:总务股、教育股、会计股、检察股。教育股下设两课,分管体育部、图书馆和理化馆。

正因为有着如此健全的设置,香山慈幼院成为那个时代的名校。美国石油财团的洛克菲勒、日本前首相犬养毅等均来此参观过。1928 年,美国记者参观团看到慈幼院后,认为该校比美国所办的一些幼稚学校还要好。1930 年,教育部派戴应观视察慈幼院,他在演讲中大力夸赞该院所办之佳,认为此院"在中国教育界上开了一个新纪元"。

开院一年后,熊希龄邀请蒋梦麟、胡适、李大钊、张伯苓等数十位著名教育家担任香山慈幼院评议会的评议员,请他们出谋划策,以使慈幼院的教育更为完善。

慈幼院在全盛时期曾接收上海贫儿院、上海孤儿院、北平龙泉孤儿院、江苏贫儿教养院等院无力抚养的孤儿。故可以说香山慈幼院是民国时期首屈一指的慈幼教育机构。

遗憾的是,到了 1925 年,因时局紧张,作为慈幼院主要经费来源的盐余补助逐渐被各省扣留，上海码头捐和面粉捐均被孙传芳截留，两淮盐商的年捐也停缴，感化学校的经费也未能到位，熊希龄只好向各大银行贷款，以此来补充经费缺口。

1928 年，南京国民政府成立，对北京政府时的欠款不予承认，熊希龄多方运作，国民政府行政院决定从俄国庚子赔款项下支付部分款项用于维持慈幼院，但因中原大战爆发，此议案未能履行。出于各种原因，各大银行拒绝再给慈幼院贷款。

面对这种困境，1930 年 8 月，熊希龄以院长名义发布了《香山慈幼院预备一部分停学布告》，该布告转引了会计股景主任报告中所言："连日与北平中国银行、农工银行借垫款项，均被推拒，分文无着。"这使得慈幼院"除旧亏四十余万尚未清还外，积欠历年各校经费十余万元，本年五、六、七三个月又新欠商店三万余元，旧账不还，信用已失，新借之难，势所必至。而来源既断，情状可危，借无可借，押无可押，赊无可赊，捐无可捐，已陷于山穷水尽之境"。

《香山慈幼院预备一部分停学布告》中谈到了慈幼院院长努力筹措各方面费用，但仍然捉襟见肘的情况："我院学校而兼家庭，又与其他学校不同，一日无粮则饥，一时无衣则寒，生命之险尚不可保，遑言教育乎！我院自十四年以后，战事连年，旧政府补助停发，十五、（十）六、（十）七、（十）八年之中，院长南奔北走，东挪西凑，所筹款项，平均达八十余万元，院长设法垫抵者，亦及八万余元。本希望时局平定，经费有着，或可徐图补救。不料其结果至此，殊为痛心。假使内争属于短期，尚可勉力奋斗，以待时机。默揣南北情形，金融枯竭，商业萧条，必有长期之危险。我院万万无此能力以与相持。院长心力交瘁，难以再支，负此千六百儿童生活之责任，安敢稍有疏忽，令其饥饿于我土地？"

鉴于这种情况，慈幼院做出决定："故于七月三十日召集各校全体职员及服务生与第六校大学生开会报告，又于七月三十一日约集各股各校主任讨论收束善后办法。公同决议，将各校儿童调查家世情状，有家者，送回教养，无家者，分别酌留，或送其他慈养机关。"

熊希龄召集慈幼院各主任开会，讨论收束善后办法，决定将有家的儿童送回，孤儿根据个人情况部分留下，或将一些儿童交给其他慈善机构教养，同时停止对大学生的资助计划，从 1930 年 7 月底开始，教职员工停发薪水。熊希龄表示,这只是暂时的,等时局稳定后,慈幼院再恢复原状。

经过收缩,慈幼院的规模降了下来,但是仍有很多儿童无处可去,熊希龄只好再次致函中国银行和北平社会局,恳求支援经费,并撰写了《香山慈幼院与国家社会之重要关系说明书》。与此同时,慈幼院的一些师生组成请愿团,他们步行前往南京向国民政府催拨经费。到年底,南京国民政府终于下令,对香山慈幼院给予每月1万元的经费支持。

但是这笔经费对体量庞大的慈幼院而言,只属杯水车薪,至1933年,慈幼院只能继续精简机构,熊希龄在《香山慈幼院近六年教育经过及改革报告书》中称:"停止中大学额,按照经费支配,而注意于婴幼儿童之保育、初小儿童之教养、高小儿童之劳动训练、专工儿童之技能精习,以及幼稚师范、婴幼保姆之养成,衔接一贯,以培成守法爱国之健全国民,此则本院教育新计划之方针也。"即使如此,根据熊希龄的预估,慈幼院要想清偿费用,仍需要10年时间。

1937年,全面抗战爆发,北平陷落,熊希龄此时在上海与红卍字会张罗救治伤兵难民之事,同时筹划将香山慈幼院迁离北平。同年12月南京陷落,他取道香港准备前往长沙,但不幸在香港病逝。

此后熊希龄夫人毛彦文承接此事,于1938年2月在桂林成立了香山慈幼院幼稚师范,1940年成立桂林分院柳州慈幼小学。1944年后,桂林战事吃紧,部分教职员工和学生迁往重庆,于此成立重庆分院。北京特别市公署训令教育局将慈幼院女子中学改为公办,为市立第三女子中学,当时慈幼院留下的仪器、图书、家具、房产等一律收为公有,转给市立第三女子中学。

1945年8月15日,日本宣布无条件投降,之后毛彦文返回北平,成立了香山慈幼院理事会,由雷洁琼任理事长。此后几年,香山慈幼院原有建制逐渐恢复,慈幼院又有了一千余名学生。1949年3月,香山慈幼院全院迁往北平城内西安门大街26号。1978年,该院更名为北京市立新学校。

由以上可知,规模宏大、设施完善的香山慈幼院几乎全部是靠熊希龄张罗而成,这当然与他的身份背景有一定关系,比如他曾在1913年任国务总理,1932年任世界红十字会中华总会会长等职。当然,他能做出如此宏大的慈善事业,与其独特的个性也有一定的关系,郭则沄在《洞灵小志》中就谈到过熊希龄的奇异之处:"杨凤笙者,湘之凤凰厅人。自幼与熊秉三丈同砚席。邻有难产者,祷于神,不效,延巫禳之,亦不效。杨曰:'使秉三至即产矣,求神召巫何为者!'其家疑熊有异术,固邀之。不可却,入室,坐甫定,呱呱者堕地矣。众叩其故,杨自云能视鬼,每见秉三出,鬼恒避之。"

可见熊希龄天赋异禀而不自知,而他帮助过不少朋友也是事实。比如他保护过李大钊的家属,龙儒文在《前北洋政府总理保护李大钊家属始末》一文中先讲到了李大钊跟慈幼院的关系:"1921 年,中国共产党成立以后,李大钊代表中央指导北方的工作。他更是以香山慈幼院评议委员会委员和熊希龄的知交的身份,频频出入香山慈幼院,积极向香慈的教职员工和学生宣传马克思主义和革命真理,启发他们的阶级觉悟。"同时李大钊还在慈幼院图书馆举办活动:"在熊希龄苦心经营的香山慈幼院里,在李大钊的秘密组织下,成立了党的地下组织。张秀岩同志在李大钊的直接领导和精心指导下,没有辜负党的信任,香山慈幼院的地下党组织不断发展壮大,党员队伍也发展得很快。他们经常利用香慈图书馆的过刊阅览室作集会地点,一起探讨马克思主义学说和革命真理。"

李大钊在莫斯科参加完共产国际的"五大"后,回国参加和领导了"首都革命"、"三一八"运动,再次被北洋政府通缉,他避入苏联驻华大使馆。1927 年 4 月 6 日,奉系军阀张作霖派军警数百人袭击了大使馆,逮捕李大钊等 80 多人,同时疯狂搜捕与李大钊有关之人:"在李大钊家属生死攸关的危难时刻,熊希龄再次把自己的安危抛到九霄云外,挺身而出,机智地以女儿结婚迎宾为名,突破敌人的重重关卡和封锁,派当时的香山慈幼院五校副主任、共产党员、李大钊的乐亭同乡李凌斗抢在敌人下手之前,用自己的汽车紧急把李大钊的夫人和孩子们接到了香山。熊希龄觉得还不够安全,为了防止不测,他没有立即把李大钊夫人母子接进香山慈幼院,而是秘密地把他们母子藏进了香山红山头南麓正黄旗对面的'姑娘场'。"

李大钊遇害后,他的妻儿生活遇到了困难,熊希龄在 1934 年将李大钊的两个儿子李光华、李欣华召入香山慈幼院作为正生,享受生活、学习全免费的待遇。

除了李大钊,还有一位共产党员与慈幼院图书馆有关。刘文锴主编的《文化修武》中"历史人物篇"写道:"1927 年,蒋介石叛变革命,韩轶吾逐渐认清了蒋介石的反革命面目,就与国民党左派站在一起,利用其合法身份,掩护被迫转入地下活动的共产党员。1929 年,韩轶吾因受迫害,被迫流亡北平,到香山慈幼院图书馆工作。在那里,韩轶吾阅读了大量马列主义著作和进步刊物,开始萌发了共产主义思想。"

当年慈幼院图书馆在社会上颇具名气,此事与沈从文有直接关系。沈从文年轻时就与书打交道,1916 年,14 岁的沈从文高小毕业后从军,后来升为司书。1920 年,沈从文从军队回到凤凰县老家,他的五舅当时任警察所所长,故沈从文得以进警察所当一名办事员,负责抄写违警处罚单。沈从文与熊希龄是姻亲,虽然熊希龄长期在外,但在家乡建有熊公馆,沈从文在那里读到了不少小说。当时熊希龄还在熊公馆隔壁开办了时务学堂,学堂内有图书馆,沈从文在那里读到了大量典籍:"我从这个学校的图书室中,曾翻阅过《史记》《汉书》,和一些其他杂书。记得还有一套印刷得极讲究的《大陆月报》……至今犹记得清清楚楚。"(沈从文《芷江县的熊公馆》)

1921 年,沈从文在陈渠珍身边做书记,实际工作就是帮着陈渠珍管理和查找藏书,陈需要读某书或抄录某段话时,沈从文就为其做准备,由此他渐渐懂得了图书分类法。

1922 年夏天,沈从文来到北京,想要入北京大学(以下简称"北大")读书,然而未能通过入学考试,于是他每天到京师图书馆去读书。在此后的近两年里,沈从文生活困难,只好给北大的郁达夫写求助信,郁达夫根据地点找到了沈从文,看到沈从文的屋内大冬天里没有火炉,而沈从文只穿一件单衣,用棉袄裹着双腿坐在凉炕上,正用冻得红肿的手在写作。郁达夫很感动,带沈从文到小饭店里吃饭,这顿饭用了 1 元 7 角,郁达夫拿出 5 元付账,将剩余的 3 元多都给了沈从文。

这件事令沈从文十分感动,半个多世纪后,郁达夫的侄女郁风拜访沈从文时,两人还谈到了这件事,后来郁风描绘说:"沈先生对我说这话时已是 70 多岁的老人了,但他笑得那么天真,那么激动,他说那情景一辈子也不会忘记:'后来他拿出五块钱,同我出去吃了饭,找回来的钱都留给我了。那时的五块钱啊!'"

当时北大有一位叫林宰平的人,对沈从文的人生也构成重大影响,沈从文那时在《晨报》上以"休芸芸"的笔名发表文章,以此赚取稿费。林宰平看到后,在《晨报》上刊发了《大学与学生》一文,夸赞了沈从文的文章。后来林宰平了解到沈从文生活困难,于是和梁启超一同推荐沈从文到香山慈幼院图书馆做管理员，这份工作月薪 20 元，使得沈从文终于有了固定收入。

对于此事，沈从文在《忆翔鹤——二十年代前期同在北京我们一段生活的点点滴滴》（以下简称《忆翔鹤》）一文中写道："因为特别机会，一九二五至一九二六年间，我在香山慈幼院图书馆做了个小职员，住在香山饭店前山门新宿舍里。住处原本是清初泥塑四大天王所占据，香山寺既改成香山饭店，学生用破除迷信为理由，把彩塑天王捣毁后，由学校改成几间单身职员临时宿舍。别的职员因为上下极不方便，多不乐意搬到那个宿舍去。我算是第一个搬进的活人。"

当时陈翔鹤时常找沈从文谈心，《忆翔鹤》写道："半山亭近旁一系列院落，泥菩萨去掉后，到处一片空虚荒凉，白日里也时有狐兔出没，正和《聊斋志异》故事情景相通。我住处门外下一段陡石阶，就到了那两株著名的大松树旁边。我们在那两株'听法松'边畅谈了三天。每谈到半晚，四下一片特有的静寂，清冷月光从松枝间筛下细碎影子到两人身上，使人完全忘了尘世的纷扰，但也不免鬼气阴森，给我们留下个清幽绝伦的印象。所以经过半个世纪，还明明朗朗留在记忆中，不易忘却。"

但是没过多久，沈从文却离开了慈幼院图书馆，《忆翔鹤》载："因此正当他羡慕我的新居环境像个'洞天福地'，我新的工作从任何方面说来也是难得的幸运时，我却过不多久，又不声不响，抛下了这个燕京二十八景之一的两株八百年老松树，且并不曾正式向顶头上司告别，就挟了一小网篮破书，一口气跑到静宜园宫门口，雇了个秀眼小毛驴，下了山，和当年鲁智深一样，返回了'人间'。"

沈从文为什么这么做呢？1981 年 4 月 11 日，他在《湘江文艺》座谈会上有如下解释："我有机会到熊希龄身边去做事情，那是我们中国的一位总理了，又是我的亲戚，他是对我好的。我自己偷偷又跑了，又离开了。我就是，我自己只想写小说，而且只想独立写小说。"

原来他是为了写小说，才决定离开慈幼院的。但是在慈幼院并不妨碍他写小说，离开那里的真实原因，可以从他写的《给璇若》一诗品出来：

难道是怕别人"施恩"，

自己就甘做了一朵孤云，

独飘浮于这冷酷的人群?

竟不理旁人底忧虑与挂念,

一任他怄气或狂癫,

——为的是保持了自己的尊严!

也许是身份的巨大差异,沈从文不愿意受人恩惠,他想要靠自己的笔来生活,要做一位职业作家。其实这里面还有一些客观原因:沈从文喜欢用纪实的写法搞创作,他谈到了在慈幼院工作时一些中层管理者对他轻视,其中包括教育股主任肖世钦。沈从文写了篇《用 A 字记录下来的事》来讽刺此人。此后又写了篇名为《棉鞋》的小说,此小说刻画一位家境贫寒的图书馆管理员,因为买不起漂亮的鞋而被馆长在大庭广众之下羞辱。显然沈从文写的是自己的经历,但小说引起了慈幼院多人的不满,想来也是这个缘故,致使他以不辞而别的方法离开了慈幼院。

沈从文在《棉鞋》中描绘了慈幼院教育图书馆的情形:"我彳亍彳亍到了图书馆。这是一个拿来让人参观的大图书馆。一座白色德国式的房子,放了上千本的老版本古书。单看外面,就令人高兴!房子建筑出众,外面又有油漆染红的木栏杆。"

沈从文的这段描绘基本是写实。关于该馆的位置,郑蕊在《周髀归妙契 天地一虚舟——香山公园绿云舫(小白楼)侧记》中称:"绿云舫,静宜园二十八景之一。此舫建于清代,形若舟舫,实为斋室,舫外绿荫浓郁,取泛舟烟波之意境。咸丰十年(1860),绿云舫被英法联军焚毁。民国时期,香山慈幼院在其遗址基础上修建了图书馆,俗称'小白楼'。中共中央在香山时期,小白楼作为中宣部的图书馆。"

关于此图书馆的建造者,钱毅、张娟、刘强合撰的《原香山慈幼院近代建筑初考》一文称:"香山慈幼院建院工程于 1919 年 2 月 17 日开始,年底男、女两校校舍建成,该工程聘请了工程师何生荣打样,政府工程师马容审度,并作说明。中标公司为'桐发功'公司,马容做工程监督。在工程建设中,'桐发功'公司偷工减料,后改由德国人建筑师罗克格公司承办,1920 年,香山慈幼院落成。"

绿云舫建于清乾隆十年(1745),转年,乾隆皇帝写了首名为《绿云舫》的诗,他在诗注中提到了起名的缘由:"园中水皆涓涓细流,不任舟楫,因仿避暑山庄内云帆月舫为斋室，而以舫名之。盖自欧阳氏画舫而后，人多慕效之者，夫舟之用，以水居无异陆处为利，而陆处者，又以入室如在舟中为适。然则山居水宿，无事强生分别。况载舟覆舟，为鉴又岂独在水哉！"

可惜这座漂亮的建筑被焚毁了，此后慈幼院在此遗址上建起了图书馆。对于当时图书馆的藏书规模及书籍来源，郑蕊在文中写道："绿云舫在咸丰十年被英法联军焚毁，民国时期改建为图书馆后俗称小白楼。据档案资料记载，1926 年的馆藏书籍达 6 万册，至 1937 年达 12 万册，许多珍贵书籍为熊希龄院长捐赠。"

慈幼院所在的香山，这些年来已经成了著名的旅游景点，2003 年非典时期的几个月是我来香山最频繁的时期，那时一帮朋友感慨强身健体的重要性，因为非典没有特效药，只有身强力壮才能扛过病毒，于是我们组织在一起，每个周末都去爬香山。具体路径是沿着南坡一直爬到山顶，而我素来不爱运动，这项运动对我而言是极大的心理负担，但是经过两个月的锻炼后，我发现登山也没那么困难。

那时去香山的目的很单纯，就是锻炼身体，因此几十年来我几乎没有转过香山上的景点。静宜园乃是清代著名的"三山五园"之一，我去过如此多次香山却未曾看到过此园，而今为了寻访，竟然特意前往此处。

2022 年 3 月 31 日，我跟着导航来到了香山公园北门，好在游客不多，竟然还找到了停车位。在入园时，我向工作人员询问静宜园在哪里，对方却告诉我说，静宜园位于公园东门附近。他同时告诉我，可以从园中穿过去，要比走园外之路容易一些。

进入山门后一路走，在示意图上看到了大致位置，一路打听，竟然先找到了蒙养园。遗憾的是，大门紧锁，门口挂着"内部整修，暂停营业"的牌子。

继续前行，见到的第一个独立院落是致远斋，在此打问后，我找到了丽瞩楼，此处竟是当年慈幼院的理化馆，门口的介绍牌中称："1949 年 3 月 25 日，中共中央机关进驻香山后，此处为中共中央专用电话局。"走进院内，里面有三排平房，房屋盖得颇为简陋，里面布置成了电话局的模样。

继续南行，来到了香山饭店门前，这里原本是慈幼院女校所在地，原建筑已拆除，1979 年经贝聿铭设计，建成了新的香山饭店。

沿着香山饭店侧旁的窄路上行，走出约百米，右侧有登山的台阶，于此

蒙养园全景

隐隐看到一座白楼,我走到近前看说明牌,上面写明这里就是小白楼。介绍牌说:"1949 年 3 月 25 日,中共中央机关进驻香山后,此处为中共中央图书馆,归中共中央宣传部管辖,1951 年改称'中共中央宣传部图书馆'。"

对于此馆藏书之来由,郑蕊在文中写道:"小白楼在当时作为中宣部的图书馆使用。中宣部图书馆的前身是 1941 年 12 月 22 日在中央书记处会议上经毛主席提议设立的中共中央图书馆,当年它是延安和整个抗日革命根据地中规模最大、藏书量最丰富的图书馆,馆址最初在延安杨家岭中央办公厅附近的两个窑洞里,解放战争时期随中央机关迁至河北省平山县东柏坡村,北京解放后随毛主席迁入香山,也就是香山慈幼院的小白楼,建国后搬至中南海庆云堂,后又搬到了北京大学沙滩大院里。"

从外观看过去,小白楼做了全新整修,院内站有管理人员,她让我先扫码登记再入内参观,我按其所言一一操作,但走入楼内时,发现既不让登楼也不让进入各个房间。这座小楼的前厅很小,不足 10 平方米,三面拉有护栏,那位工作人员担心我私自闯入,跟入楼内紧盯着我。我只好问她可否进里面拍照,她回答得很干脆:"不能!"

隔着护栏可以看到阅览室的全貌,里面的木地板做得很好,书桌和台灯也是民国制式,沿墙摆放着一些装在塑料袋里的杂志报纸,余外没有看到书架。

当年,这座图书馆里还召开过图书馆界的重要会议,陈源蒸等编的《中国图书馆百年纪事(1840—2000)》中写道:"(1931 年)6 月 14 日,北平图书馆协会第 2 次常会召开,地点在香山慈幼院图书馆,共 57 人参加。李文琦做'图书馆阅览事务上诸问题'学术讲演。"

其实从城区到香山脚下并不近,从山下开到半山腰,在那个时代也是一段路程,这么多人到山上开图书馆会议,不知道乘什么交通工具。

之后我又去参观了镇芳楼,钱毅等三人于《原香山慈幼院近代建筑初考》中写道:"'镇芳楼'是香山慈幼院的标志性建筑,也是慈幼院董事会、评议会、院务会的办公地点。此楼的建成资金来自一个社会名流张镇芳的捐赠,为了感谢张镇芳的善举,办公楼建成后,遂命名为'镇芳楼'。现在,该建筑作为香山公园管理处使用,建筑保存良好。"

而今镇芳楼不对外开放,其旁边的那条长廊式建筑却是对外开放的,这里是机要室的模样。镇芳楼前有一独立院落,而今这里是香山管理处,

■ 图书馆院门 ■ 图书馆阅览室

同样不对外开放,这块平地当年是慈幼院足球场,我只能隔着栏杆张望一番而后离去。

燕京大学图书馆

积跬步而成其大

燕京大学（以下简称"燕大"）是由几所学校组合而成的，汤燕、叶道纯在《燕京大学图书馆》一文中简述说："燕京大学于1919年建立，是由当时通州的华北协和大学（North China College）（创立于1867），北京的汇文大学（Peking University）（创立于1870），和在北京的协和女子文理学院合并组成。当初协议汇文学校及潞河中学将原来汇文大学和华北协和大学的房、地、图书及仪器转给燕京大学。实际上均存留给在当地的汇文（Peking Academy）及潞和中学（Jefferson Academy）。燕京大学只得在北京城的东南隅盔甲厂购地数亩，作为教室、宿舍、食堂、图书馆和操场。"

关于燕大的创立，美国的菲利普·韦斯特著，程龙译《燕京大学与中西关系（1916—1952）》一书中有详细讲述。此书讲到燕大的创立时间可以提早到1915年，乃是由四所学校组成，最大的一所是由美以美会主持的汇文大学，该校成立于1890年，汇文大学的英文名称是Peking University，此与北京大学（以下简称"北大"）的英文名称相同，但是它的成立时间却比北大早八年。组成燕大的第二所学校为通州华北协和大学，其为1903年由公理会、长者会和伦敦会所创办的文科男校。第三所学校是华北协和女子大学，此校的前身是"贝满女塾"，校名本自创立者裨治文夫人，后来该校由博晨光的两个亲戚玛丽·波特和珍妮·查宾负责管理。1907年，该校改建为华北协和女子大学。第四所学校是一所神学院，该校是由华北协和大学神学院和美以美会在北京的两所神学院共同组成，这是1915年燕大合并的第一所学校。

四所学校合并后，在商议学校名称时发生了争议，有人提议英文名称继续用Peking University，这点没有异议，但中文名称叫什么大家却不统一。当时在北京教育委员会任职的吴雷川建议将中文名称定为"燕京"，经商议，最终采用了这个名称。

合并后的学校资金匮乏，校长司徒雷登想尽办法筹集经费，在他任职燕大期间，几乎每年都会到美国去募钱。1914年，美国铝业大王霍尔去世后，根据他的遗嘱，大部分遗产用于中国或者亚洲大陆其他国家的教育，司徒雷登偶然听闻这件事后，立即去争取这笔费用，但那时的燕大刚刚组建完成，在名气上比不过北大，致使司徒雷登的计划未能成功。

霍尔的这笔教育基金，最终指定由哈佛大学来实施具体计划。1924

年,哈佛大学派驻上海的美国人华尔纳去敦煌千佛洞考古,华尔纳到达敦煌后,拿出 70 两银子作为香火钱,收买了寺庙的管理者,将千佛洞内的部分壁画剥了下来,而后转运回美国。此事传开,引起当地人愤慨。

转年,哈佛大学又派华尔纳组织了敦煌考古队来到中国,同时要求北大派人一同前往敦煌,但因为之前的行为,此次敦煌考古没有成果。司徒雷登从华尔纳的翻译那里打听到了相关细节后,想办法将此事转告中国教育部次长秦汾,教育部知会外交部,向美国驻京公使提出抗议。此事令哈佛大学颇为生气,同时也不满意于北大的不配合。1926 年,司徒雷登返回美国,经过一番运作,最终达成燕大跟哈佛大学的合作,共同研究中国文化。1928 年 1 月 4 日,哈佛燕京学社正式成立,本部设在哈佛大学。

关于燕京学社成立的目的,陶飞亚、吴梓明合撰的《基督教大学与国学研究》中指出:"从事及帮助有关中国文化的研究、教学和出版,或者亚洲大陆的其他地方及日本,或者土耳其及欧洲巴尔干国家文化的研究、教学和出版……帮助有条件的中国和西方学者开展适合于文理学院研究生院程度的研究和教学,目前迫切需要帮助学者为进入学社工作提供学术准备;资助其他学校发展本科教育,考察、发现、收集和保存文化和古代文物,或者资助博物馆及其他机构从事此类工作。"

对于燕京学社的架构,张琦、王蕾在《哈佛燕京学社北平办事处与燕京大学图书馆的藏书建设》一文中写道:"学社的最高权力机构是由哈佛大学、燕京大学和赫尔遗产执行团各出三名托事组成的九人托事部,分别在每年的 4 月和 11 月开会,审查工作报告和预算,决定学社的大政方针。托事部下设有两个委员会:分别是设在哈佛大学的教育委员会和设在北平的行政委员会(Administrative Committee)。哈佛的教育委员会由哈佛教师组成,负责日常事务,并由一名托事担任主席;而北平的行政委员会则由学社托事部决定,最早的委员会成员除燕京大学的司徒雷登、吴雷川、佛来姆(Frame)以及洪业、博晨光外,还有孔祥熙等 5 位社会名流,其职责是根据'托事部提出建议,制定在中国开支的预算,监督中国各地的事务',后经过改革,在哈佛大学的日常事务由学社主任负责,燕京学社在北京只设办事处(Peking Office),由办事处执行干事(Executive Secretary)一人负责管理该学社在中国的事务,并代表燕京学社同中国六所有关的教会大学联络。"

办事处的第一任执行干事是博晨光，博晨光的父亲是一位传教士医生，被美国公理会海外传教委员会派往中国。博晨光出生于天津，在山东德州附近长大，一度返回美国读书。1909 年，博晨光来到中国工作。菲利普·韦斯特说博晨光是一位运动健将，72 岁高龄时还能跟 20 多岁的年轻成员一起参加跨栏比赛。

1919 年，燕大的一些中外教师组成了"证道团"，该团的成员有校长司徒雷登，博晨光当时是首任男校校长，也是证道团成员。该组织的成员还有中国人吴雷川、徐宝谦、赵紫宸、洪业等。几年之后，该团更名为"生命社"，他们恪守的信条是"国际化、自成一派、政治上无党派，既独立于教会，又独立于科学"。

该社还办有刊物《生命》，最初为季刊，后改为月刊，发行量最高时达到了 2000 份。

燕大的这些外国人，他们的理念与上一辈有区别，菲利普·韦斯特在书中写道："燕京大学的传教士教育家们都是文化相对主义者，与上一代新教传教士不同，倒是和明末清初的耶稣会士很像。他们热情地接受中国的现状，其程度之深，如果再往前走一步就会使他们抛弃自己的使命。他们批判父辈的传教事业，却又把它继承下来，因为它为调和中西文化提供了一条路径。二者的关系是互惠互利的。他们同样认为，在救中国的过程中，基督教要发挥其应有作用；但中国也通过燕京大学对西方做出了贡献。"

博晨光在燕大任文理科科长、哲学系教授兼主任，1939 年，他不再担任学社北平办事处执行干事，该职由洪业继任，此后的继任者有梅贻宝、聂崇岐、陈观胜等人。1941 年，太平洋战争爆发，日军占领北平，燕大被迫于 1942 年迁往成都，哈佛燕京学社在成都继续活动。日本投降后，燕大返京，同时恢复了学社北平办事处。1951 年，燕大改为公立，1952 年，燕大并入北大，哈佛燕京学社北平办事处随之撤销。

当时的燕京学社不仅仅是资助燕大一所学校，张琦、王蕾在文中写道："1928 年 12 月，赫氏遗产董事会制定了总额超过 1400 万美元的国外教育基金分配方案：其中 760 余万美元分配给赫尔遗嘱中指定的东方 20 所研究机构，中国获得这部分基金捐款的机构为 6 所教会大学，分别为：燕京大学 100 万美元，岭南大学 70 万美元，华西协和大学 20 万美元，金陵大学 30 万美元，山东齐鲁大学 15 万美元，以及福建协和大学 5 万美元。燕京学社获得剩下的640万美元,这部分资金分设为两种项目支出:(1)普通账目(不受限制):总计450万美元,用于支付学社在研究和行政上的日常经费,燕京大学有资格向学社申请使用这部分经费;(2)限制账目:以190万美元为本金,将190万美元的银行利息(每年约8万美元),分配给上述中国6所大学。其中,因燕京大学是学社在中国的中心,配额最高,占该项经费的大部分。"

燕大创校时,在北京盔甲厂一带购地建校,因为地域狭窄,图书馆藏书数量很少,汤燕、叶道纯在文中写道:"图书馆只有一间房屋,一个书架,几百本书(是在华北从事教育工作的D. Z. Sheffield遗赠),馆长是高厚德。图书严重不足。因经费有限,只能购买开课所需图书,历年有所增加。迁出城时已有中文图书15300册,西文图书12024册。"

自从得到了燕京学社的资助,燕大图书馆藏书量快速增加,对于该馆馆舍的变化情况,王宽垒、苏明强在《民国时期的燕京大学图书馆》一文中说:"燕京大学的图书馆最初十分简陋,只有一个房间,藏书不过二百册,因经费有限,只能购买开课所必需的书籍。当时图书馆也仅有少量报刊,是从1922年才开始征订的。随着学生数量的增长,藏书量不断增加,图书馆随之扩充。1920年迁入一较大之室,1921年又得到较大图书室一间,随后合并相邻的两间房屋,又扩充了三间空房为汉文藏书室。可见当时燕京大学图书馆条件简陋、经费有限,也只能购买各学科最紧缺的书籍。狭窄的校舍,简陋的图书馆显然无法满足学生的借阅需求。"

燕大图书馆早期藏书大都是外文书,对于这批书的来由,王宽垒、苏明强的文章中写道:"美国美以美教会派驻中国的驻区会督贝施福,向汇文大学堂遗赠了他所收藏的大量书籍,其中有很多是善本书,它们后来成为燕京大学图书馆西文书收藏中的核心部分。至今在北大图书馆的书库中仍能找到上千册有贝施福亲笔签名的西文书籍。"

对于燕大中文书书藏的建设,张冠生在《晴耕雨读》一书中转引了胡适对洪业的致敬之语:"特别要向洪业博士致敬:他建立燕京大学的中文图书馆,出版《哈佛燕京学报》,而且创办了一项有用的哈佛燕京引得丛书,功劳特别大。"

洪业号煨莲,这是他英文名字的译音。他是福建福州人,早年父亲在山东为官,洪业跟家人陪伴身边。洪业从山东师范附中毕业后,打算前往上海考海军军校，但父亲的朋友高梦旦建议洪业应当回到福州读书，于是他在美国传教士办的鹤龄英华书院继续学习。他在英华书院读书期间成绩优良，为此，校长奖给他一部《英华大辞典》。

但是洪业不信奉基督教，他更偏爱中国传统，觉得儒家提倡孝道，而耶稣对母亲说话不敬，在他看来这就属于不孝。洪业的言论引起了传教士的反感，有人建议开除他，但校长的太太为人宽厚，她告诉洪业要懂得读书之法，因为书中所载有好有坏，要懂得吸收好的东西，更何况《圣经》流传这么久，语言文字已经转换了几次，难免有错误和前后矛盾的地方，因此读书要懂得鉴别。

这件事对洪业影响很大，让他懂得了吸收他人所长，后来他得到了美国人克劳福德的捐款，得以前往美国留学。在美期间，他学习演讲，因为他英语极其流利，并且遣词丰富，故在美国很有名气。1922 年，司徒雷登为筹办燕大回到美国，期间前去拜访洪业，聘请洪业为燕大历史系助教，但同时司徒雷登让洪业继续留在美国一年，以他极好的口才来帮助燕大募款。

洪业的学识和口才在募款中起到了巨大作用，他每到一处都会系统讲解中国的历史文化，同时呼吁听众为燕大捐款。在一年的时间内，他募集到了上百万美元，有位听众欣赏洪业的口才，为其所讲的故事而感动，特意捐款 7000 美元，并指定燕大用这笔钱建一所房屋给洪业居住。

1923 年 8 月，洪业回国后，执教于燕大历史系，此后他又当上了燕大教务长。为了办好燕大，洪业采取一系列措施，他实施了绩点制度：第一学期学生的成绩必须达到 2 以上，第一学年要求达到 2.5 以上，第二学年要 3.5 以上，达不到要求的学生，一律退学。有一年全校 400 多名学生中，竟然有 93 位因成绩不达标而退学。其中有位学生叫傅泾波，此人后来成为司徒雷登的机要秘书，当时傅泾波成绩不达标，司徒雷登特意找洪业求情，洪业做出妥协，但提出如果下一年成绩还不达标，就必须退学。第二年傅泾波仍然未能达标，洪业果真让他退学了，引得司徒雷登很不高兴。

洪业同时担任着燕大图书馆馆长。对于他在这方面的贡献，洪松生著《浦村漫笔》中有《我国近代杰出的教育家、史学家洪业》一文，该文写道："洪业深知图书馆工作在教学和科研中的地位，早在 1923 年，洪业就致力于图书馆建设。他担任燕京大学图书馆馆长期间，制定了科学的管理制度,重视古籍善本图书的收集和整理,千方百计筹措资金,扩充中外图书设备,使燕京大学图书馆在短时间内图书数量骤增,成为当时大学中最好的图书馆。"

在洪业任图书馆馆长期间,他请燕大教授顾颉刚为该校购进大量中文古籍,洪业从这些书中发现了重要史料,他在《考利玛窦的世界地图》一文中说:"民国二十四年夏间,顾颉刚先生为燕京大学图书馆访购图书,遇见《方舆胜略》一部。此书十八卷,而其后附外夷六卷。"

对于这部书,洪业查了许多史料:"这部书不见于《明史·艺文志》中。黄虞稷的《千顷堂书目》,地理类,有'冯如京方舆胜览,程百一方舆胜览'。书名不相符,撰人之名又两误,且不记卷数,可知黄氏并未看见原书。我又稍检今昔藏书家目录数十种,除了徐秉义的《培林堂书目》和日本《内阁文库汉书目录》,曾著录此书外,其余则还未检著。就此,已可见此书不易多得。"由此可见,洪业对目录版本学十分熟悉。

1934年2月,顾颉刚和谭其骧共同创办了《禹贡》半月刊,同时成立了禹贡学会。洪业仔细研究了《方舆胜略》中所附的利玛窦《山海舆地全图》后,写出了这篇长文,而后发表在《禹贡》上。《禹贡》为此专编了一期"利玛窦世界地图专号",洪业以其超级强的语言天赋写出了近五十页的长文,文章引用了中国古籍、拉丁文、意大利文、法文、英文、日文等相关史料。禹贡学会为此还专门发了单页启事:"中国人之实知世界,始于利玛窦之绘制地图,曰《山海舆地全图》,曰《坤舆万国全图》。二者皆鲜传本。今幸前一图得之明本《方舆胜略》,后一图亦借得明李之藻刻本之照片。并经燕京大学教授洪煨莲先生之探讨,更得不少史料。足以知利氏制刻各图之经过并其曾风靡于明世。又考定李刻为最完善之一本,盖从《山海舆地全图》几次修订而成者。"

洪业不仅能够娴熟地应用西方史料,对中国古籍文献也有深入研究,为此,他想将两者做出结合。他发现中国古书没有索引,这对于文献检索造成困惑,于是他在哈佛燕京学社创办了引得编纂处,由自己担任主任一职。

"引得"就是索引,洪业坚持用英文译音引得,他在《引得说》中解释说:"英文中之 index 原意谓指点,假借而为一种学术工具之名。日本人译之为'索引'。中国人沿用日译,或转变而为'索隐'。我们改译作引得,不过以其与西人原词之音与义皆较近而已。"

为什么要给古书编纂引得呢? 洪业认为:"若许书籍,何从读起? 无目录,则难以知其种类; 无引得,则难以探其内容也。然则引得者,助人多读书,助人善读其书之工具也。"在他看来,编引得是为学界做功德事:"我常想:编纂这些书的人,虽算不得有什么阐扬圣道、方轨文章的大功,但只就其曾为学者省了一分心血,已可谓是一种功德。"

从 1930 年 9 月引得编纂处成立,到 1946 年洪业应哈佛之邀赴美讲学,他主持此工作达十六年之久。他离开北平后,引得编纂处继续存在了五年,由他的学生聂崇岐、齐思和等人负责。编纂处存在的二十一年中,共编纂出引得 64 种 81 册。其中有《说苑引得》《白虎通引得》《历代同姓名录引得》,同时也有目录学上极为重要的《四库全书总目及未收书目引得》,可谓成绩巨大。顾颉刚夸赞引得编纂处的工作时称:"是中西交通之后有计划的引用外国整理书籍的方法于中国的第一次。"

洪业十分重视历史典籍的史料性,1935 年 9 月 19 日《大公报·图书副刊》报道了燕大图书馆出版《太平天国起义记》的消息:"此本系洪秀全亲密之堂弟洪仁玕于一八五二年在香港口述,经瑞士巴色会教士韩山文译成英文,于一八五四年出版,欧美人士称为太平天国最真确可靠之史料。以故海外争相转载翻印。顾国中则罕见其书,前年燕京大学洪煨莲教授得一八六三年翻本印之,经简君又文译成汉文。"

燕大图书馆的藏书,除了自购外,还有些是他人的寄存,该馆最著名的寄存之书乃是章钰四当斋藏书,对于此批书的寄存经过,胡海帆在《章氏四当斋李氏泰华楼旧藏与燕京大学图书馆》一文中有详细讲述。1937年 10 月 23 日,燕大与章钰遗孀章王丹芬及子女签订了《赠与及寄托霜根老人四当斋遗书契约》。该《契约》中谈到了此批书寄存的原因:"缘甲方(指章王丹芬)先夫霜根老人式之公,家寒力学,平时节衣缩食,遇有所余,辄以购书,自念其得之非易,昕夕勤读,并以'霜根老人四当斋藏书'命其积年所集, ……先夫易簀遗言,即以藏书赠诸甲方,分配处分。由甲方定之。甲方因念乙方(指燕大)学校之缔造,其艰苦正与甲方先夫采集书籍相同,除略选留有其手泽及善本书数种,暂行寄托乙方保管以备传诸后人外,其余悉赠乙方。乙方……愿保存藏书原用之名称,由乙方另辟专室庋藏之。乙方又为纪念霜根老人终身苦读起见,愿将霜根老人生前所用文具书案等件一并陈列。"

燕大图书馆收到这批书后,请顾廷龙为之编目。对于这批寄存书的价值,胡海帆在文中称:"章钰最大成就在于校书。辛亥以后曾发愤遍校群书,民国年间,每日丹黄不倦。从书目上卷可知,章氏一生手校、手抄之书多达一万五千卷,因此有人说他是民国以来校书数量除傅增湘以外,再无人出其右的校雠大家。"

顾廷龙在其所编《章氏四当斋藏书目》的跋中也点到了这个特色:"(章钰)凡治一书,必贯首尾,点勘多至六七周不倦,即数百卷之巨帙,不止一种,而亦校不一次,益为难能,拾遗补缺,阐扬数百年来未发之覆,功在学术,不可没也。按程日课,新知创见,伤事感时,随书卷末所作题识,可以越缦、缘督日记视之,至若蝇头细字,琳琅五色,妍舞行间,尤为校本生色,世难其俦,人间至宝。"

这份寄存合约约定寄存期为五年,后来因为战争,到期后这批书仍然存在燕大,《章氏四当斋李氏泰华楼旧藏与燕京大学图书馆》指出:"解放后,章氏家人决定将寄存燕大的藏书捐献国家。1952年经章钰之子章元善之手,寄存在燕大的四当斋藏书全部捐献北京图书馆(今国家图书馆)。1952年10月举行了捐献仪式。章家捐献给北图的四当斋藏书,包括章钰手校、手抄及善本书,即藏书目上卷、上卷补遗、中卷所含。总计937种,6456册。"而章钰旧藏中的普通古籍部分最终都归了燕大。

另外,顾颉刚的藏书也寄存在了燕大。"七七事变"后,顾颉刚离开北平,委托顾廷龙负责把他的七万多册藏书存在燕大。1941年底太平洋战争爆发后,燕大被日本人接管,顾颉刚的那批藏书下落不明。1945年8月15日,日本天皇宣布投降,8月16日,顾颉刚就开始清理自己的损失,他在当天的日记中记录了"填抗战财产损失表",9月5日又写道:"报载司徒雷登先生来渝谈话,谓燕大图书仪器已被劫一空,然则予所存书必已无望。此中有三十余年之信札及零碎稿件,尤足惜也。"

顾颉刚分别给顾廷龙和燕大校长陆志韦写信,请他们帮助寻找藏书下落,陆志韦在回信中告诉顾颉刚:"所存书籍,凡在校务长住宅地窖者(即临湖轩),剽窃无遗,惟书摊上间或发现一二册,不足应用。其在男生宿舍楼顶者,尚留一部分,在乱书堆中发现,年前或可整理清楚,当将细目奉告,损失之巨,至堪痛心。"

当时顾颉刚还通过洪业来打听藏书下落，洪业在回信中说："以弟所闻，一年以前东安市场已常见有吾兄藏书，各摊出卖者，殆日寇劫夺盗卖之余也。……秋间复校时，临湖轩内一无所有，图书馆内书籍乱堆如山，据闻多系从各楼顶移来者，聂筱珊现正从事清理，其中亦时发见有吾兄之书，闻将聚集一处，以待将来奉还。"

洪业在信中提到的聂筱珊当时任燕大图书馆馆长，后来顾颉刚又得到了顾廷龙的回信："知予书原存燕大四楼顶及临湖轩两处，存燕大楼顶者一部分存燕大，一部为教部接收。存临湖轩者为日军取去，查无下落。此部分似未经新民会手，或能全部发现，或竟全部消灭。"读到这些往事，不禁令人感慨书籍命运之脆弱。

因为这场战争，燕大藏书损失巨大，汤燕、叶道纯在文中写道："抗战胜利后，聂崇岐先生受任为图书馆整理委员会，搜寻失书。总共损失31907 册，约当馆藏十分之一。其中散失西文东方学书籍无法弥补。"

抗战胜利后，国内外向燕大图书馆捐赠了大量图书，王宽垒、苏明强在《民国时期的燕京大学图书馆》中转引道："图书馆新到各方捐赠书籍杂志甚多。其中有孔祥熙博士捐赠之哲学书籍一七七册。国立北平图书馆捐赠之科学杂志十八种，共四三二册，皆系本校所残缺者。牛津大学捐赠之各科书籍一八七册，教育部上海办事处所捐赠自美获得之各科书籍一四一册，科学杂志二三种，一零零五册。"此外，得到的捐赠还有："1948 年哈佛燕京学社向燕大图书馆捐赠大批科学书籍，美国德（得）（克）萨斯州立学院捐赠家政学书籍 8 种 10 册，联合国文教委员会捐赠 1947 年版大英百科全书 24 册，牛津大学捐赠各科书籍 124 种 163 册，其中有 1946 年版之大英百科全书 1 部。"最终，燕大图书馆的藏书量在中国大学中仍名列前茅："从最初的几百册扩充到几十万册，到 1951 年燕京大学撤销之前，馆藏数量达到了四十余万册，加上未编书刊十八万册，仅次于中山大学和北京大学，位居第三位。"

燕大图书馆的藏书中，较有名气者乃是跟《红楼梦》有关的几部书，吴晓铃在《红楼梦书录》中著录的"过录乾隆庚辰秋脂砚斋四阅评本石头记"写道："此本徐郙旧藏，后归燕京大学图书馆，陶洙等有摄影本。一九四九年初，琉璃厂多文阁魏广洲经鉴古斋萧福之介，自大乘巷徐氏得此书，授余，索金十条，余嘱送国际饭店郑西谛师，师函燕京大学陆志韦校长,陆交图书馆,聂崇琦师办,以美金八十五元致之。"

朱洪在其所著的《胡适:努力人生》中也谈到了这件事:"次日晚上,胡适读王梦鸥送来的《庚辰年脂砚斋重评石头记》。前年,胡适在林语堂家中看见这部书的影印本,就想托人买一部,但一直没有买,今天突然收到此书,格外高兴。书的首页盖有'燕京大学图书馆'的印章,胡适立即明白了,这本《庚辰年脂砚斋重评石头记》正是自己 1933 年校阅过并且写了几千字长跋的原书。此书原在徐星署家,是王克敏借来给自己看的,后来此书就归王克敏了。王克敏的藏书后来都归燕京大学,所以有'燕京大学图书馆'的印章。燕大并归北大后,此书现藏在北大图书馆。"

合并后的燕大最终在盔甲厂校舍办学,图书馆也处在这里,而今从网上的信息已难查出学校在盔甲厂的哪个具体位置。2022 年 4 月 16 日,我打车前去寻找,盔甲厂胡同处在北京站东侧,这一带难以停车,在路口下车后我步行前往。远远地望着火车站广场,上面几乎看不到乘客。在北京西站修建完成前,北京站是京城几个火车站中规模最大的一座,1959 年,这座火车站成为北京十大建筑之一。当年这里人海如潮,为了乘车,我有时要在广场上排队几个小时之久,今日见到的情形,与印象中反差太大,难免唏嘘一番。

从小巷走到盔甲厂胡同呈丁字形,正对路口的是派出所,胡同中看不到行人,我决定先往右侧探访。在路口的拐角处看到一座粉红色的二层建筑,楼的外观做过改装,贴了一些石膏制的罗马柱,我本能地猜测这应当与燕大有点关联。该处的门牌号是盔甲厂 9 号,门柱上挂着"北京市东城区明城幼儿园"的招牌。从名称上看不出与燕大有关联,此处大门上着锁,不知道是否因疫情关闭了。

幼儿园对面有一座黄色的二层小楼,现为北京中安宾馆,该宾馆的外墙上挂着几个展板,还有一块介绍牌,上面写明"埃德加·斯诺与海伦·斯诺北京居住地旧址(1935—1937)"。介绍牌上有二人的放大照片,并且注明《红星照耀中国》(西行漫记)写作地旧址",未承想这部流传甚广的著作竟然写于该处,这更加让我猜测对面的幼儿园应该是燕大的旧址。

继续前行,走出一百米就到了胡同的西尽头,与之相交的胡同名为抽屉胡同,展眼望去,抽屉胡同全建成了六层小板楼,于是掉头回返,向胡同

≡ 盔甲厂胡同东侧　≡ 东侧的老房屋

的东尽头走去。这条胡同不宽，但还能行车，胡同全长好像不到二百米，因为东尽头立有告示牌"此巷不通"。我在这一带只看到了一个较大的院落，此处是盔甲厂 2 号，门口挂着"北京辰兴印刷有限公司"的招牌。走进院中，里面是街道办工厂的痕迹，感觉这里不像学校旧址。

转完整条胡同，我还是觉得那个幼儿园更有可能是燕大旧址，可惜那里没有挂一块介绍牌。

■ 盔甲厂胡同里的老槐树

中法大学图书馆

以法文书为第一大专藏

对于中法大学图书馆藏书之来由，陈源蒸、张树华、毕世栋合编的《中国图书馆百年纪事（1840—2000）》一书中称："是年（1923），私立中法大学图书馆成立。起初设在北平西山，故名西山图书馆，后改称服尔德学院图书馆。1931年4月14日新馆落成，该馆合并居礼（里）学院、福（服）尔德学院、陆漠（谟）克学院三院的图书，全部藏书达10万册。1950年，馆藏并入华北大学工学院图书馆（1952年易名为北京工业学院图书馆）。1954年，北京工业学院又将其中61000册图书拨赠中国科学院图书馆。"

可见该校图书馆是由几个学院的藏书汇在一起而组成的一个新图书馆，故讲述该馆藏书需要从这些学院的历史讲起。

中法大学的创立，与李煜瀛有直接关系，李煜瀛字石曾，以字行。其曾祖父李殿图是乾隆时进士，官至甘肃、福建按察使，安徽、福建巡抚，闽浙总督等；祖父李濬通；父李鸿藻历任工、兵、户、吏部尚书及军机大臣、协办大学士等职，为晚清重臣。李石曾是李鸿藻的三儿子，5岁时随父亲觐见慈禧太后，因礼仪问答得体令慈禧大悦，夸赞说此子将来定成大器。

1900年，八国联军占领北京，此事对李石曾刺激较大，他萌生了前往西方学习科技知识，以寻求社会变革的想法。转年，经黄秀伯介绍，李石曾认识了张静江，两人约好一同到国外留学。1902年8月，清政府任命孙宝琦为驻法国公使，李石曾、张静江、夏坚仲以随员身份前往。到上海时，李石曾又认识了吴稚晖和蔡元培，自此之后结下深厚友谊。

到达法国后，李石曾想学习军事，但因为身体原因不适合学习军事，故改学农科。此后他在巴斯德学院和巴黎大学攻读生物化学，由此接触到了陆谟克的生物进化论。

1906年，李石曾与张静江、吴稚晖等在巴黎发起成立世界社，此社被视为中法大学的源头。当时世界社的组织大纲是"以发展学术致用社会为宗旨"，具体做法是发展一系列文化事业，比如办报纸、杂志，创办大学、研究所、图书馆等，以此在中国普及教育。此后不久，他结识了孙中山，并经张静江介绍，于1906年8月加入同盟会。

1907年，李石曾与夏坚仲等发起成立远东生物学会，这是因为他在巴斯德学院时曾深入研究过大豆的功用，而后以法语撰写了《大豆的研究》。此书被视为中国人在法国发表的最早的科学研究专著。该书的出版引起了西方人对中国豆制品的兴趣，而李石曾通过研究，认为素食有益身体健康,从此开始素食。

对于豆腐的价值,李石曾在《豆腐为二十世纪全世界之大工艺》一文中说:"中国之豆腐为食品之极良者,其性滋补,其价廉,其制造之法纯本乎科学。"同时,他觉得豆腐是可以替代牛乳的"极良食品":"西人之牛乳与乳膏,皆为最普及之食品,中国之豆浆与豆腐亦为极普及之食品。就化学与生物化学之观之,豆腐与乳质无异,故不难以豆质代乳质也。且乳来自动物,其中多传染病之种子;而豆浆与豆腐,价较廉数倍或数十倍,无伪作,且无传染病之患。"那时法国牛奶短缺,李石曾萌生了在巴黎开办豆腐工厂的想法,他与好友齐竺山共同努力,于1909年在巴黎创办了豆腐公司,又回到老家河北高阳县招聘豆腐工匠,首批二十余人,由齐竺山的弟弟齐如山带领,一同来到了法国。

对于他的这个贡献,孙中山在《建国方略》中评价说:"吾友李石曾留学法国,并游于巴氏、高氏之门,以研究农学而注意大豆,以与开'万国乳会'而主张豆乳,由豆乳代牛乳之推广而主张以豆食代肉食,远引化学诸家之理,近应素食卫生之需,此巴黎豆腐公司之所由起也。"

1912年2月,李石曾与吴稚晖、张静江等创办了留法俭学会。同年5月,李石曾与吴稚晖、汪兆铭、吴玉章、张继等15人在北京成立了留法预备学校,校址设在安定门内方家胡同,由齐如山主持校务。5月26日,此校正式开学时,招收学生60多人,当时蔡元培已是教育总长,闻讯后表示全力支持。

中法大学的创建缘于法国庚款的退还,1901年签订的《辛丑条约》中写明中国要向八个国家赔款,其中美国从1908年开始退还。在第一次世界大战时,因中国对德宣战,故取消赔付德、澳两国的赔款,其他各国因中国的参战而允许停付五年(1917—1922)。在巴黎和会上,中国代表提出在停付期满后,能够退还这笔赔款。

1919年巴黎和会期间,李石曾拜见了法国教育总长、众议员等,要求法国退还赔款,用于发展中国教育。蔡元培和吴稚晖从上海写信给汪兆铭、李石曾,建议将法国退还的赔款用于筹建巴黎海外大学。之所以有这样的建议,乃是蔡元培担心法国政府认为中国政府拿到这笔钱后不会用于教育事业,为打消这个顾虑,不如用此款直接在法国建造一所大学:"倘疑我国得了退还的赔款,不能涓滴在教育上使用,何不即将此款,在巴黎设一规模较大的中国大学，使他们耳目便于觉察，我们教育上亦得了一个新发展。"（陈三井《里昂中法大学海外部的经过、性质、状况》）

这个提议得到了里昂大学校长儒朋和里昂市市长赫里欧一行人的支持，但是里昂大学医学院院长雷宾认为等到赔款后再建学校会拖得太久，不如由法、中两国各出一部分钱先建一所学校，由此也能促使赔款的退还："退还赔款，不是一朝一夕，可以解决。恐怕候款太久，建设中国大学之事，反之无形消失。不若先得一校舍，由中法分担小款，办了一个雏形，可促成赔款的退还。"（同上）

儒朋赞同雷宾的想法，于是他将此议案提交里昂大学评议会讨论，讨论的结果是里昂大学将扶植这所中国大学，并向里昂市政府请求分配校舍，市长赫里欧给出了一所兵营和一所旧教会学校请李石曾选择。李石曾前去征求中国和会总代表陆徵祥的意见，陆徵祥答应将为这所学校支持常年经费十万法郎，法方闻讯后也答应出同样的数目。

李石曾于1920年元月回国，他把法国建校的筹备工作交给了同盟会交际部主任张继和褚民谊，两人选择了旧兵营作为建校场所。李石曾回国的目的是落实建校费用问题，他与吴稚晖共同来到广州，在此见到了护法军政府总裁兼内务部长岑春煊和外交部长伍廷芳等人。吴稚晖提出把西南大学的一部分建校费用拨给里昂中法大学，岑春煊答应了其所求，准备给30万港币的补助费，并于3月2日交付了15万港币。按照当时的汇率，1港币等于13.5法郎，15万港币约合202万法郎。于是李石曾等人用这笔钱开始在里昂西郊建造中法大学校址。

以上说法本自森时彦著、史会来译《留法勤工俭学运动小史》，然而《中法大学史料》一书的"里昂中法大学简史"一节却说，这笔钱是孙中山帮助促成的。当时设在广东的西南军政府准备利于"关余"来办一所西南大学，由汪兆铭和章士钊负责。李石曾提出了他的想法，二人表示赞同，但因反对的人太多，他们只能从西南大学的经费中拨出一部分用于里昂建校，以此作为西南大学海外部："这样就决定了海外部的开办费二十万元，每年经费亦二十万元。这时孙中山正在广东，对成立海外部大力支持，并向军政府提了书面意见。在同年3月26日的政务会议上，关于西南大学及海外部的大纲，全部通过。三月海外部领到了开办费港币十五万元，由汪精卫、李石曾存入银行备用。"

1920 年 10 月 4 日，吴稚晖见到了当时广东的统治者陈炯明，向其建议广东省政府每年拨 8 万元作为选派粤籍学生 100 人到里昂海外部学习的经费，陈炯明同意这个建议。转年 7 月，该校招考第一批学生，预定北京、上海各招 20 名，广东招 100 名。北京的考试由李石曾主持，由此，这个学校终于办了起来。

1917 年 12 月，蔡元培和沈尹默等人在北京东城方巾巷的华法教育会会址创办了孔德学校，由蔡元培任校长。此校后来改称孔德学院。

1918 年，蔡元培和李石曾在北京西山碧云寺创设了生物研究所及天然疗养院，后来研究所改名为陆谟克学院。1922 年，他们两人共同签署的《呈报扩充西山碧云寺生物学院请予立案文》中写道："元培等前于民国七年发起西山碧云寺生物学院，采用法国著名陆谟克发明之学说，故定名为陆谟克学院。其时，先设大学，各院办起后，又扩充温泉分院，并设温泉学校，均经在贵署立案，并荷力予提倡，深为感佩。"

当年法文预备学校也开办在西山碧云寺，1920 年将其扩充为文、理两科，改称为中法大学西山学院。

1920 年 10 月，李石曾、蔡元培、汪兆铭、吴稚晖等在北京创办中法大学，由蔡元培任第一任校长，后蔡元培辞职，由李石曾接任。到 1925 年时，中法大学成立了四个学院：服尔德学院、孔德学院、居里学院和陆谟克学院。这四个学院如上所述，均是合并而来。为此，各校原有藏书也合并进中法学院中。

1921 年，李石曾联合国内教育界及工商界发起退款兴学运动，全国各界人士签名者达四万三千余人。1925 年 4 月间，为解决退还法庚款问题，中国政府与驻华法国公使签订了《中法教育基金委员会组织大纲》。该基金会的成员，中方代表有沈尹默、李石曾、李书华等九位，法国代表有法国公使兼主席魏尔登等四位。该委员会同时成立了中法文化交换出版委员会，由沈尹默、李石曾等五人任委员。

按照商定，从 1926 年起，银行每年拨交 20 万美金作为中法间教育及慈善事业之用。其中教育事业重点补助对象有中法大学，按照《中法教育基金委员会成立之经过及其现状》一文所载，法国庚款补助的项目还有："（一）补助故宫博物院建筑保险库；（二）补助天然博物院建筑陆谟克堂；（三）补助国立北平图书馆购买法国有关书籍，并与巴黎图书馆交换馆员；

（四）补助教育部国语统一会编纂中法大辞典；（五）补助建设委员会派遣专员赴法考察实业；（六）补助北平研究院与中法大学合办之药物研究所主任赵承嘏博士研究中国药物；（七）补助北平研究院与中法大学合办之镭学研究所等。"

对于中法大学所得到的法国庚款情况，《第一次中国教育年鉴》中称："基金一百万元（利息，平均约年息七厘）所得利息七万元，中法基金（现在按年利四厘计算，以后达到按年利六厘计算）每年补助费四十五万元，法国庚子赔款补助费十五万元，学生缴费一万八百九十四元，收入总数六十八万八百九十四元。支出总数五十五万四千三百十二元余。"

同时，中法文化交换出版委员会要进行两国图书共译，《中法教育基金委员会中国代表团第二十八次会议秘书报告》中，在"补助款项之原则"一节写道："欲沟通中法两国之文化思想，首在介绍两国之重要书籍。其介绍方法舍互译出版，实无他途。本会有见于此，特设中法文化交换出版委员会。拟定交换出版计划，循序进行，俾两国有价值之固有学术思想，得收交换沟通互相切磋之益。"

对于中法大学图书馆合并前的各馆藏书情况，陈雁在《民国时期北京中法大学图书馆建设研究》一文中写道："北京中法大学（1920—1950），初建于北平西山碧云寺，称中法大学西山学院。1923 年，李石曾校长首先捐赠了千余本中西文图书，之后在校教师共同捐赠，在碧云寺建成西山图书馆。1924 年底，西山学院设立的生物研究所，改名为陆谟克学院，该院分两部分，一部分在西山，另一部分在东皇城根，期间有医学及生物学书籍数百册。同年，西山学院理学院迁址于北平地安门外吉祥寺，改称为居礼学院，西山图书馆在此又开辟几间房屋作图书馆。1925 年西山学院文学院迁至东皇城根，改称为服尔德学院，西山图书馆跟随其迁移，并改称为服尔德学院图书馆。因此早期中法大学图书馆资源主要包括服尔德学院、居礼学院、陆谟克学院三院的图书资料，分别为文学类、理科类及医学类三类图书。这三所学院各有藏书，且各设专员管理，收集图书的标准较注重各自专业学科。"

合并后的中法大学总部设在了北平东皇城根 39 号，而后在这里建设新的图书馆，该馆由汪申伯设计，他毕业于法国巴黎高等专门建筑学校，时任中法大学教授。对于该图书馆的建设格局，《中华图书馆协会会报》第五卷第六期上刊发了名为《中法大学与礼堂合筑之圖》的报道："中法大学于服尔德学院筑大礼堂一所,将次完工,该礼堂规模宏大,其设置系采罗马剧场形式,可容二千余人,为平市礼堂之最大者。礼堂上并筑楼一层,即为该校之图书馆。该校图书馆所藏法文书籍甚为丰富,为华北之冠,中文书亦不少,近更有五万余元之新购置,唯旧有馆址过狭,故须建新舍。闻该建筑之监工人,系该校教授汪申伯,汪氏于法国曾专研究建筑学,近日建筑之中央研究院新馆址,亦为该氏监工云。"

关于该馆落成的时间,《全国文化机关一览》刊发了 1934 年 2 月调查的《中法大学图书馆》一文,该文称："本馆发轫之初,远在民国十二年。尔时中法大学设于平郊西山之碧云寺,故名西山图书馆。旋改称服尔德学院图书馆。十四年间,居礼及陆谟克二学院先后亦有图书馆之设立,各设专员管理之。至二十年四月,本校图书馆新建筑落成,始汇合三院图书于一处。而中法大学图书馆乃正式产生焉。"

对于其馆舍情况,此文称："馆址位于本校中央,占面积东西一五〇尺,南北一三〇尺,为一中西参合式之建筑。楼房二层,全馆作工字形。楼上中部为阅览室,可容一七六人,后部上下为书库,分南北二库,每库各三层,共有钢架三〇四架,每架能容线装书千册或西装书五百册。"

对于其藏书特色及问题,此文给出的数据是："以文字言,西文中以法文书为最多。以性质言,则以文科书为较富。中西两部分中,文科书各占百分之五十,理科书各占百分之三十,医科书各占百分之二十。又中西文杂志已装订者计千余卷,未装订者六千七百余册。专刊有千余册。中西图幅共二百余幅。中文拓片一四三六份,皆北平庙宇碑记。报纸已装订者七百余册。综计本所藏图书,至民国二十一年底止总数为十万余册。"

此后该馆图书继续增加,《第二次中国教育年鉴》中讲到中法大学时称其图书总量已接近 16 万册。除图书外,该馆还收藏有中西文杂志,陈雁在《民国时期北京中法大学图书馆建设研究》中给出的数据是："图书馆收订一定数量的报刊及参考书,其中西文杂志成卷的有 1267 卷,零散未装订的有千余册,50 余种。中文杂志合订成卷的有 679 卷,零散未装订的有 900 余种,7500 余册……图书馆还存放一些专刊,包括报告调查等不定期刊物,与图书不同,期刊具有时间性,具有重要的参考价值,图书馆特别为此另行保管,累积有 1700 余册。图书馆装订成册的报纸约计 23 种,

1300 余册。"

另外，该馆还藏有中文线装书，其中最大部头者当属乾隆版大藏经，除此之外，他们还藏有一千四百多份拓片。余外，篆刻家乔大壮的旧藏2664 册也藏于该馆，除此之外的特藏，陈雁在文中写道："1937 年，在北平市工务局局长汪申伯的斡旋下，中法大学图书馆还从雷氏手上收购得1000 余幅'样式雷'，这些建筑图谱均为雷氏家族设计的圆明园及内廷、行宫、坛庙、府第样图，有一些为道光以后的宫庭（廷）建筑图，在当时乃至今日都具有相当宝贵的价值。中法大学撤销后，这部分图转交故宫博物院保存。"

中法大学图书馆的图书分类采取两种方式，从总体而言，他们采用的是杜威十进法，但是对于中文古籍，则兼用四部分类法和杜威分类法，图书在书库的排架不能按类来分，而是按照登记总号的顺序来排列。

"七七事变"爆发后，该校苦苦支撑，坚持爱国立场，不接纳辅导课，不开日语课，不挂太阳旗。至 1938 年夏，日伪勒令中法大学停办，1939 年校长李麟玉委派周发岐、李秉瑶两教授绕道越南转赴昆明，先在那里建起了中法大学附中。1940 年，中法大学理学院复课，1941 年，文学院复课。

1945 年 8 月，抗战胜利后，中法大学筹备复员工作。1946 年暑假，大学部由昆明迁回北京。1949 年，北平和平解放后，中法大学因经费困难，由私立改为国立，成为国立中法大学，仍由李麟玉任校长。1950 年夏，中法大学奉命与解放区迁京的华北大学工学院合并，转年，定名为北京工业学院。1988 年更名为北京理工大学。

对于中法大学图书馆藏书的归宿，陈雁在文中称："1950 年 10 月 6 日，中央人民政府教育部下发由部长马叙伦盖印的第 811 号令，决定将中法大学拆分解体，中央教育部根据华工、北大、南开三校的需要，图书分配情况如下：校本部图书馆及数理化系的图书及设备均归华北大学工学院（现北京理工大学）使用，文史、法文两系图书及线装书籍归北大使用，生物系、经济系之图书归南开使用。"

2022 年 3 月 18 日，我前往东黄城根北街去探看中法大学旧址，此前两天已预约，但是没有生成二维码，不知道是手机的问题，还是系统问题，只能到现场再做解释。前一天下了一场大雪，参观当日阴冷异常，步行走在老街区，心情有种说不出的压抑感。

　　而今的老城墙仅剩下一小段,于此建成了带状公园。但是公园名称用了"皇城"二字,这与路牌上的"黄城"二字不同。沿着带状公园前行三百米,在左手边看到了中法大学入口。以前这里长期不开放,2021年起才对游客有限开放,每天的开放时段是上、下午各三个小时,并且预约时要写明到达的时间。当我走到中法大学入口处时,看了一下表,比约定好的时间早到了十分钟,于是我先到院门口拍照,而后准时走到了入口处。

　　这里有四五位保安在做管理,其阵势像是机关而非游览之地,其中一位保安让我出示二维码,我向他解释相关问题,好在他能听进去,与领班商议后,允许我入内参观。

　　此前我在《中法大学史料》一书所附照片中看到过图书馆的外观,故甫进入院中,见到正前方的主楼,就知道这座主楼是那座图书馆。但保安指点我要先去看右边的展览,我不清楚为什么有这样的规定,但还是按照他的指示先到那里观览一番。

　　进入右侧的老房子,这里是两层青砖建筑,用材及颜色与图书馆相同,想来是同时建成的。这排房子中间是长长的走廊,两侧是对称的房屋,我感觉这应当是中法大学当年的教学楼,而今这里全部布置成了一间间展厅,展览的主题是"马克思主义在中国早期传播",并且布置出了马克思撰写《资本论》的场景。

　　一间间地看下去,展厅按照时间顺序讲述了中国共产党的成立及后来的发展,但是在这里看不到有关中法大学校史的介绍。于是我从中间楼梯登上二楼,这个老楼梯还是当年的旧物,然保护得十分完好。二楼也是一间间展厅,讲述的是现当代中国共产党的发展历程。

　　我接着去参观图书馆,馆门前摆放着两个汉白玉制的花盆,从其雕饰看,感觉像是圆明园故物。院中还立着一块碑,走近端详,上面刻着"中法大学文理哲三院一九三一年毕业纪念"。

　　走进图书馆内,这里也布置成了展厅,展览主题是"新时代马克思主义中国化的光辉历程",在展板的上方,能够看到上面的梁柱乃是中国彩枋的形制。在里面转了一圈,仍然未能找到与图书馆有关的介绍文字。按照资料所载,图书馆后方为书库,但这里穿不过去,只好走到大门口向保安请教,他说开放区域就这么多。如此说来,书库有可能还存在,只是处在非开放区域。

■ 马克思写《资本论》的书房　■　阅览室　■　两边应是当年的教室

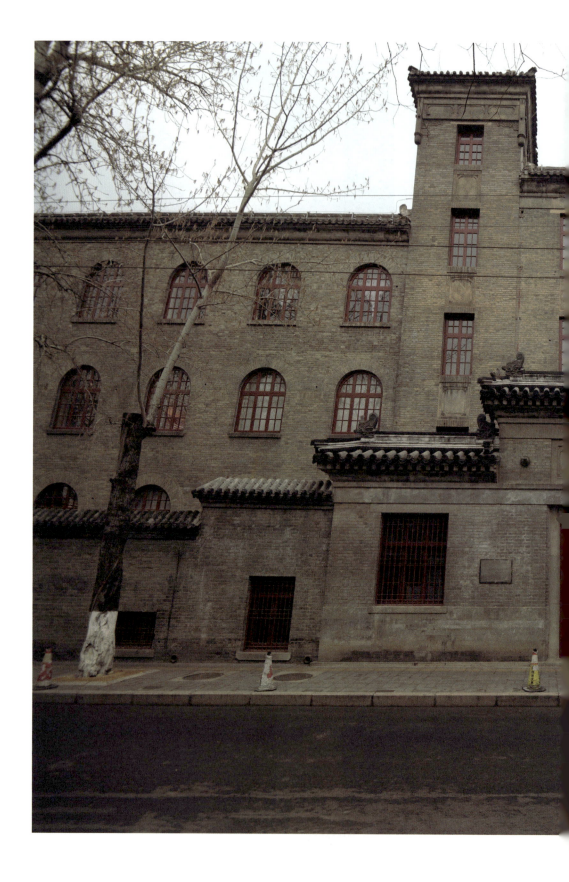

感觉这里才是中法大学的正门

走出大门，我沿着外墙准备转到后方试着看看能不能拍到书库，前行不远，才看清刚才先参观的那栋房屋，其正门颇为宏伟，墙上嵌着中法大学的文保牌，想来此处有可能才是当年中法大学的校门。

图书在版编目（CIP）数据

馆窥 : 我的图书馆之旅. 学校编 / 韦力著.

北京 : 国家图书馆出版社, 2024. 6. -- ISBN 978-7 -5013-8139-5

Ⅰ. G259.25

中国国家版本馆CIP数据核字第2024HY6920号

书　　名	馆窥——我的图书馆之旅（学校编）	
著　　者	韦 力 著	
责任编辑	王燕来　闫　悦	
责任校对	宋丹丹　霍　玮	
封面设计	周　晨	

出版发行　国家图书馆出版社（北京市西城区文津街7号　100034）

　　　　　（原书目文献出版社　北京图书馆出版社）

　　　　　010-66114536 63802249 nlcpress@nlc.cn（邮购）

网　　址　http://www.nlcpress.com

印　　装　北京雅图新世纪印刷科技有限公司

版次印次　2024 年 6 月第 1 版　2024 年 6 月第 1 次印刷

开　　本　787 × 1092　1/16

印　　张　21.5

字　　数　300 千字

书　　号　ISBN 978-7-5013-8139-5

定　　价　100.00 元